# JUMALALLISEN RAKKAUDEN VALO

*Keskusteluja*
Sri Mata Amritanandamayin kanssa

## 5. OSA

*Toimittanut*
Swami Amritasvarupananda

Mata Amritanandamayi Center, San Ramon
Kalifornia, Yhdysvallat

**Jumalallisen Rakkauden Valo**
Keskusteluja Sri Mata Amritanandamayin kanssa
5. osa

*Julkaisija:*
Mata Amritanandamayi Center
P.O. Box 613
San Ramon, CA 94583
Yhdysvallat

——————— *Awaken Children 5 (Finnish)* ———————

*Ensimmäinen painos MA Centerin:* huhtikuu 2016

*Yhteystiedot Suomessa löytyvät sivuilta:* www.amma.fi

*Intiassa:*
www.amritapuri.org
inform@amritapuri.org

Tämä kirja uhrataan nöyrästi
MATA AMRITANANDAMAYIN
lootusjalkojen juureen
joka on häikäisevä valonlähde, läsnä
kaikkien olentojen sydämessä

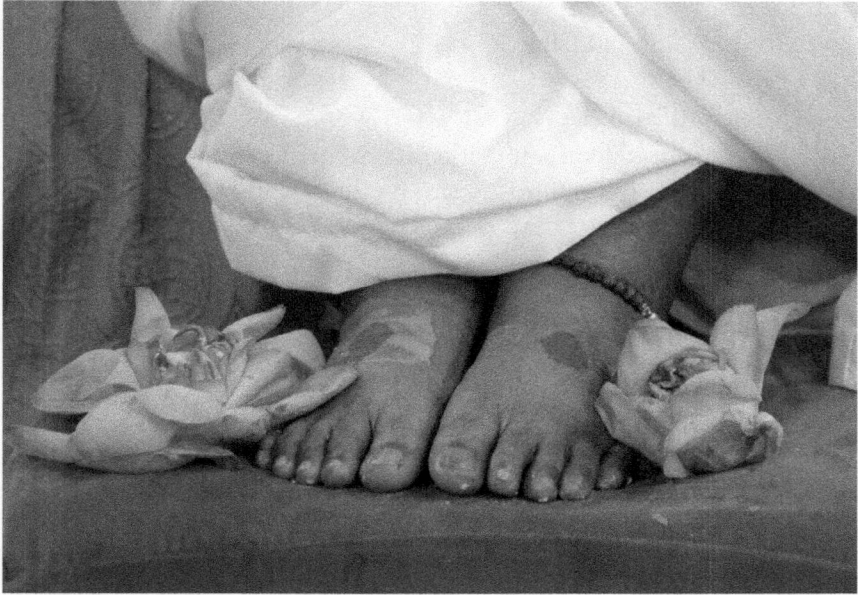

Vandehaṁ-saccidānandaṁ-bhāvātītaṁ-jagatguruṁ |
Nityam-pūrṇaṁ-nirākāraṁ-nirguṇaṁ-svātmasamsthitaṁ ||
Minä kumarran Universaalille Opettajalle, joka on sat-chid-ananda
(puhdas oleminen-tieto-absoluuttinen autuus), joka on kaikkien
eroavaisuuksien tuolla puolen, joka on ikuinen, aina täysi, ominai-
suuksia ja muotoa vailla ja aina keskittynyt Itseen.

Saptasāgaraparyantaṁ-tīrthasnānaphalaṁ-tu-yat |
Gurupādapayovindoḥ-sahasrāmśena-tatphalam ||
Mitä hyvänsä ansioita kerätäänkin pyhiinvaellusmatkoilla ja kyl-
pemällä seitsemään mereen laskevissa pyhissä vesissä, nuo ansiot eivät
voi olla tuhannesosaakaan siitä ansiosta, joka saadaan maistamalla
vettä, jolla Gurun jalat on pesty.

Guru-Gita, jakeet 157, 87

# Sisältö

# Esipuhe

AUM vang me manasi pratistha
Mano me vachi pratisthitam
Aviravirma edhi

*Om! Nouskoon puheeni mielestäni,*
*nouskoon mieleni puheestani;*
*Jumala, paljasta Itsesi minulle!*

Näin *upanisadien rishi* (pyhien kirjoitusten tietäjä) rukoilee ennen-
kuin ryhtyy puhumaan korkeimmasta totuudesta. Tämä voisi olla
kaikkien suurten sielujen rukous. Vakiinnuttuaan ikuisesti korkeim-
paan täyteyden tilaan he eivät halua puhua. He tietävät, että puhu-
minen vääristää totuutta. Sen tähden suuret ovat mieluiten hiljaa.
   Ja kuitenkin viisas puhuu, myötätunnosta Jumalaa etsiviä ja pime-
ydessä vaeltavia kohtaan. Hän tietää yrittävänsä tehdä mahdottoman.
Sen tähden hän rukoilee: "Oi itsevalaiseva *Brahman* (Absoluutti),
yritän ilmasta sanoin kokemukseni totuudesta. Kokemukseni on niin
täysi, että sanat eivät voi ilmaista tätä ääretöntä totuutta. Silti aion
yrittää. Ja kun puhun, anna minun ilmaista ja välittää totuus, olen-
nainen sanoma, sanojeni avulla. Älä anna minun vääristää totuutta."
   Niin... rakastettu *gurumme* (henkinen mestarimme) ja Juma-
lamme Amma - *Mata Amritanandamayi Devi* - on saattanut ajatella
tähän tapaan ennen kun alkoi puhua. Amma sanoo: "Levätessään
omassa Itsessään ei kykene puhumaan. Siksi *Dakshinamurtin,* en-
simmäisen *gurun* sanotaan aina pysytelleen hiljaa." Mutta Amman
myötätunto lapsiaan kohtaan on vertaansa vailla. Amma laskeutui
meidän ymmärryksemme tasolle siitä täydellisyyden tilasta, josta ei
ole paluuta, jonne mieli ja puhe eivät kykene edes pyrkimään, jotta
Hän voisi jakaa kokemuksensa totuudesta lapsilleen.
   Aivan kuten Himalajan huipuilta laskeutuva taivaallinen
Ganges-joki kylvettää ja puhdistaa kaikki, jotka astuvat sen virtaan,

niin Amma odottaa kärsivällisesti, kädet ojennettuina, että Hänen lapsensa tulevat Hänen syliinsä saadakseen aavistuksen Korkeimmasta kokemuksesta. Kun antaudumme tuohon lämpimään ja sydäntä tyynnyttävään syleilyyn, Hän auttaa meitä hiljalleen nousemaan sanoinkuvaamattoman henkisen autuuden korkeuksiin.

Istuessamme Amman universaalin rakkauden ja myötätunnon siipien suojassa voimme kuunnella Hänen nektarinkaltaisia, ajatuksia herättäviä viisauden sanojaan. Jokainen sana, jokainen katse ja jokainen ajatus on syvällinen elämys, joka vaatii mietiskelyä, jotta sen merkitys voitaisiin ymmärtää syvällä sisällämme. Jos kykenemme lukemaan tämän kirjan, sen jokaisen sanan tällaisella meditatiiviisuudella, nuo sanat tulevat aina säilymään tuoreina ja jaloina kokemuksina sydämessämme. Yrittäkäämme vilpittömästi, ja katsokaamme mitä tapahtuu.

Keralassa monsuunisateet olivat huipussaan. Raskaat sateet saivat takavesien mutkikkaan järjestelmän ajoittain tulvimaan yli äyräittensä. Arabian valtameren mahtavat aallot piiskasivat kapeaa maa-kaistaletta Intian lounaisrannikolla. Tämä niemi on Amman synnyinpaikka, ja sinne, Hänen perheensä maille, perustettiin Amman *ashram* (luostari, henkinen keskus) vuonna 1981, jolloin opetuslapset ja oppilaat löysivät tiensä tähän henkiseen turvapaikkaan. Amman kaltaisen *mahatman* (suuren sielun) kanssa eläminen tarkoittaa elämistä tietoisuudessa, elämistä rakkaudessa. Jokainen hetki Hänen kans-saan synnyttää tuoksuvia muistoja, unohtumattomia kokemuksia ja kauniita elämyksiä, joita voi vaalia sydämensä hiljaisissa ja pyhissä kammioissa. Näiden jumalallisten kokemusten ketju synnyttää aikanaan väistämättä ehtymättömiä rakkauden aaltoja, poltto-ainetta, jonka avulla voi ylittää maailman alaspäin vetävän vaikutuksen. Hänen kanssaan oleminen on kuin avaisi jumalallisen tiedon ja viisauden kirjan. Tätä kirjaa ei kuitenkaan tulisi lukea mielellä tai älyllä vaan oman sydämensä hiljaisuudessa.

—Swami Amritaswarupananda

# 1. luku

Maanantaina, 2. heinäkuuta 1984

Kahdeksan aikaan aamulla yöllinen sade oli hieman laantunut, mutta raskaat pilvet riippuivat yhä taivaalla. *Ashramin* maaperä lainehti aikaisen rankkasateen jäljiltä. Lukuunottamatta valtameren ukkosenkaltaista jylinää *ashram* oli hiljainen ja rauhallinen. Koska satoi edellisillan *Devi-bhavassa* ei ollut ollut niin paljon väkeä kuin yleensä ja niinpä juhla olikin päättynyt yhden aikaan yöllä sen sijaan, että se olisi loppunut neljän tai viiden aikaan aamuyöstä. Eräs mies, joka oli tullut *bhava-darshaniin* (opettajan kohtaaminen jumalallisen mielentilan aikana), istui temppelin kuistilla. Hänen vierellään oli pieni, vanha puulaatikko. Yksi *ashramin* pysyvistä asuk-kaista lähestyi häntä ja kysyi tarvitsiko hän apua. Tämä oppilas, muslimi, vastasi haluavansa tavata Amman, siitäkin huolimatta, että oli vasta edellisiltana ollut *darshanissa*. Kun he kävelivät alueen poikki, mies kertoi olevansa kotoisin Chertallan kaupungista, 60 kilometrin päästä. Hän harjoitti hajuvesikauppaa ansaiten elantonsa myymällä itse valmistamiaan tuotteita. Viikkoa aiemmin hän oli tullut Karunagappalliin, *ashramin* lähettyvillä si-jaitsevaan kau-punkiin, myymään hajuvesiään. Siellä hän oli kuullut Ammasta ja tullut heti samana päivänä ensi kertaa *ashramiin*. Koska oli sunnuntai, hän sai Amman *darshanin Devi-bhavan* aikana, minkä jälkeen hän palasi Karunagappalliin, missä hän yöpyi moskeijassa. Kes-kellä yötä hän oli kokenut jotakin hyvin epätavallis-ta, mitä hän ryhtyi nyt selostamaan:

"Heräsin ääneen, joka syntyi siitä, kun joku avasi vierelläni olevan hajuvesirasiani. Hätkähdin ja hypähdin istumaan sängylläni. Olin ällistynyt nähdessäni Amman katselevan hajuvesirasiaani. Hän oli aivan samannäköinen kuin juuri päättyneessä *Devi-bhavas-sa*.

9

Nähdessään pelästyneen ilmeeni Amma hymyili ja sanoi: "Poikani, Amma etsii santelipuu-uutetta, mutta täällä ei ole." Sitten hän loi minuun pikaisen katseen, hymyili rakkaudellisesti ja katosi. Jäin siihen hyvin suruissani sen johdosta, että en ollut kyennyt antamaan Ammalle sitä mitä Hän oli halunnut. Niinpä tulin eilen tänne santelipuu-uutteen kanssa ja pirsko-tin sitä Hänen päälleen *Devibhavan* aikana. Amma näytti hyvin onnelliselta ja minullakin oli autuaalli-nen olo tehdessäni niin. Hän jopa huudahti kesken *Devibhavan*: "Oi, sinä toit sitä!" Tuosta huomautuk-sesta saatoin päätellä, että Hän tiesi mitä moskeijas-sa oli tapahtunut yöllä. Antaumuksen aalto heräsi sydämessäni ja silmäni täyttyivät kyynelistä."

Viattoman hajuvesikauppiaan kasvoilla sädehti hymy. Hän jatkoi: "Tunnen, että elämäni päämäärä on täyttynyt. Ennen kuin menen, haluaisin nähdä Amman vielä kerran ja kumartua Hänen jalkojensa juureen. Siksi olen yhä täällä."

Juuri sillä hetkellä Pyhä Äiti ilmestyi huoneensa kuistille. Muslimioppilas nousi seisomaan ja kumartui nöyrästi Hänen eteensä. Äiti sanoi hänelle: "Poikani, olet yhä täällä. Oletko saanut syötävää?"

Mies vastasi: "Jäin tänne saadakseni nähdä Sinut vielä kerran ennenkuin jatkan myyntimatkaani. Nähtyäni Amman olen saanut ruokani."

Amma nauroi ja sanoi: "Poikani, puhut syvällisiä."

Riemuissaan mies vastasi: "Puhun totta."

Santelipuu-uute ei erityisemmin kiinnosta *mahatmaa* (suurta sielua), joka on kaikkien halujen tuolla puolen ja joka on vakiintunut korkeimpaan kiintymättömyyden tilaan. Kyse ei ole siitä, että *mahatma* haluaisi jotakin tuollaista. Hän toimii näin luodakseen meitä inspiroivia tilanteita. Tällaiset kokemukset lisäävät uskoamme ja antaumustamme. Ne toimivat tikapuina, joita pitkin oppilas voi hiljalleen nousta kohden päämäärää.

*Brahmachari* (selibaatissa elävä oppilas) lähestyi Äitiä kerto-akseen, ettei voisi osallistua aamumeditaa-tioon, koska hänellä oli jokin tärkeä työ tehtävänään.

"Hyvä on poikani," Amma sanoi hänelle. "Mene meditaatiohalliin ja selitä kaikille syy poissaoloosi. Vasta tehtyäsi niin voit mennä ja tehdä työsi. Jos olet poissa paikalta ilman selitystä, muutkin tuntevat kiusausta lipsua kurinalaisuudestaan. Mitä hyvänsä teetkin, sinun tulisi pyrkiä olemaan esimerkiksi muille. Sinun tulisi palvella veljiäsi olemalla heille esimerkkinä. Henkisen etsijän jokaiseen tekoon tulisi sisältyä viesti ja opetus muille. Todellisen etsijän jokaisen toimen tulee olla ihanteen mukainen."

*Brahmachari* kumarsi ja meni meditaatiohalliin. Äiti ilmaisi jälleen kerran rakkautensa muslimioppilaalle ja palasi huoneeseensa.

# Tee työsi rakkaudella

Noin kahden aikaan samana päivänä Amma sai tietää, että lehmiä ei oltu syötetty. Hän oli hyvin pahoillaan karsinoihinsa sidottujen eläinten puolesta. Hän kutsui paikalle *brahmacharin*, joka oli vastuussa eläinten ruokinnasta. *Brahmachari* lähestyi Äitiä päätä riipputtaen ja tunnusti, että oli yksinkertaisesti unohtanut syöttää lehmät. Suuresti hämmästyneenä Amma huudahti: "Mitä?! Unohdit syöttää nämä eläinparat, jotka eivät kykene puhumaan ilmaistakseen nälkänsä ja janonsa? Unohdatko itse joskus syödä tai juoda? Me ihmiset voimme pyytää ruokaa, kun olemme nälkäisiä, mutta eläimet eivät kykene siihen. Tämä on suuri synti. Henkisen etsijän tulisi kyetä tuntemaan miltä toisista tuntuu, ei ainoastaan ihmisistä vaan kaikista olennoista. Älä kuvittele, että koska ne eivät kykene ilmaisemaan itseään sanallisesti niinkuin ihmiset, niillä ei ole tunteita niinkuin meillä.

Kyky asettua toisen asemaan, kyky nähdä ja tuntea niinkuin toinen, on harvinainen ominaisuus vilpittömässä etsijässä. Tiedä, että myös näillä olennoilla on tunteita. Ruoan ja juoman antaminen niille oikeaan aikaan tietäen, että ne tuntevat nälkää ja janoa siinä kuin mekin, on *sadhanaa* (henkistä harjoitusta). Älä syötä lehmiä mekaanisesti. Älä täytä tätä tehtävää vain siksi, että se on yksi sinulle annetuista tehtävistä. Siitä ei saa tulla tapa. Yritä nähdä, että sama elämä, joka sykkii sinussa ja minussa, sykkii lehmässäkin. Yritä tuntea niiden nälkä ja jano, silloin työstäsi tulee *sadhanaa*."

Sanottuaan näin Amma otti itse rehua varastohuoneen säkistä ja ryhtyi valmistamaan ruokaa ja antamaan vettä eläimille. Epävarmasti ja pelokkaasti *brahmachari* lähestyi Äitiä ja pyysi, että saisi ruokkia lehmät. Amma kääntyi hänen puoleensa ja sanoi: "Älä sano mitään nyt. Amma tahtoo tehdä tämän rakkaudella. Salli näiden eläinten tuntea rakkaus ravinnossaan."

*Brahmachari* seisoi Amman vieressä pyydellen moneen kertaan anteeksi ja lupaa saada syöttää lehmät, mutta Amma teki työn kiinnittämättä häneen minkäänlaista huomiota. Syöttäessään lehmiä Amma helli ja rapsutti jokaisen eläimen päätä ja otsaa suurella rakkaudella ja myötätunnolla. Eläimet osoittivat kiitollisuuttaan kihnuttaen päätään Äidin olkapäätä vasten. Äidin kasvoilla oli tyytyväinen hymy. Kun lehmät olivat syöneet vedestä ja rehusta tehdyn sekoituksen, Pyhä Äiti käveli läheiselle heinäkasalle ja otti siitä heiniä, joita tarjosi sitten lehmille. Rapsutettuaan ja hellittyään vielä eläimiä Amma palasi *ashramiin*. Tuona päivänä Hän söi vasta syötettyään lehmät. Kello oli melkein puoli viisi ennen kuin Hän sai lounaansa.

Tekeepä Amma mitä hyvänsä, se on aina viehättävää ja kaunista, koska Hän vuodattaa kaikkiin toimiinsa valtavasti rakkautta. Me emme osaa rakastaa. Meidän toimissamme ei ole rakkautta eikä sen tähden kau-neuttakaan. Me odotamme aina toiminnasta koituvaa hyötyä, mikä aikaansaa mielen levottomuutta ja keskityskyvyn puutetta. Keskittynyt mieli ja epäit-sekäs asennoituminen ovat hyvin tärkeitä voidak-semme tehdä työmme rakkaudella. Ilman näitä ei rakkaus ole mahdollista.

# Sydän ja äly

Viiden aikaan iltapäivällä pieni joukko ihmisiä oli kerääntynyt meditaatiohallin kuistille. Äiti oli siellä *brahmacharien* ja *ashramissa* asuvien perheellisten ympäröimänä. Kaikki lauloivat jumalallista nimeä autuaallisessa tilassa. Amma johti laulua ja ryhmä vastasi laulamalla kertosäkeen tästä *Kamesha vamaksi* -laulusta:

*Tervehdys shaktille, suurelle jumalattarelle,*
*jonka luo pääsee antamuksen avulla.*
*Tervehdys siemenelle, totuudelle,*
*äärettömälle ja täydelliselle tietoisuudelle.*

*Suojele meitä,*
*Sinä, joka olet Shivan vasen silmä,*
*joka täytät kaikki toiveet*
*ja loistat niin elävissä kuin elottomissakin,*
*oi Kamala, kaikkien hallitsija.*

*Sinä taivaallisten olentojen jumalatar,*
*suojaa heitä kaikilta suruilta.*
*Sinä, puhdas, suojaat jopa*
*maitovaltameren Herraa (Vishnua).*

*Luoja tekee työnsä kiitos sinun katseesi.*
*Tervehdys Sinulle, joka synnyit*
*Brahmasta Saraswatina,*
*Sinä olet koko maailmankaikkeuden siemen.*

Laulun jälkeen vallitsi meditatiivinen tunnelma. Kun Äiti katsoi lapsiaan hymyillen, yksi *brahmachareista* kysyi: "Amma, kun syötit aamulla lehmiä, sa-noit *brahmacharille*, ettei hän sanoisi enää mitään, että halusit tehdä työn rakkaudella niin, että eläimet voisivat tuntea sen. En ymmärtänyt täysin tarkoitustasi, mutta kuulosti siltä kuin rakkauden ja puheen välillä olisi jokin yhteys. Voisitko ystävällisesti selittää tarkemmin?"

Amma vastasi: "Poikani, et ole lainkaan väärässä, mutta todellinen yhteys ei ole rakkauden ja puheen välillä. Todellinen yhteys on rakkauden ja hiljaisuuden välillä. Siellä missä on todellista rakkautta, siellä on hiljaisuus. Sanoja ei voi olla, on vain hiljaisuus. Aivan niinkuin täydellisesti tyynessä järvessä - väreitä tai aaltoja ei voi olla, silloin kun todellista rakkautta koetaan. Väreet ja aallot ovat häiriötekijöitä, häiriöitä mielen järvellä. Rakkaus syntyy mielen pysähtyessä. Mielen seisahtuessa voimme kokea hiljaisuuden. Mielen lörpöttely loppuu tyystin. Todellinen rakkaus koetaan tuossa hiljaisuudessa. Hiljaisuus, hiljaisuus yksin on puhtaan rakkauden kieli.

Todellinen rakkaus asustaa sydämessä. Sydämessä olevasta rakkaudesta ei voi puhua, sitä ei voi ilmaista sanoin. Sydän ei ole sanojen aluetta. Sanat kuuluvat älyyn. Äly voi puhua, mutta se onkin vain kuin magnetofoni. Se nauhoittaa ja suoltaa ulos sanoja, sanoja ja sanoja - sanoja, joihin ei sisälly minkäänlaista tunnetta. Äly ei voi tuntea myötätuntoa, se ei voi tuntea rakkautta tai ystävällisyyttä. Se voi vain jär-keillä. Se yrittää jopa järkeillä rakkautta ja myö-tätuntoa. Poikani, siellä missä on liikaa puhetta, siellä ei ole rakkautta. Ken rakastaa, hän on jatkuvasti meditaation tilassa. Ajatukset päättyvät sellaisen rakkauden läheisyydessä. Todellinen rakastaja ainoastaan meditoi, hän ei koskaan ajattele. Kaikki hänen ajatuksensa koskevat hänen rakastettuaan, joten hänen mielessään ei ole lukuisia ajatusaaltoja. Vain yksi ajatus vallitsee ja tuo ainut ajatus koskee hänen rakastettuaan. Kun ajatuksia on vain yksi, mieltä ei ole. Rakastajan jatkuva keskittyminen ra-kastettuunsa koskettaa hänen sydämensä sisintä, jonne sanat ja ajatukset eivät voi yltää. Kaikki se-litykset päättyvät. Kuvailu ei ole enää mahdollista. Rakastaja sulautuu jatkuvaan meditaatiotilaan. Tuol-loin kahdesta tulee yksi.

Meditaatio vallitsee todellisessa rakkaudessa. Sinusta tulee hiljainen ja sinä lepäät omassa todellisessa Itsessäsi. Et voi puhua levätessäsi omassa Itses-säsi. Siksi *Dakshinamurti*, ensimmäinen *guru*, py-sytteli aina hiljaa. Sanotaan, että Dakshinamurti opetti opetuslapsiaan aina hiljaisuudella. Hän ei puhunut eivätkä hänen

14

opetuslapsensakaan puhuneet. Mutta hän opetti ja opetuslapset ymmärsivät häntä.

Mutta nyt kukaan ei ymmärrä todellisen rakastajan tai mietiskelijän hiljaisuutta. Häntä saatetaan pitää kummallisena tai nimittää hulluksi, koska ihmiset eivät tunne meditaation hiljaisuutta. He ovat tuntevat vain sanat ja sen niin sanottu rakkaus, joka voi elää ilman sanoja. Heistä tuntuu, että on mahdo-tonta ilmaista rakkautta ilman sanoja. Ja kuitenkin, ykseyden kokemuksessa rakastetun kanssa ei ole puhetta. Sinusta tulee hiljainen ja tyyni. Tätä tilaa kutsutaan *samadhiksi* (ylitietoinen autuuden tila), tilaksi, jolloin ollaan jatkuvassa meditaatiossa.

Amma vaikeni hetkeksi ja sanoi sitten: "Tarina *Shivasta* ja Hänen pyhästä puolisostaan *Parvatista* ilmaisee hyvin mitä tarkoitetaan ykseyden hiljaisuudella rakastetun kanssa." Sitten Amma kertoi seuraavan tarinan oppilaiden kuunnellessa tarkkaavaisina:

"Eräänä päivänä *Shiva* ja *Parvati* keskustelivat. *Shiva*, joka oli vakiintunut pysyvästi *samadhin* tilaan, vaelteli ympäriinsä jättäen usein Parvatin yksinään *Kailash-vuorelle*. Siinä vaiheessa kun Parvati ei kyennyt enää kestämään eron tuskaa, Hän pyysi Shivaa opettamaan kuinka Hän voisi vaipua *samadhin* tilaan niin, että voisi olla aina yhtä Herransa kanssa. Herra suostui ja neuvoi pyhää puolisoaan istumaan lootusasennossa. Hän opetti Parvatia sulkemaan silmänsä ja meditoimaan, suuntaamaan katseensa sisäänpäin. Kun Parvati meditoi, Shiva kysyi: 'Mitä näet?'

'Näen Sinun kehosi sisäisin silmin,' Parvati vasta-si.

Shiva neuvoi Häntä edelleen: 'Mene fyysisen ole-mukseni tuolle puolen. Mitä näet nyt?'

'Näen kirkkaan valon.'

'Ylitä tuo valo. Mitä seuraavaksi?'

'*Om*-ääni. Kuulen nyt sen.'

'Mene tuon äänen tuolle puolen. Mitä koet nyt?'

Tähän viimeiseen kysymykseen ei enää tullut vastausta. Hänen yksilöllisyytensä katosi ja sulautui pois. Hänestä tuli yhtä Herransa kanssa. Tuossa tilassa ei ollut enää ketään puhumassa eikä kuuntelemassa. Hän saavutti rakkauden lopullisen tilan, ikuisen ja erottomattoman ykseyden Herransa kanssa, tilan, johon mieli sanoineen ja älyllisine ajatuksineen ei yllä."

Tarinan lopuksi Amma oli hetken hiljaa. Sitten Hän jatkoi: "Tapahtuiko tämä kuten tarina kertoo, ei ole olleellista. Pyrkikää omaksumaan tarinan sanoma. Henkilö, joka ajattelee aina älyllisesti, ei voi ymmärtää sydämen tunteita. Hän ei voi ymmärtää meditaation ja rakkauden merkitystä. Hän ei tunne muuta kommunikointia kuin puhumisen. Mihin on sellaisesta älystä?

Amma piti tauon, jolloin eräs *brahmachari* esitti kysymyksen: "Koko olemassaolomme on kiitollisuudenvelassa inhimilliselle älylle. Entäpä kaikki tie-teelliset keksinnöt ja koko nykyajan kehitys?! Kaiken sen on mahdollistanut inhimillinen äly. Amma, sanotko, että äly on hyödytön?"

"Poikani, yritä ymmärtää selkeästi." Äiti sanoi: "Yritä olla tarkkaavainen, kun kuuntelet Äitiä. Muista käyttää sydäntäsi älyn sijasta.

Lapset, Äiti ei sano, että äly on täysin hyödytön. Sitä tarvitaan, se on ehdottomasti tarpeen. Sillä on oma paikkansa. Käytä sitä siellä missä sitä kuuluukin käyttää. Älä käytä sitä väärin. Kohtuuttoman merkityksen antaminen älylle on vaarallista. Se tuhoaa elämän kauneuden. Liikaa älyä ja liian vähän sydäntä aiheuttaa ristiriitaa, pettymystä ja turhau-tumista. Tulisi vallita tasapaino, tasapaino sydämen ja älyn välillä. Jos paneudumme syvällisesti elämän kaikkiin ulottuvuuksiin ja alueisiin, havaitsemme, että kaiken takana on rakkaus. Havaitsemme, että rakkaus on voima, voima ja inspiraatio jokaisen sanan ja toimen takana. Tämä koskee kaikkia ihmisiä, riippumatta rodusta, kastista, uskosta, lahkosta, uskonnosta tai työstä, jota ihmiset tekevät.

Ulkopuolisesta saattaa näyttää, että laboratoriossaan työskentelevä tiedemies tekee pelkästään älyllistä työtä. Suurin osa ihmisistä sanoo, että sellainen työ vaatii aivoja ja on sen tähden älyllistä työtä eikä sellaista mikä vaatisi sydäntä. Mutta katso tarkkaan koko prosessia. Paljastuu, että hänen työhönsä sisältyy rakkautta ja että hänen sydämensä osallistuu työhön. Itse asiassa, jos kykenet todella näkemään, ymmärrät, että ilman rakkautta ei tuollaista työtä voi tehdä. Todellisuudessa, mitä enemmän tarkkailet, sitä paremmin oivallat, että rakkaus on kaikkien tieteellisten kokeitten ja keksintöjen - kaiken työn - taustalla. Rakkaus tekee älystä terävän. Mitä enemmän rakkautta sinulla on, sitä terävämpi ja selkeämpi sinusta tulee. Saatat kutsua tällaista teräväksi tai syvälliseksi älyksi, mutta juuri rakkaus on tuon terävyyden tai syvällisyyden taustalla. Kyse on vain tämän oival-tamisesta. Jotkut oivaltavat, toiset eivät.

*Brahmachari* kuunteli tarkkaavaisesti, mutta halusi lisäselvennystä asiaan: "Amma, minä ymmärrän, mutta en täysin. Ole hyvä ja selitä asiaa vielä hieman."

Amma jatkoi: "Poikani, mitään työtä ei voi tehdä ilman keskittymistä. Mitä hyvänsä työ onkin, henkistä tai fyysistä, tai oli se sitten helppoa tai vaikeaa, innostavaa tai maallista, tarvitaan keskittymistä. Mitä on keskittyminen? Keskittyminen on mielen hiljaisuutta. Keskittyminen pysäyttää ajatusten virran. Kun ajatukset loppuvat, levottoman mielen toimeliaisuus lakkaa ja hiljaisuus on mahdollista. Tuo mielen hiljaisuus syntyy ainoastaan rakkauden myötä. Tiedemiehen rakastaessa kekseliäisyyttä ja kokei-lemista, hän pystyy sukeltamaan syvälle työhönsä. Hän rakastaa työskennellä ahkerasti. Yleensä käytetään sellaisia sanoja kuin ´kiinnostus´ tai ´vilpittömyys´ tai ´intensiivinen halu´. Nämä sanat ovat rakkauden synonyymejä. Ilman rakkautta ei ole kiinnostusta, ei vilpittömyyttä eikä intensiivistä halua. Eikö totta?"

"Amma, miksi siinä tapauksessa erotella sydän ja äly? Nehän ovat melkein sama asia. Eikö totta?"

"Perimmäisessä mielessä minkäänlaista eroa ei ole. Mutta nykyisessä henkisessä tilassasi on olemas-sa ero, jonka saa aikaan oma tietämättömyytesi. Sinä et ole vielä saavuttanut ykseyden korkeinta tilaa. Olet edelleen kaksinaisuuden maailmassa. Olet edel-leen sanojen ja fraasien maailmassa - eroavuuksien maailmassa - sen tähden tämä selitys. Kun rajoitukset ylitetään, on vain rakkautta, ei mitään muuta kuin jumalallista rakkautta. Itse asiassa näiden

17

selitysten ja erilaisten käsitteiden tarkoituksena on vain saada sinut ymmärtämään, että yksin kokemus voi paljastaa totuuden ja että sanat ja selitykset eivät auta pal-joakaan.

Kun ajatteleminen ja järkeily hallitsee jotakuta, sanomme häntä älylliseksi. Ja kun rakkautta ja myötätuntoa on enemmän, puhumme sydämestä. Sekä sydäntä että älyä tarvitaan. Itse asiassa mitä älyyn tulee, emme tarvitse vain ajattelua vaan erottelukykyistä ajattelua tai erottelukykyistä älyn käyttöä. Meidän tulee voida ajatella oikealla tavalla ja erotella hyvä pahasta, ja tarvitsemme myös hyvän sydämen voidaksemme tuntea ja ilmaista rakkautta. Sydän ja äly ovat tarpeen sekä *sadhakalle* (henkiselle oppilaalle) että tavallista elämää elävälle. Yleensä on vaikeaa löytää tasapainoa sydämen ja älyn välillä.

Lapset, rakkaus on todellinen olemuksemme. Me olemme olemukseltamme jumalallista rakkautta. Tuo rakkaus loistaa meissä kaikissa. Koska rakkaus on sisäinen olemuksemme, ei voi olla minkäänlaista ilmentymää ilman tätä rakkauden voimaa sen taustalla.

Myös tiedemiellä, joka on luova ja joka tekee ko-keita, on rakkautta. Mutta tuo rakkaus on rajautunut kapeaan uomaan. Se on suuntautunut vain sille tieteen alalle, jonka parissa hän työskentelee. Se ei syleile koko luomakuntaa. Hän on enemmän tai vähemmän sidottu laboratorioon, missä hän istuu tai niihin koe-välineisiin, joita käyttää. Hän ei ajattele todellista elämää. Häntä kiinnostaa enemmän onko kuussa tai Marsissa elämää. Häntä kiinnostaa enemmän atomi-aseiden kehittäminen.

Tiedemies voi väittää, että hän yrittää löytää *empiiristä* maailmaa koskevan totuuden analyyttisen lähestymistavan avulla. Hän leikkelee luotuja palasiksi saadakseen selville kuinka ne toimivat. Jos hänelle annetaan kissanpoikanen, häntä kiinnostaa enemmän sen käyttäminen tutkimustarkoituksiin kuin sen rakastaminen lemmikkinä. Hän mittaa sen hengitystiheyden, pulssin ja verenpaineen. Tieteen ja totuuden etsimisen nimissä hän leikkelee eläimen ja tutkii sen elimet. Kun kissa on avattu, se on kuollut. Elämä katoaa ja mahdollisuus rakkauteen on kadonnut. Ai-noastaan mikäli on elämää, on rakkautta. Etsiessään elämää koskevaa totuutta tiedemies tahtomattaan tuhoaa elämää. Kummallista!"

Vallitsi syvä hiljaisuus. Kaikki katsoivat Äidin kasvoja. Hän kertoi syvällisistä totuuksista erittäin yksinkertaisesti. Kaikki istuivat haltioituneina, kunnes hiljaisuuden rikkoi jälleen Amman nekta-rinkaltaisten sanojen virta:

"Tiedemiestä kiinnostaa enemmän ulkoinen kuin sisäinen. Hän on kiinnostuneempi osista kuin kokonaisuudesta. Hän on niin tutkimansa maailman lumoissa, että on täysin tietämätön si-säisestä universumista. Hänellä on monia suuria ajatuksia. Hänen älynsä on terävä, mutta hänen rakkautensa rajoittuu vain tieteen piiriin. Se ei syleile kaikkea. Äiti sanoisi, että todellinen tiedemies on todellinen rakastaja - ihmiskunnan rakastaja, luomakunnan ja elämän rakastaja.

*Rishi* (tietäjä, valaistunut) on todellinen rakastaja, koska hän on sukeltanut omaan Itseensä, elämän ja rakkauden ytimeen. Hän kokee elämää ja rakkautta kaikkialla - yllä, alla, vieressä, takana - kaikissa suunnissa. Jopa helvetissä, jopa alamaailmassa, hän näkee vain elämää ja rakkautta. Hänelle ei ole olemassa mitään muuta kuin elämää ja rakkautta, joka säteilee ja loistaa kaikista suunnista. Siksi Amma sanoisi, että hän on 'todellinen tiedemies'. Hän tekee kokeita oman olemuksensa sisäisessä laboratoriossa. Hän ei koskaan luo jakautumia elämään. Hänelle elämä on yksi kokonaisuus. Hän oleilee aina rakkau-den ja elämän jakamattomassa tilassa.

Todellinen tiedemies, pyhimys, syleilee elämää rakkaudella ja tulee yhdeksi sen kanssa. Hän ei kos-kaan yritä taistella ja voittaa elämää, hän yksinkertaisesti antautuu elämälle ja antaa sen kantaa hänet minne se ikinä haluaa."

Sanottuaan viimeisen lauseen Amma vaipui *samadhiin* (ylitietoinen autuuden tila). Hänen silmänsä olivat auki, mutta liikkumatta. Hänen kehonsa ei liikkunut, se oli niin liikkumaton, ettei edes hengityksen nousua ja laskua ollut havaittavissa. Amman ylevä tila kesti jonkin aikaa. Kun Amma oli vaipununeena *samadhiin*, yksi *brahmachareista* lauloi laulun, *Anupama guna-nilayeen:*

> *Oi Äiti, oi Jumalatar, oi ainutlaatuisten*
> *ominaisuuksien tyyssija.*
> *Sinä olet niiden tuki, joka etsivät turvaa,*
> *Oi Sinä, joka olet vaatimaton viisautesi takia*
> *ja hienotunteinen rakkautesi takia,*
> *anna minulle hieman myötätuntoasi.*

> *Etkö Sinä tiedä,*
> *että minä en tiedä mitään?*
> *Näytä jalkasi ja siunaa minut,*
> *joka putoan surun valtamereen.*

## Mielen hiljaisuus

Kun Amma palasi normaaliin tietoisuudentilaan, sama *brahmachari* esitti jälleen kysymyksen. "Amma, sanoit että keskittymininen tekee mielestä hiljaisen. Olen kuullut, että tiedemiesten tieteellinen tutkimustyö vaatii valtavan määrän keskittyneisyyttä. Jos näin on, niin tiedemiesten, jotka viettävät tunteja ja taas tunteja laboratoriossaan, joskus jopa kokonaisia päiviä, täytyy kokea tuota mielen hiljaisuutta. Onko tämä totta? Onko tuollainen hiljaisuus ja se hiljaisuus, mistä Sinä puhut, yksi ja sama asia? Jos ei ole, mikä on ero?"

Amma vastasi: "Tuo on hyvin älykäs kysymys. Poi-kani, vaikka molemmat saattavat kokea sisäistä hil-jaisuutta, heidän kokemustensa välillä on suuri ero. Tiedemies saattaa kokea tietynlaista mielen hiljai-suutta, kun hän keskittyy johonkin kokeeseen tai kun hän keksii jotakin. Mutta kun hän jättää laboratorion, hänestä tulee sama ihminen jälleen. Vaikka hän onkin tiedemies, hänelläkin on *vasanoita* (kiel-teisiä ominaisuuksia, ehdollistumia). Vanhojen tottumustensa ja *vasanoittensa* hallitsemana, hänen on pakko toimia mielensä ja halujensa mukaisesti. Hän ei kykene pysymään 'ei-ajatuksen' tilassa

20

pitkään. Tiedemies ei kykene pysyttelemään hiljaisuuden tilassa pitkää ajanjaksoa. Hiljaisuus alkaa yksin-kertaisesti, kun hän saapuu laboratorioon, ja päättyy, kun hän poistuu sieltä. On totta, että kun ihminen osaa keskittyä, mieli saavuttaa tietynasteisen hiljai-suuden. Näin voi käydä kadunmiehellekin silloin täl-löin. Äiti myöntää, että keskittyminen on syvem-pää tiedemiehen kuin kadunmiehen tapa-uksessa. Tiedemiehen mieli on hienosyisempi kuin kadun-miehen. Se mielen hiljaisuus, jonka tiedemies saa-vuttaa keskittymisellään, on erityinen lahja, mutta tällainen hiljaisuus ei kestä pitkään. Se tulee ja menee. Se ilmenee, kun hän on koeputkiensa ja koneittensa parissa, ei hänen todellisessa elämässään. Todellisessa elämässään hän saattaa olla täydellinen epäonnistuja.

Lapset, *rishin* mielen hiljaisuus on seurausta täydellisestä mielen hävittämisestä. Oli hän sitten missä tilanteessa hyvänsä, *rishin* mieli on aina hiljaa, riippumatta ajasta ja paikasta. Hän menee mielen sisältöjen tuolle puolen ja saavuttaa 'ei-mielen' -tilan. Ego kuolee hänessä ja niinpä hän on egoton, täysin vapaa halujen otteesta. Tiedemies taas kantaa edelleen egon painolastia ja hänellä on mo-nia haluja. Tyhjentäen mielensä kokonaan *rishi* on poistanut egon taakan kokonaan. Hän on tyystin vapaa, koska mikään ei paina häntä alas. Hän on niinkuin peili, puhdas ja kirkas kristalli, vailla omia kuvajaisia. Jos näet kuvajaisia, ne ovat heijastumia, eivätkä heijas-tumat kuulu peiliin. Peili vain heijastaa. Se ei sen enempää omista kuin ole omistamattakaan mitään.

Sellainen hiljaisuus, josta puhuit, kohtaa toisinaan runoilijan, kun hän kirjoittaa runojaan tai kun hän unohtuu ajattelemaan tee-maansa katsellessaan luontoa tai tutkiessaan omaa mielikuvitustaan. Hiljaisuus voi vallata maanviljelijän, kun hän unelmoi viljastaan tai valtavasta sadosta, jonka tulee korjaamaan. Tavallinen rakastunut, joka ajattelee rakastettuaan, voi myös kokea samaa. Mutta nämä ihmiset ovat edelleen itsekeskeisiä. Heidän päänsä on täynnä aja-tuksia, ideoita ja tulevaisuudensuunnitelmia. Kun heidän hiljaisuu-tensa päättyy, eikä tuo hiljaisuus kes-tä kauaa, heitä hallitseejälleen sama pieni ego.

Tiedemies kartuttaa olemassaolevaa egoaan kaiken aikaa. Hän kerää enemmän ja enemmän tietoa, enemmän ja enemmän informaatiota, eikä siinä ole kyse mistään muusta kuin egon paisuttamisesta. *Rishi* sen sijaan on täysin tyhjä. Hänestä tulee totaalisen tyhjä. Hänestä tulee niinkuin joessa ajelehtiva ruumis. Hän antaa joen kantaa itsensä minne se haluaa. Tie-demies on ulkonaisesti täynnä tietoa maailmasta. *Rishi* on sisäisesti täynnä, täynnä kokemusta yksey-destä korkeimman absoluutin kanssa. Tiedemies nä-kee monta, *rishi* näkee Yhden. Tiedemies on vain osa olemassaoloa, kun taas *rishi* on olemassaolon kokonaisuus. Kun tiedemies raskauttaa itsensä tie-dolla ja taulukoilla, *rishistä* tulee niin tyhjä, että kaikki tieto voi kulkea hänen lävitseen, vaikuttamatta hänen ykseyden kokemukseensa. Siinä missä tiede-mies rajaa ja kaventaa näkökenttäänsä, *rishi* laajenee ja syleilee koko universumia."

Äiti lopetti puhumisen ja pyysi *brahmachareja* laulamaan *Kodanukoti*-laulun:

*Oi ikuinen totuus,*
*ihmiskunta on etsinyt Sinua*
*miljoonia ja miljoonia vuosia...*
*Menneisyyden pyhimykset luopuivat kaikesta*
*harjoittaen loputtomia vuosia tapasia,*
*jotta heidän Itsensä virtaisi,*
*sulautuen meditaation avulla*
*Sinun jumalalliseen jokeesi.*

*Sinun äärettömän pieni liekkisi,*
*joka on kaikkien saavuttamattomissa,*
*loistaa niinkuin auringon kirkkaus,*
*ollen värähtämätön*
*hurjasti raivoavan pyörremyrskyn silmässä.*

*Kukat, köynnöskasvit ja alttarihuoneet,*
*temppelit, vastapystytettyine pyhine pylväineen,*
*odottavat Sinua,*

*aikakaudesta aikakauteen,
ja silti Sinä olet tavoittamattoman etäinen*

## Jumalan rukoileminen ja itkeminen meditaationa

Perjantaina 6. heinäkuuta 1984

Amma antoi *darshania* majassa. Yksi opetuslapsista kysyi: "Amma, tiedän vain vähän henkisyydestä. Uskon Äitiin ja tahdon elää antautunutta ja omistautunutta elämää. Voisitko kertoa minulle hieman siitä kuinka voin tulla henkisemmäksi?"

Äiti vastasi hänelle: "Poikani, sinun tulisi ensinnäkin luopua ajatuksesta tulla henkisemmäksi. Yritä vain rukoilla vilpittömästi Jumalaa ja mietiskellä Häntä. Älä ajattele henkisemmäksi tulemista. Tuo ajatus saattaa toisinaan olla este.

Itke ja rukoile Jumalaa. Laula Hänen ylistystään. Älä ylirasita itseäsi yrittämällä istua lootusasennossa tai pidättää hengitystä mietiskellessäsi Hänen olemustaan. Meditaatio on Jumalan muistamista, jatkuvaa ja rakkaudellista muistamista. Pidä Häntä rakastettunasi tai pidä itseäsi Hänen lapsenaan. Tai pidä Häntä isänäsi tai äitinäsi. Yritä ajatella Häntä yksinkertaisesti niinkuin ajattelemme isäämme tai äitiämme tai rakastettuamme. Kuinka rakastunut ajattelee rakastettuaan? Ei varmastikaan istumalla lootusasennossa. Toisen ajatteleminen tapahtuu yksinkertaisesti, kun on käymässä makuulle, kävelemässä tai istumassa joen rannalla tai niin saattaa tapahtua töissä ollessa. Sillä ei ole väliä missä on tai mitä tekee. Ajattele samalla tavoin rakastamaasi jumalaa kaikissa ti-lanteissa, riippumatta siitä missä olet ja mitä teet.

Mietiskele Häntä luojanasi, suojelijanasi ja lopullisena kotinasi, jonne palaat. Yritä tuntea Hänet sydämelläsi, yritä tuntea Hänen läsnäolonsa, armonsa, myötätuntonsa ja rakkautensa. Avaa sydämesi ja rukoile Häntä: 'Oi Jumala, luojani, suojelijani ja lopullinen lepopaikkani, ohjaa minut valoosi ja rakkauteesi. Täytä sydämeni läsnäolollasi. Minulle on kerottu, että olen Sinun lapsesi, mutta olen täysin tietämätön olemassaolostani Sinussa. Rakas Jumalani, en tiedä kuinka palvoa Sinua tai kuinka miellyttää Sinua tai kuinka mietiskellä olemustasi. En ole tutkinut pyhiä kirjoituksia, en tiedä kuinka ylistää Sinua. Oi myötätuntoinen, osoita minulle oikea tie, jotta voin palata todelliseen asuntooni, Sinuun.'

Lapset, vuodattakaa kyyneleitä ajatellessanne Häntä. Sellainen on suurinta *sadhanaa* (henkistä harjoitusta). Mikään muu *sadhana* ei johda jumalallisen rakkauden autuuteen yhtä tehokkaasti kuin vilpitön rukous. Et tarvitse akateemista koulutusta rakastaaksesi Jumalaa. Sinun ei tarvitse olla oppinut tai filosofi palvoaksesi Häntä. Kutsu vain Häntä, mutta anna kutsun tulla sydämestäsi. Aivan niinkuin lapsi, joka itkee ruokaa tai äidin hyväilyä ja syleilyä, kutsu Jumalaa yhtä voimakkaasti ja vilpittömästi. Itke ja rukoile Häntä. Hänen on ilmaistava Itsensä. Hän ei voi istua hiljaa ja välinpitämättömänä, kun joku kutsuu Häntä tuolla tavoin.

Lapset, viaton rukoileminen, Jumalan kutsuminen, on erittäin voimallinen tapa miellyttää Jumalaa. Sinun ei tarvitse olla oppinut tehdäksesi niin. Jopa oppimaton kadunmies tai lukutaidoton metsän asukas voi saada osakseen Jumalan armon, mikäli hän todella päättää saavuttaa päämäärän.

On olemassa tarina, joka valaisee tätä. Eräs ensimmäisen *Shankaracharyan* oppilaista oli hyvin ylpeä kyvystään antautua Jumalalle. Hänen rakkain jumalhahmonsa oli *Narasimha*, ihmisleijona, *Vishnun* neljäs inkarnaatio. Voidakseen miellyttää rakasta jumalaansa oppilas meni metsään harjoittamaan voimallista *tapasia*, itsekuriharjoitusta. Useita päiviä hän meditoi istuen erakkomajan lähellä olevalla kal-liolla ja antautui yhä voimallisemmin ankaraan *sadhanaan*. *Sadhaka* ei havainnut metsän asukasta, joka oli tullut katselemaan häntä. Metsien mies tarkkaili häntä hyvin uteliaana, mutta ei kyennyt ymmärtämään miksi mies istui niin kummallisessa asennossa, selkä suorana ja jalat ristissä. Koska oppilas oli sulkenut silmänsä, tämä yksinkertainen mies luuli hänen meditaatiotaan uneksi. Hän oli niin utelias ja innokas puhumaan nukkuvan miehen kanssa, että tuli joka päivä ja odotti monta tuntia toivoen, että oppilas avaisi silmänsä.

Viimein tuli päivä, jolloin *sadhaka* lopetti meditaationsa. Yksinkertainen metsäläinen lähestyi häntä kunnioittavasti ja kysyi: '*Tambra*, miksi sinä aina vain nukut istuen? Mikset asetu makuulle?' Havaitessaan metsäläisen yksinkertaisuuden oppilas nauroi ja sanoi: "Kuulehan hupsu mies, en minä nuku. Mie-tiskelen rakkaan Jumalani olemusta."

Metsäläinen ei tietenkään ymmärtänyt tästä mitään. Elettyään metsässä koko elämänsä hän oli kouluja käymätön ja lukutaidoton. 'Meditoit? Rakas Jumalasi? Mikä se on?' hän huudahti. Oppilas sanoi: 'Et sinä ymmärrä tällaisia asioita. Yritän kutsua ja rukoilla Jumalaani.' Metsäläinen ihmetteli jälleen: 'Mitä! Kutsut jotakuta liikkumatta tästä paikasta? Mikset lähde etsimään häntä?' Oppilas ei vastannut. Hän vain hymyili ja ryhtyi jälleen meditoimaan.

Päivät kuluivat. Metsäläisen uteliaisuus ei jättänyt häntä rauhaan. Kykenemättä hillitsemään uteliaisuuttaan saada tietää enemmän henkilöstä, jota oppilas etsi, hän lähestyi jälleen *sadhakaa*. Hyvin toiveikkaasti hän kysyi: '*Tambra*, kuka on tämä mies, jota sinä kutsut? Voinko auttaa sinua löytämään hänet?' Oppilasta riemastutti suuresti tämän miehen vilpittömyys. Koska hän tiesi, että tämä metsän asukki ei ymmärtäisi mitään meditaatiosta tai muista *sadhanan* tekniikoista, oppilas sanoi: 'Katsohan, henkilö, jota kutsun, ei ole ihminen vaan epätavallinen leijona, äärimmäisen voimakas ihmisleijona.' Tähän vastaukseen metsäläinen oli tyytyväinen.

Päivät muuttuivat kuukausiksi ja tuona aikana näistä kahdesta tuli läheisiä ystäviä. Metsäläinen oli hyvin surullinen *tambransa* puolesta, joka istui aina meditaatiossa luopuen ruuasta ja unesta. Hän ajatteli: 'Kuinka tottelematon tämä ihmisleijona onkaan! Ja katso *tambraa!* Hänestä on tullut niin laiha ja heikko ravinnon ja unen puutteen takia. Minun on tehtävä jotakin auttaakseni häntä. Minun on annettava opetus tälle olennolle, joka on niin ylpeä, ettei vastaa *tambrani* kutsuun.' Hän päätti lähteä matkalle etsimään ihmisleijonaa, mutta ensin hän halusi pyytää luvan *tambraltaan.* Viaton metsän asukas odot-ti, että oppilas avasi silmänsä ja kertoi hänelle sitten aikeistaan ja pyysi hänen lupaansa lähteä. Oppilas nauroi sydämensä pohjasta: 'Kuinka hullu ja tietämätön mies! Hän ajattelee, että Jumalani elää jossakin päin metsää.' Varmana siitä, että metsäläinen ei onnistuisi pyrkimyksissään ja ajatellen, ettei ollut mitään mieltä yrittää saada häntä ymmärtämään sel-laisen yrityksen mahdottomuuden, oppilas antoi suos-tumuksensa. Huvittuneena metsän asukin yksin-ker-taisuudesta oppilas sulki jälleen silmänsä ja jatkoi meditaatiotaan.

Metsäläinen aloitti etsintänsä. Hän meni luolasta luolaan, tiheiköstä tiheikköön, yli kukkuloitten ja laaksojen. Hän etsi kaik-kialta. Hän ei jättänyt yhtäkään paikkaa valtavassa metsässä väliin etsiessään *tambransa* leijonaa. Vaikka hän oli tutkinut kaikki luolat, kaikki tiheiköt, kaikki kukkulat ja kaikki laaksot, hän ei luovutta-nut. Nyt hän ryhtyi kutsumaan: *"Tambrante simham, va, va!" (Oi mestarini leijona, tule, tule!)."* Hän unohti ajan ja paikan. Koska hän ei tuntenut nälkää eikä janoa, hän laihtui luu-rangoksi. Hänen jatkuva kutsunsa, *"Tambrante sim-ham, va, va",* kaikui kaikkialla metsässä. Se täytti koko ilmapiirin luoden jatkuvia, hyvin voimak-kaita värähtelyitä eri puolelle.

Puut, vuoret, laaksot, pensaikot, linnut ja eläimet hiljenivät, kun hän kutsui: *"Tambrante simham, va, va!"* Ilman, että hän itse tiesi, etsintä oli muuttunut voimalliseksi (henkiseksi) etsinnäksi, joka oli polttanut hänen alkukantaisen olemuksensa ja kaikki hänen *vasanansa* (ehdollistumansa) sen myötä. Mielen sisältö suli hiljalleen ja kaikki ajatukset hävisivät, lopulta jopa sanalliset kutsut loppuivat. Hänestä tuli täydellisen hiljainen. Vain kaikkinielevä rakkauden tuli paloi hänen sisällään, ja tämä kohosi suoraan ylöspäin läpäisten taivaallisen asumuksen ja saapui viimein itse *Vishnu*-jumalan asu-mukseen. Tämän täysin tietämättömän metsän asukin meditaation lie-kit olivat niin voimallisia, että *Vishnun* oli reagoitava. Omaksuen *Narasimhan,* ihmisleijonan olemuksen Hän ilmestyi yksinkertaisen metsän asukin eteen.

Metsäläinen otti köynnöskasvin, sitoi sen jumalan kaulaan ja vei sen *tambran* luo, joka istui edelleen kalliolla silmät suljettuina yrittäen nähdä rakkaan Jumalansa olemuksen. Metsän asukki kutsui häntä: 'Oi *tambra*, avaa silmäsi. Tässä on ihmisleijonasi. Toin hänet tänne sinua tapaamaan.' Oppilas havahtui useitten kutsujen jälkeen eikä kyennyt uskomaan silmiään. Hän hieroi silmiään uudelleen ja uudelleen, katsoi ja jälleen katsoi. Vieläkään hän ei kyennyt uskomaan silmiään. Hänen Herransa, *Vishnun* mahtava inkarnaatio seisoi hänen edessään. Yhdellä kä-dellään metsäläinen piteli köynnöskasvia, joka oli sidottu jumalan kaulaan, ja toisella hän syötti sille vihreää ruohoa.

Nähdessään kuinka ihmeissään *tambra* oli, metsäläinen sanoi: '*Tambra*, tule alas. Ota leijonasi. Hän on hyvä. Ei Hän ole vaarallinen. Tule alas.' Oppilas kompuroi kalliolta kuin mielipuoli ja heittäytyi maahan sekä jumalan että metsäläisen eteen. Hän itki niinkuin lapsi anellen anteeksiantoa. Metsäläinen oli hämillään tästä. Nyt jumala puhui: 'Nouse ylös rakkaani. Älä tunne pettymystä. Muista, että rakkaita Minulle ovat ne, jotka muistavat Minua rakkaudella tuntien läsnäoloni sekä sisällään että ulkopuolellaan. Ego ei voi elää siellä, missä on todellista rakkautta. Ja missä on todellista rakkautta, sinne Minä voin vaivatta saapua ja elää siellä.' Sanottuaan tämän jumala laittoi kätensä metsäläisen pään päälle ja antoi hänelle *mokshan*, lopullisen vapautuksen. Jumala lohdutti oppilasta sanoen, että myös tämä saavuttaisi lopullisen tilan tämän elämän aikana. Oppilaasta tuli aidosti vaatimaton.

Tämä metsän asukas ei ollut opiskellut pyhiä kirjoituksia, mutta hänellä oli sydäntä tuntea ja ilmaista rakkautta. Hän ei edes etsinyt itsensä tähden vaan toisen tähden. Tällainen ihminen, jolla on niin rakastava ja myötätuntoinen sydän, on rakkaampi Herralle kuin hän, joka istuu lootusasennossa, mietiskellen ylpeänä pyhien tekstien tietojaan ja meditaatiotekniikoitaan ja harjoittaen *japaa*.

Lapset, tehkää tästä tarinasta itsellenne innoituksen lähde, ja yrittäkää rukoilla kunnes sydämenne sulaa ja virtaa kyyneleinä. Sanotaan, että *Gangesin* vedet puhdistavat kenet hyvänsä, joka kastautuu siinä. Kyyneleillä, jotka täyttävät silmämme muistaessamme Jumalaa, on valtaisa voima puhdistaa mielemme. Nämä kyyneleet ovat voimakkaampia kuin meditaatio. Sellaiset kyyneleet ovat todellinen *Ganges*."

Äiti neuvoo ihmisiä aina eri tavoin. Hän näkee jokaisen selkeästi ja antaa neuvonsa kunkin sisäisen ominaislaadun ja hänen perimiensä henkisten taipumusten mukaisesti. Äiti kehottaa toisia jatkamaan sillä tiellä, jota he seuraavat, mutta toisia hän kehottaa harjoittamaan aivan toisenlaista *sadhanaa* (henkisiä harjoituksia). On tapauksia, joissa Äiti kehottaa *sadhakaa* jatkamaan *sadhanaa*, jota hän jo harjoittaa, mutta pienin muutoksin. Suurinta osaa ihmisiä, jotka tulevat tapaamaan Häntä, neuvotaan seuraamaan antaumuksen, rakkauden ja rukouksen tietä. Vain harvoja neuvotaan seuraamaan *vedantan* ei-kaksinaisuuden tietä. Äidin mukaan suurin osa ihmisistä ei ole riittävän kyvykkäitä harjoittamaan *vedantan sadhanaa*. Hänen voimakas vakaumuksensa on, että *vedantan sadhana* estää ihmisten henkistä kehitystä, jos sitä harjoittavat epäkypsät ja kyvyttömät ihmiset. Äiti katsoo, että niiden ihmisten lukumäärä, jotka todella ymmärtävät *vedantan* ja sen seurausvaikutukset elämässä, on hyvin pieni.

Amma sanoo: "*Vedantasta* ei pitäisi puhua. Se on elämäntapa. Sen mukaan tulee elää. Ihmiset keskittyvät nykyisin *vedantan* nimissä liikaa älyllisyyteen, ja niin he tuhoavat henkisyyden ja jumalallisen rakkauden kauneuden harrastaen itsekeskeisiä keskusteluja ja itsekkäitä toimia."

Lukijasta saattaa tuntua oudolta, että Äiti ei kehoita oppilasta ponnistelemaan istuakseen lootusasennossa tai pidättämään hengitystä mietiskellessään Jumalansa ulkoista olemusta. Sen sijaan Hän neuvoo itkemään Jumalaa ja rukoilemaan viattomasti. Äiti sanoo, että monet tulevat Hänen luokseen valittaen, ettei heillä ole koskaan ollut todellista 'kokemusta', vaikka he ovatkin harjoittaneet intensiivisesti *sadhanaa* useita vuosia. Äiti sanoo, että se johtuu pääasiassa rakkauden ja viattomuuden puutteesta heidän *sadhanassaan*.

Saavuttaakseen todellisen hen-kisen kokemuksen tulee kehittää itsessään rakkautta ja viattomuutt. Amma sanoo, että seuraapa sitten mitä henkistä tietä hyvänsä, se tulisi rakentaa *preman* (syvän rakkauden) vahvalle perustalle. Sille oppilaal-le, joka oli esittänyt kysymyksen, antaumuksellisen rakkauden tien täytyi olla juuri se *sadhana*, joka auttaisi häntä kasvamaan henkisesti, sillä siten Amma oli neuvonut häntä. Todellinen mestari tietää mikä on parasta hänen oppilailleen ja opetuslapsilleen.

Puoli seitsemän aikaan illalla Amma nousi ylös ja käveli vanhan temppelin kuistia kohden. Oli aika aloittaa illan *bhajanit* (henkiset laulut). Kaikki vakituiset asukkaat ja vierailevat oppilaat saapuivat ja istuutuivat. Pian ylistyslaulut alkoivat *harmonin* ja *tablan* säestyksellä. Amma lauloi *Adi Parasaktin:*

> *Oi Alkuperäinen, Korkein Voima,*
> *siunaa meitä, vapauta meidät surusta.*

> *Oi kahdeksantoistakätinen Jumalatar,*
> *jonka ratsuna on leijona,*
> *Sinun silmiäsi palvovat jopa lootuskukan terälehdet,*
> *oi Sinä, jolla on hyväntahtoinen hymy.*
> *Sinun kasvosi säteilevät*
> *ja ilmentävät seitsemää hyvettä tasapuolisesti.*

> *Sinun vihasi on hullun elefantin kaltainen,*
> *Sinua palvovat Ajanin kaltaiset jumalat.*
> *Oi universumin Jumalatar,*
> *tanssi sydämessäni aina,*
> *kohtele ystävällisesti tätä anojaa,*
> *suo minulle kaikki taivaan lahjat.*

Amman kanssa laulamisen autuaalliset hetket ja korkeimman antaumuksen ja rakkauden kokemukset kestivät aina viisitoista yli kahdeksaan asti. *Aratin* (kamferin polttamisen) jälkeen Amma löydettiin ma-kaamasta hiekalla, ei kovinkaan kaukana temppe-listä. Muutama *brahmachari* ja Gayatri olivat Hänen seurassaan. Koska hiekka oli märkää, joku toi patjan, jotta Amma voisi maata sen päällä. Gayatri pyysi Häntä siirtymään patjalle, mutta Amma ei lii-kahtanutkaan. Näytti siltä, että Hän nautti märästä hiekasta. Hän alkoi pyöriä maassa. Nähden tässä ti-laisuutensa Gayatri levitti maton toiselle puolen, jotta Amma pyörähtäisi sille heittelehtiessään puolel-ta toiselle, mutta Gayatri joutui pettymään, sillä Am-ma lopetti pyörimisen. Hän makasi hiljaa aloillaan. Osoittaen etusor-mellaan taivasta Amma lausui ih-meellisiä äänteitä, jotka kuullostivat tuntemattomal-ta kieleltä. Hänen ojennettu sormensa pysyi samassa asennossa jonkin aikaa, kun Hän makasi siinä liik-kumattomana ja silmät suljettuina. Useita minuutteja kului ennen kuin Hän palasi normaaliin tietoisuu-dentilaan.

Yksi *brahmachareista*, joka oli ollut paikalla iltapäiväkeskustelun aikana, kysyi: "Amma, tänään ilta-päivällä neuvoit nuorta miestä vain rukoilemaan ja itkemään Jumalaa. Riittääkö se Jumalan tun-temiseen?"

"Kyllä", Äiti sanoi, "jos niin tehdään koko sydämestä. Poikani, älä luule, ettei ole muita henkisiä harjoituksia kuin lootusasennos-sa istuminen tai *mantran* toistaminen. Nuo ovat tietenkin myös keinoja Jumalan muistamiseksi ja Itsen tuntemiseksi. Ne auttavat ilman muuta koulimaan ja rauhoittamaan luonnostaan rauhatonta kehoa ja mieltä. Mutta on väärin ajatella, että nämä harjoitukset olisivat ainoa tie.

Ottakaamme esimerkiksi Vrindavan *gopit* (Kris-hnaa rakasta-neet lehmitytöt) ja *Mirabai* . Minkälais-ta oli heidän *sadhanansa*? Kuinka heistä tuli *Krishna-mayeja* (Krishnan täyttämiä)? Aiheutti-vatko sen ne pitkät tunnit, jotka he viettivät istuen lootusasennos-sa meditaatiota harjoittaen? Ei. Mutta tietenkin he mietiskelivät. He harjoittivat jatkuvaa ja intensiivis-tä meditaatiota, mutta eivät jalat ristissä istuen. *Go-pien* ja *Mirabain* kaltaiset oppilaat muistelivat jat-kuvasti Herransa loistokkuutta, ajatellen rakkaudel-la Hänen

jumalallista olemustaan riippumatta ajasta ja paikasta. He vain it-
kivät ja itkivät, kunnes heidän kyyneleensä pesivät heidän mielensä
sisällön pois ja lopulta heillä ei ollut enää ajatuksia.

Lapset, itkiessämunohdamme helposti kaiken. It-keminen aut-
taa meitä lopettamaan menneisyyden katumisen ja tulevaisuuden
unelmoinnin. Se auttaa meitä pysyttelemään nykyhetkessä, Herran
ja Hänen jumalallisen *liilansa* (leikin) parissa. Olettakaamme, että
joku rakkaimpamme kuolee - sanokaamme äitim-me tai isämme,
vaimomme tai aviomiehemme, tai poikamme tai tyttäremme. Su-
remme ja ajatellemme häntä. Eikö totta? Unohdamme kaiken muun.
Tuolloin mikään muu ei tule mieleemme paitsi rakkaimpaamme
koskevat suloiset muistot. Meitä ei kiinnosta mikään muu kuin
hänen ajattelemisensa ja muiste-lemisensa. Mielemme keskittyy
täydellisesti häneen.

Lapset, itku omaa voiman tehdä mielestämme täy-dellisen
keskittynyt. Miksi harjoitamme meditaatiota? Saavuttaaksem-
me keskittyneisyyden tilan. Eikö totta? Kyllä. Joten paras keino
keskittymisen aikaansaami-seksi on itkeä Jumalaa. Se on erittäin
voimakas tapa muistaa Jumalaa, ja se on itse asiasssa meditaatiota.
Ja niin sellaiset suuret palvojat kuten *gopit* ja Mirabai tekivätkin.
Katsopas kuinka epäitsekäästi Mirabai rukoili: 'Oi *Mira Giridhari*,
ei ole väliä vaikka Sinä et rakastaisikaan minua. Mutta oi Herra, älä
vie mi-nulta oikeutta rakastaa Sinua.' He rukoilivat ja itkivät kunnes
heidän koko olemuksensa muuttui jatkuvaksi rukouksen tilaksi.
He palvoivat Jumalaa kunnes juma-lallisen rakkauden liekit söivät
heidät kokonaan. Heis-tä itsestään tuli uhrilahja.

Kun sinusta tulee uhrilahja, kun koko olemuksesi on jatkuvassa
rukouksen tilassa, silloin se mikä jää jäljelle ei ole enää sinä vaan
Hän. Rakkaus jää jäljelle. Rukous voi tehdä tämän ihmeen. Itku voi
tehdä tämän urotyön. Mikä onkaan meditaation tarkoitus? Tulla
rakkaudeksi. Saavuttaa ykseys. Sen tähden ei ole olemassa parempaa
meditaatiotekniikkaa kuin Jumalan rukoileminen ja itkeminen.

Ano nöyrästi Häneltä. Vuodata sydämesi Hänelle. Rukoilu on
mielen tyhjentämistä, itsensä vapauttamis-ta *vasanoista* (kielteisistä

31

ominaisuuksista). Rukoilu on Hänen ylemmyytensä hyväksymistä ja oman mitättömyytemme muistamista. 'Minä en ole mitään. Minä en ole kukaan. Sinä olet kaikki.' Rukous opettaa meille nöyryyttä. Etsit Hänen turvaansa, Hänen rakkauttaan, Hänen armoaan, myötätuntoaan ja apu-aan saavuttaaksesi Hänet. Sinä kutsut, yrität ta-voittaa. Rukous on egon luovuttamista. Syvältä sisältäsi yrität tavoittaa. Pyrit laajenemaan. Sanot Jumalalle: 'Oi Herra, minulla ei ole voimaa. Minä luulin, että minulla on, mutta nyt ymmärrän, että olen avuton. Olen pimeässä. En näe. En ole mitään... Opasta minua, ohjaa minua, auta minua. Egoni sai minut ajattelemaan, että olen jotakin suurta. Nyt oivallan, että olen avuton. Ilman Sinun armoasi en ole mitään...' Mistä tässä on kyse? Siitä, että myönnät täydellisen avuttomuutesi ilman Häntä ja Hänen armoaan. Tämä on nöyrtymistä. Tämä on todellinen keino *vasanoitten* poistamiseksi. Tulisi oivaltaa ja tuntea oma avuttomuutensa. Avuttomuus tekee nöyräksi. Nöyryys puolestaan auttaa saavuttamaan niin Jumalan armon kuin inhimillisen rakkaudenkin.

Amma makasi edelleen hiekalla. Hän oli vaiennut hetkeksi. Kukaan ei sanonut mitään vähään aikaan. Äiti pyysi juotavaa, mutta kun Gayatri toi sitä, Hän ei juonut. Hänen toimintansa ylittää ymmärryskyvyn. Pitkän tauon jälkeen yksi *brahmachareista* sanoi: "Amma, kuinka tavallisen uskovaisen rukoukset eroavat todellisen oppilaan rukouksista?"

Amma vastasi. 'Myös uskovaiset, erotukseksi todellisista oppilaista, yleensä rukoilevat. He saattavat käyttää samoja sanoja, ja he saattavat antautua samaan nöyrään anomiseen. Itse asiassa heidän käyttämänsä sanat saattavat olla täysin samoja. Mutta he vain lausuvat sanoja, merkityksettömiä sanoja. He eivät todella rukoile sydämestään vaan lörppöttelevät. He sanovat pelosta, saadakseen toiveensa täyttymään, jotakin, joka heidän mielestään on rukoilua. Mutta todellisuudessa he ehdottavat Jumalalle ja jopa neuvo-vat Häntä sanoen, että nämä ovat asioita, joita he haluavat, ja nuo ovat asioita, joita he eivät halua. He sanovat: 'Anna minulle mitä minä haluan ja mistä minä pidän. Älä anna minulle asioita, joista en pidä'. Kuinka tällainen voisi olla rukoilua? Tässä on kyse yrityksestä saavuttaa yliote Jumalasta. Tässä asetetaan kyseenalaiseksi Jumalan kaikkitietävä olemus. Niin sanottu uskovainen sanoo epäsuorasti, että hän tietää paremmin kuin Jumala, mikä on parasta hänelle ja mikä ei. Voimmeko sanoa tätä rukoukseksi? Ei, emme voi. Kyse on vain hänen egonsa esilletuomi-sesta. Hänellä on edelleen omat mieltymyksensä ja vastenmielisyytensä. Hänen päämääränään on edelleen omien halujensa toteuttaminen. Halu on se keskeinen tekijä, jonka ympärille hänen rukouksensa keskittyvät.

Todellinen oppilas uhraa itsensä Jumalalle rukoil-lessaan. Rukous on uhraamista, oman elämänsä uhraamista. Todellinen rukoileminen on todellista antautumista. Todellisessa rukouksessa ei pyydetä mitään, ei vaadita mitään, ei ehdoteta mitään. Todellinen oppilas oivaltaa, että Hänen Herransa on sisäpuolel-la ja ulkopuo-lella, että Hän on kaiken tietävä ja kaikkeen kykenevä - kaikkialla läsnäoleva, kaikkitietävä ja kaikkivoipa. Ymmärtäessään tämän oppilas yrittää yksinkertaisesti ilmaista täydellisen avuttomuu-tensa Jumalalle ja hyväksyy Hänet ainoaksi suoje-lijakseen ja oppaakseen. Tällaisessa vilpittömässä ja avosydämisessä rukouksessa oppilas tunnustaa egonsa taakan ja hyödyttömyyden. Miksi pitää kiinni jostakin hyödyttömästä? Siksi hän rukoilee Jumalaa poistamaan sen, tuhoamaan sen. Tällainen rukous on todellista meditaatiota ja se vie varmasti päämäärään. Todellisessa rukouksessa oppilaalla ei ole mieltymyksiä tai vastenmielisyyksiä. Hän haluaa luo-pua egos-taan. Hän pyrkii näkemään kaiken Jumalan ilmentymänä. Hänellä ei ole muita haluja täytettävään kuin sulautua ikuiseen ykseyteen Jumalansa kanssa."

Ja jälleen esitettiin kysymys: "Voiko joku hyötyä toisen ruko-uksesta?"

Äiti vastasi: "Kyllä, niin voi tapahtua. Keskittyminen, antau-tuminen ja rukoilijan puhdas päätös voivat vaikuttaa toiseen, ja hänen toiveensa voi täyttyä. Tällainen rukous voi edistää toiveen toteutumista, pelastaa jonkun vaarasta tai parantaa sairauden.

Mutta jos päämääränä on oivaltaa Korkein Olento, sinun on tultava täydellisesti egottomaksi. Tämä edellyttää, että yrität itse. *Sadhakan* (henkisen oppilaan) tulee itse rukoilla vilpittömästi kielteisten ominaisuuksiensa poistamista. Hänen tulisi työskennellä voimallisesti. Tällaisen rukouksen tarkoituksena ei ole saavuttaa mitään tai täyttää yhtäkään toivetta. Sen tarkoituksena on mennä kaikkien saavu-tusten tuolle puolen, sen tarkoituksena on ylittää kaikki halut. Kyse on *sadhakan* voimakkaasta halusta palata alkuperäiseen ja todelliseen asuinpaikkaan. Hän tuntee egonsa taakan ja tulee tietoiseksi siitä, ja tämä tunne luo voimakkaan halun vapautua sen painosta. Rukous on tuon halun ilmausta.

Toisen rajallisen ihmisen rukous ei voi poistaa egoa. Siihen tarvitaan omaa pyrkimystä ja täydellisen mestarin opastusta. Egon työstäminen ja mielen tyh-jentäminen on helpompaa jumalallisen mestarin lä-heisyydessä. Vaikka Äiti sanoikin, ettei toisen ihmisen rukous voi auttaa poistamaan toisen egoa, *Satgurun* (valaistuneen mestarin) pelkkä ajatus, katse tai kos-ketus voi aikaansaada valtavan muutoksen oppilaassa. Jos *satguru* niin tahtoo hän voi antaa Itseoivalluksen opetuslapselleen tai oppilaalleen. Hän voi tehdä mitä hyvänsä. Hänen tahtonsa on yhtä Jumalan tahdon kanssa.

Vähäpätöisten toiveiden täyttymisen rukoileminen tarkoittaa, että olet juuttunut mieleesi ja sen kiintymyksiin ja vastenmielisyyksiin. Eikä vain sitä vaan se tarkoittaa, että lisäät olevassaolevia *vasanoita-si.* Luot uusia haluja, uusia maailmoita. Sen lisäksi pidennät vihan, halun, ahneuden, kateuden, harhan ja muiden kielteisten luonteenpiirteiden ketjua. Jokainen halu tuo mukanaan tällaisia kielteisiä tunteita. Täyttymättömät toiveet johtavat vihaan. Sen sijaan kun rukoilet puhdistumista voidaksesi syn-nyttää *atma bodhan* eli tietoisuuden Itsestä, *vasanat* tuhoutuvat. Sellainen rukous muuttaa täysin suh-tautumistasi elämään. Vanha persoona kuolee ja uusi syntyy. Sen sijaan vähäpätöisten halujen täyttymisen rukoileminen ei aikaansaa persoonallisuuden muut-tumista. Joka rukoilee näin säilyy samanlaisena, hä-nen asenteensa säilyy samana.

Tämä ei tarkoita, että sinun ei tarvitsisi välittää niistä, jotka ovat sairaana tai vähemmän onnekkaita kuin sinä. Rukoile heidän puolestaan, että Jumala auttaisi heitä. Se on paljon arvokkaampaa kuin rukoilla vähäpätöisten halujen vuoksi saadakseen aistinsa tyydytettyä. Mutta muista, jos päämääräsi on Itseoivallus, sinun egosi, sinun *vasanasi*, tulee poistaa. Tarvitaan omaa ponnistelua ja *Satgurun* ohjausta ja armoa."

Tämän rukousta koskevan keskustelun jälkeen *Ka-runatan katamiri* -laulun surumielinen sävelmä täytti ilman:

*Oi Äiti, suo minulle ystävällisesti*
*myötätuntoinen katse,*
*että voin saavuttaa mielenrauhan.*
*Palvon Sinun pyhiä jalkojasi*
*mieleni kukkasessa.*

*Päivin ja öin, surun aallot*
*nousevat mielessäni hukuttaen sen.*
*Sinä maan hallitsija,*
*surun tuhooja ja hyvän antaja.*

*Osoita siis armosi minulle.*
*Oi Äiti, anna minulle mahdollisuus*
*palvoa kukkasten kaltaisia jalkojasi.*
*Langeta myötätuntoinen katseesi minuun,*
*jotta voin täyttyä autuudesta.*

*Anna puhtaan rakkautesi*
*nektarinkaltaisten pisaroitten*
*sataa mieleeni,*
*joka on onneton ja avuton,*
*salli minun kylpeä ja uida*
*autuuden valtameren viileissä vesissä.*

# Henkisyys on luopumista,
# sitten takaisin ottamista

Jälleen esitettiin kysymys: "Amma, miten voimme parhaiten selittää mitä henkisyys on tai kuinka tulkita sitä?"

Äiti vastasi: "Henkisyyttä ei pitäisi selittää tai tulkita. Kyse on kokemuksesta. Itseasiassa tunteakseen todella henkisyyden kaikkien tulkintojen ja selitysten tulisi päättyä. Tulisi olla erittäin vastaanottavai-nen. Sisäistä puhumista tai arvioimista ei saisi olla. Kaikki tulkinnat kuuluvat päähän. Kaikki tulkin-nat ovat lainattuja ajatuksia tai ideoita, joita olemme kutoneet toisista ideoista. Ne ovat kaikki toistoa. Henkisyys voidaan kokea vain tyyneydessä ja hiljaisuudessa. Kyse on kaiken ulkomaailmasta kerätyn tiedon pois jättämisestä.

Äiti on kuullut tarinan. Olipa kerran *mahatma*, jonka tapana oli kantaa mukanaan suurta säkkiä täyn-nä leluja ja karamelleja, kuten toffeeta lapsille. Milloin hän vain näki lapsia, hän jakoi heille leluja ja ma-keisia. Hän ei koskaan tuonut julki omaa suuruuttaan. Eräänä päivänä joukko oppineita pysäytti hänet sa-noen: 'Oi kunnioitettu pyhä mies, me tiedämme, että Sinä olet suuri olento. Tiedämme, että Sinä näyttelet. Kantamalla leluja ja toffeeta pyrit luomaan vahvan verhon itsesi ja meidän väliin. Ole hyvä, älä petkuta meitä. Kerro meille jotakin henkisyydestä.'

Kuultuaan tämän *mahatma* pudotti heti säkkinsä ja käveli muutamia metrejä. Oppineet kysyivät: 'Mitä tämä tarkoittaa? Emme ymmärrä tämän merkitystä'. *Mahatma* vastasi: 'Tätä on henki-syys, egon painon pudottamista.' Oppineet sanoivat: 'Hyvä, entä mitä seuraavaksi?' *Mahatma* palasi omia askeleitaan takai-sin, otti säkin ja laittoi sen jälleen olkapäälleen. Suuri sielu sanoi: 'Tätä on henkisyys: jättää kaikki tai luopua kaikesta. Raskas säkki on egosi kaikkine kielteisine ominaisuuksineen, kuten viha, ahneus, kateus ja itsek-kyys. Se on taakka. Sen raskaus pitää sinut alhaalla. Poista egosi paino. Ja pudotettuasi sen kokonaan, palaa takaisin ja kanna sitä jälleen. Mutta nyt se on painoton. Toisin sanoen, älä ota sitä kantaaksesi en-nenkuin tunnet, että se ei ole mikään taakka. Ego ei ole enää ego vaan näennäinen ego. On mielenkiintoista katsoa näennäisen egon toimintaa. Kyse on vain leikistä. Itseluodun egon tarkoituksena on huvittaa sinua itseäsi ja niitä, jotka lähestyvät sinua. Tämä itseluotu ego sisältää leluja ja makeisia lapsien huvittamiseksi.'

Lapset, henkisyydessä ei ole kyse mistään muusta kuin luopumisesta ja takaisin ottamisesta. Henkisyys on kaikesta taakasta luopumista ja taakan takaisin ottamista. Mutta tällä kertaa taakka ei enää ole taakka. Ilmaistaksemme asian toisella tavoin, älä ota taakkaa takaisin ennenkuin tunnet, että se on painoton. Kyllä, kun olet täydellisesti tyhjentänyt sisäisen taakan, otat sen takaisin - kannat maailman taakan. Mutta nyt et tunne minkäänlaista raskautta. Päinvastoin, tunnet valtavan ilon kumpuavan syvältä sisältäsi, jopa kantaessasi maailman taakkaa. Aiemmin kyse oli todellisesta kärsimyksestä, mutta nyt mie-lessäsi ei ole lainkaan kärsimystä, koska mielesi on levossa, ja sen tähden et tunne enää, että kyse olisi taakasta. Vaikka yhä edelleen toimit, olet mukana etkä silti ole mukana. Alat nähdä asiat täysin uudesta näkökulmasta. Näyttelet roolia, mutta et koskaan samaistu siihen. Jäät ulkopuolelle. Et voi muuta kuin tuntea autuutta riippumatta siitä mitä teet."

Joku esitti hämmentyneen kommentin: "Luopua egosta ja ottaa se sitten takaisin ja kuitenkin olla egoton tuntematta sen painoa. Kuinka vaikeata ym-märtää!"

Äiti jatkoi: "Äiti sanoi, että kyse on kokemuksesta, eikä sitä voi käsittää tai selittää saatikka tulkita älyllä. Älyllä on selitys joka asialle. Ihmiset eivät ole valmiita hyväksymään mitään ilman selitystä. He ajattelevat, että kaikkeen täytyy olla looginen selitys. Ihmispolot! He ajattelevat voivansa selittää maailmankaikkeuden olemuksen ja kaikki sen mysteeriot. Moderni tieteellinen ajattelu on synnyttä-nyt tällaisen näkemyksen ihmisille. Nykyaikainen tieteellinen ajattelu käsittelee vain sellaisia asioita, jotka voi havaita. Se käsittelee vain empiiristä maailmaa, jota voidaan mitata ulkoisin mittarein ja siitä tehtä vien tulee olla älyllisesti ymmärrettävissä.

Tämä nykytieteen käsitys on tuhonnut inhimillisen uskon. Rakkautta ei voi havaita, eikä myöskään uskoa. Ne eivät ole havaittavia. Niitä ei voi ilmaista sanoin, silti ne ovat elämän perusta. Ilman niitä elämä ei ole elämää vaan kuolemaa. Elämän kauneus ja loistokkuus riippuu kokonaan rakkaudesta ja uskosta. Niitä ei voi selittää, paitsi todellisessa elämässä. Kokemuksemme on, että ilman rakkautta ja uskoa elämästä tulee niinkuin kone tai kuollut ruumis. Ai-van niinkuin ruumis hajoaa (elämänvoiman puuttu-essa), niin elämämme hajoaa rakkauden ja uskon puuttuessa. Tällainen on jokapäiväinen kokemuksemme. Jokainen hetki on todistusta tästä suuresta totuudesta. On hämmästyttävää, että ihmiset yhä pyytävät todistusta ja selitystä tälle. On sääli, että heillä on tuollaisia epäilyksiä sen suhteen mikä on totta."

Sekunnin murto-osassa Äiti kohosi jälleen henkisen autuuden korkeuksiin. Nyt Hän oli oudon mielen-tilan vallassa. Hän otti kourallisen märkää hiekkaa oikeaan käteensä, teki siitä pallon ja asetti sen ot-salleen. Tämän jälkeen Hän jähmettyi liikkumatto-maksi. Äiti sulki silmänsä oleillen jonkin aikaa omassa maailmassaan, maailmassa, joka on tyystin käsittämätön inhimilliselle mielelle.

Yhtäkkiä Äiti ryhtyi laulamaan *Nilameghangale*-laulua:

*Oi mustat pilvet,*
*mistä saitte sinertävän vivahteenne,*
*saman tumman hipiän*
*kuin Vrindavassa Nandan pojalla, Sri Krishnalla?*

*Kävittekö tapaamassa lapsi-Krishnaa?*
*Hymyilikö Hän teille ja puhuiko Hän teille?*
*Loiko Hän, sinisillä, hunajanmakeilla*
*lootussilmillään katseen teihin?*

Yön syvä hiljaisuus ja laulun luoma syvällisesti kohottava tunnelma aikaansai sen, että kaikkien mieli lipui rauhalliseen tilaan. On todella

38

ihastuttavaa kuunnella Äidin nektarinkaltaisia sanoja ja ekstaattista laulua, sillä Hän täyttää sekä sydämen että sielun rakkaudella ja täyttymyksen tunteella. Mutta nämä syvän hiljaisuuden jaksot, jolloin Hän säteilee oman sisäisen hiljaisuutensa autuutta, ovat kauneutta, jota sanat eivät voi kuvata. Näiden meditatiivisten hetkien aikana ihmiset, jotka ovat Hänen lähellään, voivat sukeltaa vaivatta oman sydämensä sisimpiin sopukoihin kokemaan hiljaisuutta ja rauhaa.

Laskeutuessaan ylevöittyneen tilansa korkeuksista Äiti kääntyi kyljelleen, jolloin hiekkapallo putosi Hänen otsaltaan. Yksi *brahmachareista* nosti sen varovasti ylös ja piti sitä käsissään.

Jälleen sama henkilö, joka oli pyytänyt selitystä henkisyydestä, jatkoi seuraten samantyyppistä aja-tuksenkulkua: "Amma, Sinä et selittänyt kuinka py-himys ei tunne painoa vaikka hän kantaakin sitä."

Äiti hymyili kujeellisesti. Hän saattoi ajatella kuinka hassuja olimmekaan jatkaessamme saman kysymyksen esittämistä vielä senkin jälkeen, kun meille oli kerrottu toistuvasti, että henkiset kokemukset ovat kuvausten tuolla puolen, että niitä ei voi selittää. Siitä huolimatta Kaikkein Myötätuntoisin siunasi jälleen lapsiaan antamalla muutaman vihjeen: "Poi-kani, ennen kuin vastaan kysymykseesi salli Äidin kertoa ensin kuinka äly jatkaa vastalauseitten ja epäilysten esittämistä. Se ei koskaan salli meidän uskoa. Se ei koskaan salli meidän oppia uskomaan ehjästi. Katso nyt itseäsi. Jopa sen jälkeen, kun sinulle on kerrottu, että henkisyys on selittämätöntä, sinun älysi ei salli, että hyväksyisit sen. Se ei salli sinun uskoa. Se jatkaa todisteiden vaatimista yhä uusien ja uusien selitysten muodossa. Tämä kysyminen ei lopu koskaan, ellet tule tietoiseksi jatkuvan kysymisen merkityksettömyydestä. Mitä enemmän todisteita ja selityksiä sinulle annetaan, sitä enemmän mieli ha-luaa niitä. Näin on, koska todisteet ja selitykset ovat ruokaa älylle. Ilman epäilyksiä, sanoja ja selityksiä mieli ja äly eivät voi elää. Ne eivät voi olla olemassa. Mielen olemassaolon lähde on ulkopuolista maailmaa koskevassa tiedossa, sen tähden se tavoittelee jat-kuvasti tosiasioita ja taulukoita. Tietäessäsi tämän yritä olla ruokkimatta mieltä.

Pyhimys lakkaa ruokkimasta mieltä maailmaa kos-kevalla tiedolla. Kun egon ruokkiminen lakkaa, mieli lopettaa oppimansa mekaanisen toimintansa. Pyhimys alkaa itse hallita mieltään itse. Pyhimys elää sydä-messä. Siinä missä pää on egon asuinsija, sydän on egottomuuden valtaistuin. Pyhimys ei elä enää päässä, hän jättää egon ja siirtyy sydämeen. Hän ei epäile. Hän ei jaa osiin vaan hänestä tulee täydellisen jaka-maton. Hänestä tulee maailmankaikkeus.

Kun ego on poistettu, et ole enää henkilö. Sinusta tulee tietoisuus. Tulet muotoa vailla olevaksi. Ego antaa nimen ja muodon. Kun ego on tuhottu, ni-mi ja muoto katoavat. Voit antaa nimen pyhimykselle ja voit ajatella, että tietty muoto kuuluu hänelle, mutta hän ei ole kumpainenkaan. Hänestä tulee tuulen kaltainen. Hänestä tulee tila. Kaikki kulkee hänen lävitseen. Koko maailmankaikkeus kaikkineen - kaikki auringot, kuut ja tähdet, vuoret, kaikki eläimet ja elävät olennot kulkevat hänen lävitseen. Ja hän yk-sinkertaisesti säilyy koskemattomana, liikkumatto-mana ja häiriintymättömänä. Hän elää hiljaisesti, rauhallisesti ja autuaallisesti. Koska hän on egoton, hän on 'ei-mieli'.

Näinkin asiaa voi tarkastella. Ollessamme veden alla emme tunne kantamiemme esineitten painoa, riippumatta siitä kuinka suuria ne ovat. Mutta nou-sepa vedestä ja yritä kantaa samoja esineitä. Et ken-ties kykene liikuttamaan niitä tuumaakaan. Samalla tavoin, *mahatma* sukeltaa syvälle olemassaolon sy-vyyksiin. Hänestä tulee itse olemassaolo, ja kelluen tässä olemassaolon avaruudessa, hänen kantamansa taakat ovat painottomia. Joten hänelle kantaminen ei ole taakka. Hän ei tunne painoa, sillä tosiasiassa hän on täysin vailla taakkaa, koska hän on egoton.

Pyhimys elää rakkaudessa. Hän elää myötätunnossa. Pyhimys on rakkauden ja myötätunnon ruumiillistuma. Puhtaassa rakkaudessa ei ole taakkoja. Mikään ei voi olla taakka puhtaalle, halusta vapaalle rakkaudelle. Todellinen rakkaus voi kantaa koko maailmankaikkeuden tuntematta minkäänlaista painoa. Myötätunto voi kantaa koko maailman kärsimyksen tuntematta pienintäkään tuskaa. Se mitä me kut-summe koko maailman raskaaksi taakaksi on paino-tonta *mahatmalle.* Hän kantaa tämän 'taakan' silkasta ilosta ja autuudesta. Mutta itse asiassa hän ei kanna sitä lainkaan. Hän ei voi kantaa mitään, koska hän ei ole henkilö, hän ei ole keho. Hän on itse tila ja tila voi sisältää mitä hyvänsä. Mikä hyvänsä ja kaikki mahtuu tilaan, ja silti 'tilaan' jää vielä paljon tilaa - rajatonta tilaa, päättymätöntä tilaa.

Tuossa tilassa ei ole jakaumaa. Sinusta tulee täydellisesti jakamaton. Itse asiassa, siinä on vain tilaa. Me luomme jakauman. Oman *karmamme* (tekojemme aikaansaamien rajoitusten) vaikutuksesta egomme luo jakauman. Aivan niinkuin talo, joka jaetaan seinillä moniksi huoneiksi. Ennenkuin talo rakennettiin oli vain tilaa. Sen jälkeen kun seinät pystytet-tiin, tila jaettiin erillisiksi huoneiksi. Mutta tosiasiassa, jopa sen jälkeen kun koko talo on rakennettu ja jakauma on luotu seinien avulla, on edelleen vain tilaa. Talo on olemassa tilassa. Jos seinät nyt pure-taan, talo katoaa ja jälleen on vain tilaa. Egoa voidaan verrata samaan tapaan seiniin, jotka vastaavat jakautumia. Poista ego ja sinusta tulee jälleen tila.

Mutta poikani, mitä sinua hyödyttää se, että vain kuulet nämä sanat ja ideat? Sinun tulisi pyrkiä saavuttamaan tuo taakattomuuden tila. Vain sillä on merkitystä."

Toinen *brahmachari* oli liikuttunut ja halusi puhua: "Puhut niin kauniisti heistä *(mahatmoista)*, Amma. Vaikka me olemme elämän alinta laskuvettä, tunnemme suurta innostusta Sinun puhuessasi. Toisinaan syntyy sisäisen yllykkeen nousuvesi ja tunnemme voimakasta halua elää ja kokea tuo korkein tila. Mutta tämä tunne ei kestä pitkään, se kuolee pian."

Tarttuen tähän seikkaan Äiti kuvaili asiaa hieman laajemmin: "Tässä vaiheessa nousuvesi tulee ja menee. Se ilmaantuu, kun olet tämäntyyppisessä tilanteessa, *satsangin* (pyhimyksen seuran) innostama. Tällaisten innostavien tilanteiden kokonaisvai-kutus kulminoituu välttämättömyyden tunteeseen, josta tulee jatkuva. Se tulee olemaan irtioton hetki. Siinä vaiheessa sinulla ei tule olemaan muuta mahdollisuutta kuin ottaa viimeinen hyppy, viimeinen kohoaminen korkeuksiin. Todellinen mestari johdattaa sinut tuohon pisteeseen luomalla yhä innostavampia ja yhä voimakkaampia tilanteita. Kun sinusta tulee yhä vastaanottavaisempi, olosuhteitten intensiteetti lisääntyy. Näin todellinen *guru* vie jopa kaikkein arvottomimman oppilaan hitaasti ja asteittain päämäärään."

Tämän kuullessaan *brahmacharit* riemuitsivat. Pitäen itseään arvottomana opetuslapsena, eräs heistä sanoi: "Olen onnellinen nyt, ajatellessani, että minullakin on toivoa. Odotan päivää, jolloin minunkin mieleni on täynnä voimakasta halua sulautua Äitiin."

Äiti vastasi kipakasti: "Älä pelkästään odota tekemättä mitään. Älä hukkaa aikaa odottaen. Käytä aika valmistaen mieltä, luoden enemmän ja enemmän tilaa, jotta *guru* mahtuu sisään. Hän on jopa valmis työntymään sisään, mutta vähintäänkin pieni murtuma tulee olla. Kun *guru* on saapunut, kaikki on kunnossa. Hän tekee loput. Hän pitää huolen, että sinut syödään. Mutta tällä hetkellä pientäkään murtu-maa ei ole.Yritä luoda tuo tila tai edes halkeama ja anna *gurun* pitää pientä tilaa sisälläsi. Ajan kulues-sa hän pitää huolen, että ego työnnetään ulos niin, että lopulta hän täyttää koko sinun sydämesi."

Näiden lauseitten jälkeen Amma alkoi laulaa *Agamanta porulea:*

> *Oi agamoitten ydin,*
> *Sinä joka täytät universumin,*
> *ken tuntisi Sinut,*
> *joka olet täynnä viisautta?*
> *Oi autuaallinen Itse, ikuinen olento,*
> *joka et tunne surua,*
> *oi Alkuvoima, Korkein Voima, suojele minua.*
>
> *Sinä asustat kaikissa sydämissä,*
> *tunnet kaikki,*
> *innokkaana tarjoamaan*
> *vapautuksen autuutta,*
> *pahoille näkymätön, mutta loistat aina hyveellisten medi-*
> *taatiossa.*

*Oi Sinä, joka säteilet täyteydessäsi
ikuisen totuuden muodossa,
oi Devi, Sinä ikuinen,
näytä pelastuksen tie,
ja loista minussa, joka olen
tylsimys ihmiskunnan joukossa.
Avoimesti pyydän Sinua,
oi Äiti, suvaitse astua minuun
ja loistaa minun sydämessäni.
Valitse minut ylistämään Sinun tarinaasi
ja vapauta minut tästä mayasta.*

Puoli yhdentoista aikaan alkoi sataa. Näytti siltä, että Amma tahtoi olla sateessa, sillä Hän ei noussut ylös. Ikäänkuin virittäytyen samalle aaltopituudelle Hänen kanssaan kaikki jäivät istumaan paitsi Gayatri, joka oli äärimmäisen huolissaan Äidin terveydestä ja fyysisistä tarpeista. Gayatri nousi, sillä hän näki, että pian ripottelu muuttuisi voimakkaaksi sa-teeksi. Äiti ei liikkunut. Gayatri pyysi, että Amma nousisi ylös ja siirtyisi temppelin kuistille tai menisi huoneeseensa. Yhtäkkiä tihkusade muuttuikin rank-kasateeksi. Kaikki kastuivat läpimäriksi. Samalla hetkellä kun tihkusade oli alkanut, Gayatri oli avannut sateenvarjon, jota hän oli kantanut mukanaan, hän yritti nyt pitää sitä Amman yläpuolella. Mutta Amma nautti sateesta ja vain vastentahtoisesti Hän antoi periksi Gayatrin jatkuville pyynnöille. Lopulta Amma nousi ja meni hänen kanssaan omaan huo-neeseensa. *Brahmacharit* pysyivät paikoillaan vielä hetken aivan kuin tämän maailman unohtaneena. Vei muutamia minuutteja ennen kuin he oivalsivat, että Äiti oli mennyt. Sitten he kaikki hypähtivät yhtäkkiä pystyyn ja ryntäsivät temppelin kuistille.

Yksi *brahmachareista* sanoi vapisten: "Minusta näytti, että Amma halusi nähdä nousisimmeko ylös ja juoksisimmeko pois, kun sade tuli. Näytti siltä, että meitä koeteltiin. Mutta toisaalta taas, ehkä niin ei ollutkaan. Ammalla on omat syynsä. Ehkä Hän vain halusi olla sateessa."

Toinen sanoi: "En tiedä kuinka toimia tuollaisissa tilanteissa. Gayatri esimerkiksi vaati, että Amman tulisi mennä huoneeseensa, kun taas meistä kukaan ei sanonut sanaakaan. Me vain istuimme siellä ja olimme hiljaa. Tietysti mekin jäimme sateeseen. Mutta kysynkin, minkälainen on oikea asenne? Kumpi asenne on oikea, Gayatrin vai meidän?"

Kiusallisen epätietoisuuden vaivaamana toinen *brahmachari* huomautti: "Nyt kun nostit esiin tuon kysymyksen, myös minä tunnen syyllisyyttä. Minusta tuntuu, että meidän olisi pitänyt pyytää Ammaa me-nemään huoneeseensa ennenkuin alkoi sataa niin rankasti."

Seurasi hieman ajatustenvaihtoa ja *brahmacharit* tulivat siihen tulokseen, että heidän pitäisi tiedustella asiaa Äidiltä, kun siihen tarjoutuisi mahdol-lisuus. Sitten he menivät huoneisiinsa. Kuului vain tuulen viuhunaa, sateenropinaa ja valtameren aaltojen pauhua.

ॐ

# 2. luku

## Miten meidän tulisi asennoitua?

Lauantaina, 7. heinäkuuta 1984

Aamun kuluessa *brahmachareilla* oli tilaisuus esittää Ammalle kysymys, joka oli vaivannut heitä päivää aiemmin. Yksi heistä sanoi: "Amma, eilen kun olit sateessa ja sade yltyi, Gayatri pyysi Sinua lähtemään huoneeseesi, me taas emme sanoneet mitään. Ole hyvä, Amma, ja kerro oliko meillä väärä asenne, kun vaikenimme."

Amma nauroi äänekkäästi ja sanoi: "Ei, ei, lapset. Älkää olko huolissanne, teidän asenteenne ei ollut väärä. Sekä Gayatri että te teitte oikein.

Gayatrin *sadhana* (henkinen harjoitus) on huolehtia Amman fyysisistä tarpeista. Hän on hyvin tunnontarkka. Rakastunut on rakkauden alkuvaiheissa aina hyvin kiintynyt ja huolissaan rakastettunsa fyysisestä kehosta. Tämä riippuvuus tai voimakas side jatkuu kunnes rakastajasta tulee täydellisesti yhtä rakastettunsa kanssa. 'Minä' ja 'sinä' asenne säilyy niin kauan kunnes lopullinen sulautuminen tapahtuu. Gayatri on aina huolissaan Amman kehosta. Hän ajattelee kaiken aikaa Amman fyysisiä tarpeita. Hänen huolehtimisensa Amman kehosta nousee hänen puhtaasta rakkaudestaan Ammaa kohtaan. Niin sen tuleekin olla - on oikein olla kiintynyt *guruun* (henki-seen mestariin) ja kantaa syvää huolta gurun kehosta, vaikka *guru* ei lainkaan välitä omista kehollisista tarpeistaan. Riippuvuus *gurusta* tekee riippumat-tomaksi maallisista asioista ja huolista. Se auttaa henkistä etsijää unohtamaan maailman ja keskitty-mään Jumalaan. Opetuslapsen tai oppilaan henkinen kehitys riippuu siitä kuinka voimallisesti hän muistaa *gurunsa* tai Jumalan, tämä on myös meditaatiota, ja se tulee kulminoitumaan täydelliseen ykseyteen. Ga-yatrin ajatukset ovat aina keskittyneet Äitiin ja Hä-nen tarpeisiinsa, sen tähden Gayatrin asenteissa ei ole mitään väärää. Ne ovat aivan oikein.

Lapset, oletteko kuulleet tarinan *Krishnan* päänsärystä? Krishna teeskenteli eräänä päivänä, että hänellä oli kova päänsärky. Kun pyhimys *Narada* tuli mestarinsa yksityiseen makuuhuoneeseen, näki hän Krishnan kieriskelevän sägyllään kovassa tuskassa. Ilmaisten syvän myötätuntonsa Narada tiedusteli, voisiko hän tehdä mitään mestarinsa puolesta, olisiko olemassa jokin lääke tuskan lievittämiseksi. Krishna, olevinaan kovan tuskan vallassa, mumisi tuskin kuuluvalla äänellä: 'Ainoa lääke on pöly oppilaani jaloista. Tämä sietämätön tuska poistuu vain, jos tuota pölyä laitetaan otsaani.'

Kuultuaan tämän Narada ajatteli: 'Oi rakkaani, minä olen mestarini suurin oppilas, mutta kuinka minä voisin syyllistyä synneistä suurimpaan antamalla pölyä jaloistani laitettavaksi Mestarin otsaan? Se on mahdotonta. En voi tehdä sitä.'

Mutta silti hän tahtoi löytää parannuskeinon Mes-tarille, niinpä hän lähti etsimään jotakuta, joka antaisi pölyä jaloistaan Mestarin otsaan. Ensin pyhimys meni Rukminin ja Styabhaman, Krishnan pyhien puo-lisoitten luo. He kieltäytyivät välittömästi. Hekään eivät halunnet syyllistyä niin suureen syntiin. Seuraavaksi Narada meni tapaamaan monia pyhimyksiä ja viisaita, jotka olivat tunnettuja antaumuksensa ja *tapasinsa* (itsekuriharjoitustensa) vuoksi, mutta kukaan heistä ei ollut valmis syyllistymään niin suureen syntiin.

Pettynyt Narada palasi *Dwarakaan*, Krishnan asunnolle. Hän kertoi mestarille, että ne joita hän oli lähestynyt, pelkäsivät syyllistyä niin karkeaan syntiin, ja hän kysyi minne voisi mennä löytääkseen lääkkeen. Nähdessään Naradan avuttomuuden Mestari, teeskennellen edelleen kovaa kipua, vastasi hymyillen: 'Mene Vrindavaan'.

Niin Narada meni Vrindavaan, missä *gopit* olivat innostuneita nähdessään Mestarinsa Krishnan suuren oppilaan. He ympäröivät hänet kysellen innokkaina Krishnasta. Vastattuaan heidän kysymyksiinsä Narada kertoi lopulta Krishnan kovasta päänsärystä ja ainoasta lääkkeestä, jota hän oli tullut pyytämään Mestarille. Hetkeäkään epäröimättä *gopit* alkoivat täyttää laukkuja ja jälleen uusia laukkuja jalkojensa alla olevalla hiekalla.

Narada huudahti järkyttyneenä: 'Mitä te oikein teette? Ettekö tiedä, että on suurin synti antaa mes-tarille pölyä jaloistanne? Oletteko te hulluja?!'

*Gopit, tuntien* suurta rakkautta Mestaria kohtaan, huusivat: 'Syyllistykäämme tähän syntiin, oli se sitten kuinka vakavaa hyvänsä. Emme me välitä. Emme välitä synnistä emmekä ansioista. Rakkaan Krishnamme päänsärky pitää saada parannettua. Se on ainoa huolemme. Mikäli tämä pöly jalkojemme alta parantaa Hänen päänsärkynsä, emme välitä rangaistuksesta, joka meitä odottaa. Hyväksymme sen ilomielin.'

Narada oli täysin ällistynyt siitä ehdottomasta an-taumuksesta ja rakkaudesta, jota *gopit* tunsivat Kris-hnaa kohtaan. Palaten Dwarakaan hiekkasäkkien kanssa Narada löysi terveen ja täysin parantuneen Krishnan istuksimasta tervetuliaishymyn valaistessa Hänen jumalallista olemustaan. Narada ymmärsi nyt, että koko päänsärkydraama oli Krishnan jumalal-lista näytelmää, jonka tarkoituksena oli vain saada hänet nöyrtymään. Hän todellakin nöyrtyi, kun mes-tari sanoi hänelle: 'Rakas Narada, siinä missä sinä ja muut olitte huolissanne vain siitä, ettette syyl-listyisi syntiin, *gopit* olivat huolissaan Minusta. Heitä ei huolettanut synti, johon he syyllistyisivät. Itse asiassa he olivat valmiita vastaanottamaan minkä hyvänsä seurauksen, joka saattaisi langeta heidän osakseen tuon nk. synnin takia heidän antaessa pölyä jaloistaan mestarille. He eivät ajatelleet mitään muuta kuin Minua. Heidän Krishnansa tulisi olla kunnossa. Hänen tuskansa tulisi loppua. Tämä oli heidän ainoa huolensa. Heidän *bhaktinsa* (antaumuksellinen rakkautensa) on vailla vertaa'.

Lapset, oppilaan pyrkimys huolehtia mestarinsa fyysisestä hyvinvoinnista on täysin oikein. Hänelle Mestari on sekä rakastettu että kaikki kaikessa, joten on täysin oppilaan rakkauden ja antaumuksen mukaista huolehtia mestarinsa kehollisesta mukavuudesta, Hänen terveydestään ja fyysisistä tarpeistaan. Oppilaan kiintymys

47

ja mestarin jatkuva mielessä pi-täminen (tai keskittyminen) nousee tästä asenteesta. Se on oikein hyvä."

Seuraavaksi *bahmachari* kysyi: "Amma, aluksi sa-noit, että meidän asenteemme ei ollut väärin, mutta selityksesi saa kuulostamaan siltä, että Gayatri oli oikeassa ja me väärässä."

"Ei, ei. Ei niin," Amma vakuutti. "Äiti oli juuri aikeissa sanoa, että teidän asenteenne lähti siitä, että te olitte täysin samaistuneet tietynlaisiin olosuhteisiin. Te olitte unohtamisen tilassa. Ette nähneet sateen tuloa, ettekä sadepilvien kerääntymistä. Teidän mielenne oli niin keskittynyt Amman katsomiseen tuona hetkenä, että jopa silloin kun alkoi sataa, te ette havainneet sadepisaroita. Te elitte tuota hetkeä Amman kanssa siten, että millään muulla ei ollut väliä. Sen sijaan, koska Gayatrin *sadhanaan* kuuluu huolehtia Amman fyysisistä tarpeista, hän ajatteli enemmän Amman terveyttä. Hän näki sateen tulevan ja oli äärimmäisen huolissaan Amman kastumisesta. Tietenkin hän halusi Amman menevän sisälle pois sateesta. Joten sekä hänen että teidän asenteenne on oikea.

Mikäli Gayatrin asennetta voisi verrata *gopeihin*, jotka epäröimättä lähettivät pölyn jalkojensa alta parantamaan Krishnan päänsäryn, teidän asennettanne tuolla hetkellä voisi verrata siihen *gopiin*, joka poltti sormensa nähdessään Krishnan.

Lapset, tunnetteko tämän tarinan? Olipa kerran *gopi*, jota anoppi pyysi sytyttämään lampun, sillä pi-meys oli laskeutumassa. Niinpä tyttö lähti naapuriin hakemaan tulta. Tuohon aikaan ei ollut sähköva-loa, ei edes tulitikkuja. Sytyttääkseen tulen piti iskeä piikiviä tai hangata kahta keppiä vastakkain, ja jos joku oli tehnyt niin, hän piti yllä tulta, jotta muut voisivat saada tulen häneltä. Oli tavanmukaista hakea naapurista tulta. *Gopi* otti mukaansa öljyssä liotetun puuvillasydämen sytyttääkseen sen naapurin lampus-ta. Laittaessaan juuri öljyssä liotetun sydämen tuleen hän kuuli jonkun sanovan: 'Katso, Krishna on ovella!' Hän kääntyi välittömästi ja näki rakkaan Krishnansa seisovan siellä. Hän oli niin haltioissaan mestarinsa näkemisestä, että vain seisoi siinä ja tuijotti Häntä unohtaen lampun sydämen, joka paloi hänen kädessään. Unohtaen ulkoiset olosuhteet täydellisesti hän ei huomannut sormiensa olevan tulessa. Hän ei tunte-nut kipua, sillä hän ei ollut ollenkaan tietoinen omasta kehostaan. Samaan aikaan anoppi odotti hänen palaavan tuli mukanaan, mutta kun miniä oli viipynyt jo pitkään poissa, anoppi päätti lähteä etsimään häntä. Kun hän saapui naapuritaloon, löysi hän *gopin* seisomasta lumoutuneena Krishnaa tuijottamassa. Niin hurmaantunut hän oli Krishnan läheisyydessä, ettei huomannut sormiensa palavan.

Mutta muistakaa, tämä on vain esimerkki. Sekä teillä että Gayatrilla on vielä pitkä, pitkä matka saavuttaaksenne korkeimman antaumuksellisen rak-kauden.

Lapset, jos tietoisesti käyttäydytte itsekkäästi, se on väärin. Esimerkiksi, jos vihasta tai ilkeydestä tarkoituksesti annatte Amman olla sateessa, se olisi erittäin vahingollinen asenne ja voisi vaikuttaa epä-edullisesti henkiseen kehitykseenne. Myös, jos olisitte juosseet sateesta ettekä olisi välittäneet Ammasta, pyytämättä Hänen lupaan-sa saada lähteä tai mikäli Amma ei olisi pyytänyt teitä lähtemään, sekin olisi ollut väärin. Kukaan teistä ei kuitenkaan tehnyt niin, joten älkää olko huolissanne.

Jotkut ajattelevat, että Amma on Jumala, että Hän on kaiken tuolla puolen ja että mikään ei voi vaikuttaa Häneen. He ajattelevat Hänen olevan kaikki-voipa ja tietävät, että Hän voi jopa elää ilman ruokaa ja unta, koska Hänen energiansa on loppumaton. He pitävät Häntä Korkeimpana *Brahmanina*, absoluutti-na. Myös tällainen asenne on oikein.

Ero on siinä, että siinä missä opetuslapsi näkee mestarinsa sekä ulkoisen että sisäisen olemuspuolen, ihmiset jotka uskovat, että Jumala on absoluuttinen *Brahman*, näkevät vain sisäisen ulottu-vuuden. Sekä Gayatrille että teille Äiti on teidän rakas mes-tarinne ja kaikkivoipa Jumala, Hän on teille kaik-ki.

Lapset, Äiti tietää, että sekä te että Gayatri välitätte erittäin paljon Äidin fyysisestä hyvinvoinnista, mutta juuri noissa olosuh-teissa, te samaistuitte tuohon hetkeen ja unohditte kaiken. Kun taas Gayatri oli enemmän huolissaan Äidin fyysisestä kehosta, koska se on hänen *sadhanansa*. Molemissa tapauksissa tämä unohtaminen ja samaistuminen tapahtuu aina silloin tällöin. Ja tuolla hetkellä te saatte maistaa korkeimman rakkauden kokemusta."

*Brahmacharit* olivat hyvin iloissaan kuullessaan, etteivät olleet tehneet virhettä salliessaan huomaamattaan Amman jäädä sateeseen ja vaatimatta Häntä lähtemään sisälle. Tämä selitys vapautti heidät huonosta omastatunnosta. Amman ohjeen mukaisesti yksi *brahmachareista* lauloi *Mara yadukula hridayeswara* -laulun:

> *Oi Sinä kaikkein viehättävin,*
> *Yadavan sydämen Herra,*
> *sadepilvien värisine ihoinesi,*
> *antaen Lakshmi-jumalatten seistä rintakehälläsi,*
> *oi lootusilmäinen,*
> *missä ovat Sinun sormesi,*
> *jotka loihtivat pehmeästi kehtolauluja?*

> *Sinä joka elit Vrindavassa Nandan poikana,*
> *joka tanssit ja leikit*
> *Mestari Chaitanyan ja muitten sydämessä,*
> *Sinä olet alku ja loppu.*
> *Sinulle joka olet omistautunut oppilaillesi,*
> *me liitämme jumaloiden kätemme yhteen.*

Noin kolmen aikaan iltapäivällä Amma kuljeksi kookospalmulehdossa. Tämä oli sinänsä tavanomaista, mutta Hänen käytöksessään oli kuitenkin jotakin epätavallista. *Ashramin* pysyvät asukkaat saattoivat haivaita, että Hän nautti korkeimmista tietoisuuden-tiloista. Olivathan he nähneet Hän tällaisissa tiloissa ennenkin. Kyse oli aivan erityisestä tilasta, siinä Hän pysytteli todellisen olemuksensa mukaisesti absoluuttisessa hiljaisuudessa liikkuessaan ympäriinsä. Tätä kesti jonkin aikaa.

Muutamia minuutteja myöhemmin Äiti seisoi nuoren kookospalmun vierellä katsellen ylös. Puussa oli pöllö, jonka kimppuun hyökkäsi parvi variksia. Vihai-set varikset raakkuivat villisti nokki-essaan armotto-masti puolustuskyvytöntä pöllöä. Näytti siltä, että varikset tappaisivat sen. Amma poimi kiven ja heitti sillä variksia, mutta ne eivät välit-tänett siitä vaan jatkoivat hyökkäystä. Tässä vaiheessa Äiti poimi useita kiviä ja heitti ne nopeasti variksia kohden. Tällä kertaa varikset hyväksyivät häviön ja lensivät tiehensä ja jättivät pöllön yksin. Pian lintuparka putosi puusta. Se räpytteli Äidin edessä. Pöllö makasi liikkumattomana maassa, keho täynnä haavoja. Amma istuutui ja otti verta vuotavan pöllön käsiinsä hellien sitä myötätuntoisesti. Surullisena Hän asetti pöllön hellävaraisesti syliinsä. "Gayatri," Amma huusi, "tuo kuumaa vettä ja pyyhkeitä."

Yksi *brahmachareista* juoksi Gayatrin luo ja selosti hänelle tilanteen. Muutaman minuutin kuluttua Gayatri tuli alas tuoden kuumaa vettä ja pyyhkeitä. Nähtyään Äidin valkoisen asun veressä Gayatrilta lipsahti: "Oi rakkaani, Sinun hameesi on veressä. Amma, hame on nyt piloilla."

Tämän kuultuaan Amma katsahti Gayatria hyvin vakavana. Se rakkaus ja myötätunto, jolla Hän katsoi pöllöä, oli poissa Hänen katsoessaan Gayatria. Se sisälsi pikemminkin varoituksen, ikäänkuin Hän olisi sanonut: "Odotahan, kun olen saanut hoidettua tämän avuttoman lintuparan." Gayatri arvasi mitä tuo-hon katseeseen sisältyi ja kalpeni.

Käyttäen kuumaa vettä ja pyyhettä Amma puhdisti pöllön haavat suurella rakkaudella ja huolella. Hän teki tämän huolellisesti huuhdellen veren tahriman pyyhkeen aina eri astiassa. Se huomio, jonka Amma antoi näennäisesti merkityksettömälle pöllölle, oli sellaista, että kaikki läsnäolijat tunsivat Hänen hoitavan yhtä lap-sistaan. Äiti ei sanonut sanaakaan hoitaessaan lintua. Kun kaikki veri oli pyyhitty pois ja haavat olivat puhtaat, Amma kuivasi pöllön käyttäen uutta pyyhettä. Sitten Amma pyysi Nealua hakemaan kurkumajauhoa. Nealu palasi nopeasti keittiöstä kurku-majauhon kanssa. Hän toi ruokakaupan valmiiksi pakattua kurkumajauhoa.

Mutta Ammalla oli ollut mielessään vastajauhettu kurkuma: "Ei tätä. Hae kui-vattu kurkuman juuri, jauha se ja tuo tänne." Muutamassa minuutissa vastajauhettu kurkkumajauhe oli valmiina ja Äiti laittoi omin käsin jauhetta linnun jokaiseen haavaan - siipien alle, päähän, silmien lähelle, kaulaan. Hän etsi huolellisesti jokaisen haavan voidakseen laittaa niihin jauhetta. Kun Hän teki niin, lintu istui hiljaa Äidin sylissä, räpyttelemättä ja liikkumatta. Näytti siltä, että lintu oli autuuden vallassa, ei kivun. Nyt se vieläpä näytti täysin hy-vinvoivalta. Laitettuaan huolellisesti kurkumajauhetta kaikkiin sen haavoihin, Amma sulki silmänsä ja istui meditatiivisessa tilassa muutaman hetken pitäen lin-tua sylissään. Avattuaan silmänsä Amma silitti jälleen linnun selkää. Sitten Hän ojensi linnun Balulle ja neuvoi tätä huolehtimaan siitä yöhön asti. Amma pesi kätensä ja istuen paikoillaan.

Gayatri muistutti Äitiä tämän verentahrimasta puvusta: "Amma, etkö halua vaihtaa asuasi?"

Aivan kuin olisi odottanut kuulevansa nämä sanat Amma vastasi kipakasti: "Ei, Äiti ei tahdo vaihtaa. Hän haluaa veren olevan Hänen vaatteissaan. Se muistuttaa Ammaa avuttomasta olennosta ja tuskasta, jonka se joutui kokemaan. Se viittaa koko luomakunnan tuskaan ja kipuun. Se saa Hänet muistamaan surun ja kärsimyksen vallassa olevien avutonta tilaa. Siten Äiti muistaa tuntea myötätuntoa ja osoittaa sitä kai-kille olennoille, riippumatta siitä kuinka merkitykset-tömiltä ja hyödyttömiltä ne saattavat vaikuttaa. Äidistä on todella tuskallista nähdä kuinka itsekeskeisiä Hä-nen lapsensa ovat. Sen sijaan, että tuntisi myötätuntoa tätä avutonta lintua kohtaan Gayatria huolettaa vaatteet. On tuskallista ajatella, että vaikka ovat henkisiä etsijöitä Äidin lapset eivät tunne toisten olentojen tuskaa."

Gayatri istui pää riipuksissa. Vallitsi painostava hiljaisuus ja kaikki alkoivat tuntea jonkun verran Äidin huolta koko luomakuntaa kohtaan. Se oli jär-kyttävää. Kyyneleet valuivat Äidin kasvoja pitkin alas, mutta kukaan ei tiennyt miksi. Kuka kykenee ymmärtämään niin myötätuntoisen olennon kyynelten merkityksen?

Kun Amman mielentilassa tapahtuu muutos, koko ilmapiiri Hänen ympärillään muuttuu. Hänen mielen-tilansa heijastuu väistämättä lähelläoleviin ihmisiin.

Amma alkoi jälleen puhua: "Ajatus siitä, että Hänen lapsensa eivät kykene tuntemaan myötätuntoa, että he eivät kykene näkemään itseään toisen asemassa, on Äidille äärimmäisen tuskallista. Ilman rakkautta ja myötätuntoa maailma ei voi olla olemassa. Koko olemassaolo on velkaa *mahatmoil-le* (suurille sieluille) siitä rakkaudesta ja myötätunnos-ta, jota he ovat antaneet koko luomakunnalle. Tämä luomakunta kaikkine olentoineen on ilmausta myötä-tunnosta. Ne, jotka ovat saavuttaneet Itseoivalluksen, eivät halua laskeutua alas. He menevät tuolle puolen. He ovat tuolla puolen. He ovat tuon-puoleinen.

Tuonpuoleinen tarkoittaa hiljaisuuden tilaa, Ykseyden tilaa. Siinä tilassa ei ole liikettä eikä ajattelua, koska mieltä ei ole. Voidakseen tuntea myötä-tuntoa ja rakkautta tarvitaan mieli tai ajatus, tarvi-taan *sankalpa* (päätös). Joten tuosta 'ei-mielen' ajatuk-settomasta tilasta, hiljaisuuden liikkumattomasta tilasta, *mahatmat* tulevat askeleen verran alas, ehkä ei yhtä vaan useita askeleita alas, koska he tuntevat huolta avuttomista ja pimeässä kompuroivista . Eivät he ole koskaan halunneet laskeutua alas. Miksi heidän pitäisi, kun he ovat yhtä ikuisuuden kanssa? Miksi heidän pitäisi välittää muista? Miksi tietoisuuden pitäisi välittää luodusta maailmasta? Tosiasia on, että tuossa Ykseyden tilassa ei ole huolehtimista, siinä ei ole tunteita. Siellä ei ole sen enempää myötä-tuntoa kuin myötätunnon puutettakaan. Pitää luoda mieli tuntemaan myötätuntoa, tuntemaan rakkautta ja huolehtimaan kärsivästä ihmiskunnasta. Itsen voimalla he luovat mielen ilmaisemaan myötätuntoa ja rakkautta. Kun myötätunto herää heissä, *mahatmat* tulevat alas inhimillisen tietoisuuden tasolle. Miksi he tekevät niin? Minkä tähden? Oletteko koskaan ajatelleet asiaa? He tekevät niin ainoastaan luodakseen rakkauden ja myötä-tunnon hengen teissä."

Äiti keskeytti hetkeksi. Yksi *brahmachareista* kysyi Häneltä: "Amma, kuulostaa niinkuin Sinäkään et olisi halunnut tulla alas, niinkuin Sinäkin olisit mieluummin jäänyt tuohon Ykseyden tilaan. Kuinka tuo alastuleminen sitten oikein tapahtuu? Kuinka myötätun-to herää?"

Amma, myötätuntoinen, puhui: "Amma on kuullut tarinan *Buddhasta*, siitä mitä tapahtui, kun Hän valaistui. Kuunnelkaa tarkasti.

Harjoitettuaan vuosien ajan *tapasia* Buddha valaistui. Saavutettuaan valaistuksen Hän oli useita päiviä hiljaa. Hän ei halunnut puhua. Hän halusi vain kadota ykseystietoisuuteen. Siksi Hän vaikeni. Nyt taivaalliset olennot tulivat hyvin levottomiksi. He olivat huolissaan puhuisiko Buddha lainkaan. He tiesivät, että Hänen valaistumisensa oli erittäin, erit-tän harvinainen lahja. He halusivat Hänen puhuvan, jotta koko maailma ja kaikki sen olennot hyötyisivät siitä mitä Hän oli saavuttanut. Ellei Hän ei puhuisi, se olisi valtava menetys maailmalle.

Niinpä jumalat tulivat alas taivaista ja ilmestyivät Buddhan eteen. Kumartaen suurelle sielulle he pyysivät useita kertoja Häntä puhumaan. He sanoivat: 'Oi Pyhä, ole hyvä ja puhu. Sinun kokemuksesi on suuri, vertaansa vailla oleva harvinaisuus. Sen tähden, ole myötätuntoinen. Monet ihmiset kärsivät surun ja tuskan kahleissa. Yksikin sana Sinulta antaa heille toivoa. Pelkkä läsnäolosi antaa heille rauhan ja levollisuuden. Monet totuudenetsijät kaipaavat Sinun apuasi. Ohjaa heidät Itseoivallukseen. Sanasi, katseesi, kosketuksesi on jumalten ruokaa heille. Siksi puhu, oi suuriarvoinen.'

Aluksi Buddha, valaistunut ei ottanut huomioon heidän rukouksiaan. Mutta he jatkoivat pyyntöjään, joten lopulta Hän yritti selittää heille, ettei ollut mitään mitä Hän voisi sanoa, mitään mikä voisi täysin kuvata Hänen kokemuksensa totuudesta. Jumalat jatkoivat kuitenkin vetoomuksiaan: 'Ajattele kärsivää ihmiskuntaa. Tunne myötätuntoa niitä kohtaan, jotka elävät surussa ja epätoivossa ja jotka kaipaavat, että joku antaisi heille lohtua ja mielenrauhaa. Ajattele niitä totuudenetsijöitä, jotka kaipaavat kipeästi, että joku ohjaisi heidät päämäärään. He tarvitsevat oh-jausta. Jos kukaan ei auta heitä, he saattavat alkaa katua ajatellen: "Olen odottanut pitkään, että saa-vuttaisin täydellisyyden tilan. Entäpä, jos sellaista ei ole olemassakaan? Ehkäpä ei olekaan sellaista ti-laa kuin Itseoivallus, joten miksi minun pitäisi hukata aikaani?" Ja perinpohjin turhautuneina ja pettyneinä he saattavat pudota jälleen kaksinaisuuden maailmaan. Ajattele, oi Pyhä, ajattele. Ajattele tällaisia ihmisiä. Sääli heitä. Tunne myötätuntoa heitä kohtaan ja puhu. Yksi katse, yksi sana tai yksi kosketus Sinun kaltaiseltasi henkilöltä riittää auttamaan heidät päämäärään. Yhden ainoan sielun saavutus riittää hyödyttämään koko muuta maailmaa.'

Vähitellen Buddhan sydän täyttyi myötätunnosta. Ja niin, koettuaan korkeimman totuuden, täytyttyään sisäpuolelta ja ulkopuolelta ja saavutettuaan ykseyden Korkeimman Olennon kanssa, Hän laskeutui alas.

Tässä tarinassa jumalten rukoukset ja anominen tarkoittavat Korkeimman Voiman olemassaoloon us-kovien, voimakkaasti Jumalan armoa ja ohjausta etsi-vien vilpittömien *sadhakoitten* (henkisten etsijöitten) sisäistä kaipausta ja kutsua. On aina olemassa ihmisiä, jotka janoavat voimallisesti konkreettista kokemusta Jumalasta. He näkevät tuhoavien voimien yrittävän peittää elämän korkeammat arvot alleen ja tuntevat sisäistä välttämättömyyttä myönteiseen henkiseen muutokseen. Heidän voimalliset kutsunsa ja rukouksensa synnyttävät myötätunnon aaltoja suuressa sie-lussa. Sellainen kutsu tuo Hänet alas."

Yksi *brahmachareista* sanoi: "Amma, olen hieman hämmentynyt siitä mitä sanoit. Toisinaan sanot, että kun Oivallus on saavutettu, tulemme täyteen myö-tätuntoa ja rakkautta, että sellaisessa ihmisessä ei ole mitään muuta kuin rakkautta. Olen myös kuullut Sinun sanovan, että Ykseyden tilassa ei ole sen enem-pää rakkautta kuin rakkauden puutettakaan. Tämä kuullostaa ristiriitaiselta. Amma, ole hyvä ja selvitä tämä."

"Lapset," Amma sanoi, "kun Oivallus saavutetaan, jotkut sulautuvat ikuisuuteen ja vain hyvin harvat tulevat alas. Kuka haluaisi tulla alas saavutettuaan autuuden valtameren? Tullakseen alas perimmäisestä tilasta, siitä tilasta mistä ei ole paluuta, on tarpeen pitää kiinni jostakin - päättäväisestä ajatuksesta, *san-kalpasta*. Vain muutamat niistä, jotka kykenevät teke-mään tuollaisen *sankalpan* laskeutumisestaan, tulevat alas. Tuo *sankalpa* tai henkinen pää-tös on myötä-tuntoa, rakkautta tai epäitsekästä palvelua kärsivää hmiskuntaa kohtaan. Jos et tahdo kuulla ja reagoida vilpittömien etsijöitten kutsuun ja heidän itkuunsa, jotka kärsivät maailmassa. Haluat kenties olla tuossa persoonattomuuden tilassa etkä tahdo olla myötä-tuntoinen, kaikki on hyvin, voit jäädä sinne.

Kun tulet alas, Itsen tahto asettaa verhon, joka on mahdollista ottaa pois milloin hyvänsä, jotta toimi-minen maailmassa olisi joustavaa ja keskeytyksetön-tä. Tietoisesti et mitenkään huomioi verhon toisella puolen olevaa. Kuitenkin silloin tällöin menet toiselle puolen, mutta kykenet tulemaan takaisin. Pelkkä ajatus tai muistutus tuonpuoleisesta riittää nostamaan sinut sinne.

Kun tulet alas, näyttelet roolisi hyvin. Elät ja työskentelet ahke-rasti ihmiskunnan kohottamiseksi. Sinulla tulee olemaan ongelmia, esteitä ja vaikeita tilanteita. Joudut myös kohtaamaan solvauksia, skandaaleja ja herjauksia. Mutta sinä et välitä, sillä vaikka näytätkin ulkonaisesti samanlaiselta kuin muut, sisäisesti olet erilainen - täydel-lisen erilainen. Sisäises-ti olet yhtä Korkeimman Totuuden kanssa, siksi olet koskematon, mikään ei vaikuta sinuun. Tultuasi yh-deksi itse energian lähteen kanssa työskentelet vä-symättä. Parantaen ja lievittäen niiden syviä haavoja, jotka tulevat luoksesi, annat rauhaa ja onnea kai-kille. Sinun tapasi elää - luopumisesi, myötätuntosi ja epäitsekkyytesi - innostaa muita haluamaan ko-kemusta siitä mitä sinä koet.

Mikäli nuo myötätuntoiset ja rakkaudelliset, jotka tulevat, eivät tultuaan halua olla missään tekemisissä maailman kanssa, he voivat pysytellä ei-kaksinaisuuden tilassa sulautuneina Korkeimpaan Tietoisuu-teen. Tuossa tilassa ei ole sen enempää rakkautta kuin rakkauden puutettakaan, myötätuntoa kuin myö-tätunnon puutetta.

Voidaksesi ilmaista myötätuntoa ja rakkautta ja suorittaa epä-itsekästä palvelua sekä innostaa toisia kokemaan nuo jumalalliset ominaisuudet, sinulla tulee olla keho. Kun keho omaksutaan, sen tulee käydä lävitse luonnollinen kehityskulku. *Mahatman* keho on erilainen kuin tavallisen ihmisen. Tahtoessaa hän voi pitää sitä niin kauan kuin haluaa ilman, että sairaudet ja kärsimys vaivaavat häntä. Mutta sen sijaan hän antaa tietoisesti kehon käydä lävitse kaikki tavallisten ihmisten kokemukset. Siinä on hänen suu-ruutensa.

Eikö *Krishna* haavoittunutkin *Mahabharatan* taistelun aikana? Eikö Hän taistellutkin kahdeksantoista kertaa Jarasandhan, tuon voimakkaan ja raa'an kuninkaan kanssa? Lopulta Hän jätti diplomaattisesti taistelutantereen. Hän olisi niin halutessaan voinut tappaa Jarasandhan, mutta Krishna ei tehnyt niin. Hän laittoi Bhiman, toisen Pandavan veljistä hoitamaan asian.

Muistakaa, että tavallisen metsästäjän ampuma nuoli päätti Krishnan elämän tässä maailmassa. Jee-sus teloitettiin ristille. Molemmat Heistä olisivat voineet estää tapahtumat, jotka tuhosivat Heidän kehonsa, mutta He antoivat kaiken tapahtua luon-nollisesti. He antoivat elämän kuljettaa Itseään. He valitsivat sen mitä olivat ja antoivat tapahtumien tulla. He olivat halukkaita antautumaan. Tämä ei kuitenkaan tarkoita, että tapahtumien luonnollinen kulku olisi Heidän kohdallaan välttämätön tai väis-tämätön, niinkuin tavallisten ihmisten kohdalla. Ei, ei ole niin. Jos He olisivat halunneet, He olisivat voineet välttää kaikki kovat kokemukset. Koska He olivat kaikkivoipia, He olisivat voineet helposti tuhota ne, jotka vastustivat Heitä. Mutta He halusivat antaa esimerkin. He halusivat näyttää maailmalle, että on mahdollista elää elämän korkeimpien arvojen mukai-sesti, jopa silloin kun joutuu kohtaamaan kaikki ne vaikeudet, joita tavalliset ihmiset joutuvat kohtaamaan. Pitäkää kuitenkin mielessä, että jos joissakin olosuhteissa olisi välttämätöntä ylittää luonnonlakeja, He voivat tehdä niin. Muistattehan kuinka *Sri Rama* oli aikeissa kuivata kokonaisen valtameren ja kuinka *Sri Krishna* nosti Govardhana-vuoren pikkusormellaan.

Amma vaikeni ja pyysi *brahmachari* Raoa laulamaan *Muka ganam pativarum* -laulun:

*Oi onnettomat mehiläiset, sävelmät sanoja vailla,*
*ettekö tulisi Jumalallisen Äidin asuinsijaan?*

*Meidän ei enää tarvitse vaeltaa*
*tämän maan pölyisillä teillä.*
*Tietäkää, että Jumalallinen Äiti on tullut maan päälle.*

*Jumalatar on tullut, kera kevätkukkien,*
*menneet päivät ovat jääneet ikuisesti taakse...*
*Menkäämme nyt jumalalliseen kotiimme.*

*Täyttäkäämme sydämemme uusilla viisauden sanoilla,*
*täynnä Itsen autuutta,*
*vastustaen sitä käsitystä, ettei kehon ja mielen kokonaisuus*
*voisi koskaan olla Se (jumalallinen).*

Laulun jälkeen Amma jatkoi: "Lapset, voitte saavuttaa Korkeimman Totuuden, mutta silti on mahdollista, ettei teillä ole myötätuntoa. Voitte oleilla ykseyden tilassa tuntematta rakkautta ja minkäänlaista huolta kärsivästä ihmiskunnasta. Olette kuin lootuskukka, joka kukkii jollakin Himalajan salatuista huipuista. Tai olette kuin kristallinkirkas järvi keskellä luoksepääsemätöntä metsää. Tai olette kuin hedelmäpuu täynnä kypsiä hedelmiä tiheän metsän keskellä. Kukaan ei voi nauttia tuon lootuskukan kauneu- desta tai tuoksusta, yksikään mehiläinen ei voi kerätä sen mettä valmistaakseen hunajaa. Kukaan ei tule juomaan tai kylpemään järvelle. Kukaan ei voi nauttia makeista ja herkullisista hedelmistä. Mutta silti sinun olemassaolosi on täynnä, kirkas ja puhdas, sillä olet saavuttanut päämäärän.

Toisaalta taas myötätuntoiset, joiden sydämen täyttää rakkaus ja huolenpito, ovat kuin joki, joka laskee alas korkeimmalta vuorelta. He ovat niinkuin *Ganges*. Noustuaan ensin autuuden korkeimmalle huipulle, he virtaavat myötätunnosta alas korkeuksista salliakseen toisten kylpeä heissä, juoda heistä ja uida heissä. He ovat kuin hedelmäpuu, joka kasvaa tien vierellä tarjoten hedelmiään kaikille. Väsyneet matkalaiset voivat nauttia sen hedelmistä, he voivat sammuttaa janonsa ja tyydyttää nälkänsä. He ovat kuin kaunis lootus, joka kukkii temppelin lam-messa. Ihmiset voivat kerääntyä sen ympärille nauttimaan sen kauneudesta ja iloitsemaan sen tuoksusta, ja tehtyään niin, he tuntevat täyttymystä. Niinkuin mehiläiset, jotka tulevat keräämään mettä hunajaa varten, ihmiset kerääntyvät myötätuntoisten ympärille odottaen, että viisauden helmet pu-toaisivat heidän huuliltaan. Heistä tulee uhri ihmisille. Tuollaiset sielut ovat antautuneet olemassaolon kokonaisuudelle, kuitenkin myötätunnosta he uhraavat itsensä takaisin maailmalle. Silti he oleilevat hiljaisuudessa."

Amman selostus oli niin valaiseva ja paljastava, että kaikki istuivat Hänen sanojensa lumoamina. Kuka kykenee selittämään niin selkeästi ja vakuuttavasti tällaisia totuuksia, jotka ovat "hienompia kuin hie-noimmat"? Vain Hän, joka voi pelkän tahtonsa avulla liikkua vaivatta näiden kahden tietoisuudentason välillä.
Yksi *brahmachareista* sanoi: "Amma, puhuit omasta kokemuksestasi. Sinä kerroit meille, että tulit alas ja omaksuit inhimillisen muodon myötätunnosta ja rakkaudesta meitä pimeydessä vaeltavia kohtaan. Amma, kuinka voimme korvata Sinulle kaiken sen, mitä läpikäyt meidän takiamme? Amma, kuinka voimme kehittää tuollaista rakkautta ja myötätuntoa? Oi Am-ma... Amma... Amma..." *Brahmachari* alkoi nyyhkyt-tää.
Amma lohdutti häntä niinkuin Äiti, joka välittää syvästi pojastaan. Vähitellen hän lopetti itkun Amman pyyhkiessä hänen kyyneleensä omilla käsillään. Se oli todella liikuttava osoitus Äidin myötätunnosta lapsiaan kohtaan.

## Unohda muistaaksesi jumalan

Toisella *brahmacharilla* oli kysymys: "Amma, olen kuullut Sinun sanovan useita kertoja, että 'tulisi unohtaa muistaakseen Jumalan'. Mitä se tarkoittaa?"

Amma selitti tämän näennäisen ristiriidan: "Unohtaminen on tarpeen, ei vain muistaakseen Jumalan vaan että voisi tehdä mitä hyvänsä työtä keskittynees-ti. Jos opiskellessasi läksyjä alat ajatella jalkapalloa tai elokuvaa, jonka olet nähnyt, et kykene oppimaan. Saatat lukea mekaanisesti, mutta koska mielesi on muualla, ei läksy jää mieleesi.

Tiedemies unohtaa kaiken ulkopuolista maailmaa koskevan, kun hän istuu laboratoriossa tekemässä tutkimustyötään. Useita muita asioita saattaa tapahtua samassa laboratoriossa, mutta tiedemies ei näe eikä kuule mitään ollessaan uppoutuneena työhönsä. Hän saattaa katsella mikroskoopin kautta ihmiskehon pie-nen pieniä soluja eikä hän ole edes tietoinen koko mikroskoopista. Hän ei näe muuta kuin pikkuruisia soluja, joita hän tutkii.

Niinpä jokapäiväisessä elämässä tapahtuu tällaista unohtamista ja muistamista kaiken aikaa. Joka hetki jotakin unohdetaan ja jotakin muuta muistetaan. Perhe unohtuu ja toimisto muistetaan. Vaimo unohtuu, lapset muistetaan. Lapset häviävät (mielestä) ja vaimo ilmestyy (mieleen). Näin tapahtuu kaiken aikaa, hetkestä hetkeen, mutta emme ole tietoisia siitä. On siis selvää, että arkipäivän elämässä unohtamista tarvitaan, jotta jotakin voitaisiin muistaa. Sama pätee Jumalan muistamiseen. Muistaaksemme Jumalan, maailma tulisi unohtaa, sillä nähdessämme maailman Jumala unohtuu - ellei meillä ole kykyä nähdä maailmaa Jumalana.

Jumalan jatkuva muistaminen tarkoittaa maailman ja sen kohteitten jatkuvaa unohtamista. Keskittynyt muistaminen laajentaa kahden ajatuksen välistä kuilua. Me unelmoimme paljon, ajatelemme ja huolehdimme erilaisista asioista, ihmisistä, paikoista ja niin edelleen. Maailma on meissä ajatuksina ja ideoina. Maailma on ajatusta. Suurin este Jumalan oivaltamiselle on ajatus - jatkuva ajattelemisemme ja unelmoimisemme, pyrkimyksemme aina ymmärtää asioita. Ajatuksemme ovat epävakaita, yksi ajatus johtaa toiseen. Ensin ajattelemme poikaamme, joka elää ulkomailla. Sitten unelmoimme matkustamisesta hänen luokseen ja siitä että asuisimme hänen kans-saan loppuelämän. Unelmoimme tuosta maasta ja suuresta nautinnosta ja ilosta, jota tulemme koke-maan siellä. Seuraavassa hetkessä ajatuksemme kääntyy eläintarhaan, missä vierailimme tässä eräänä päivänä, ja simpansseihin, joita näimme häkissä, miten ne hyppivät puolelta toiselle. Kuinka huvittavaa oli, kun ne söivät pähkinöitä, joita tarjosimme niille, ja kuinka ne raapivat itseään. Seuraavassa minuutissa muistamme hääpäivämme... Tällä tavoin suurin osa ihmisistä ajattelee. He elävät ajatuksissa.

Mikäli kykenet katsomaan tarkasti, mikäli näkö-kykysi on herkkä, havaitset, että ajatusten välissä on aukko. Tuo aukko on ohut - ohuempi kuin hius - mutta se on silti olemassa. Jos kykenet estämään ajatuksia virtaamasta hallitsemattomasti, niinkuin nyt tapahtuu, tuo aukko laajenee. Mutta tämä on mahdollista vain mielessä, joka on keskittynyt yhteen ajatukseen. Mielen tulee keskittyä, ei moniin aja-tuksiin, vaan yhteen ainoaan ajatukseen. Tuota ajatusta kutsumme Jumalan muistamiseksi. Tuolla ajatuksella voi olla nimi, *Rama, Krishna, Kristus tai Buddha* - ketä hyvänsä pidät-kään rakkaana Juma-lanasi (tai mestarinasi). Tällaisen muistamisen avulla päiväunelmat unohtuvat. Kaikki muut ajatukset jäävät ja ajan kuluessa tällaisesta muistamisesta tulee jatkuvaa. Jumalan jatkuvan muistamisen avulla maa-ilma ja sen tapahtumat unohtuvat. Kaikki muut aja-tukset korvautuvat yhdellä ajatuksella - Jumalaa koskevalla ajatuksella. Voit kutsua Häntä *Ramaksi, Krishnaksi, Buddhaksi* tai *Kristukseksi.* Ei ole väliä minkä nimen annat Hänelle, tällainen keskittynyt ajatteleminen huipentuu Jumalan jatkuvaan muista-miseen."

*Brahmacharilla* oli epäilyksiä: "Mitä saavutamme näin? Mitä hyötyä on tällaisesta unohtamisesta ja muistamisesta?"

Amma vastasi: "Olettakaamme, että rakennat kauniin talon. Tällaisen talon saaminen on ollut elämänpituinen unelmasi. Ajattelit aina tätä unelmataloa unohtaen usein kaiken muun. Mitä saavutat, kun viimein saat talon rakentamisen päätökseen ja muutat taloon? Tunnet itsesi onnelliseksi ja tyytyväiseksi. Eikö totta? Vastaavasti, kun ajattelet jatkuvasti Jumalaa unohtaen kaiken maailmaa koskevan, saavutat rauhan ja tyytyväisyyden Itsessä. Se tyytyväisyys, jonka saavutat muuttamalla taloon, katoaa pian, sillä pian haluat jälleen jotain muuta. Sen sijaan, se rauha ja tyytyväisyys, jonka saavutat muistamalla Jumalan ja unohtaen kaiken muun, antaa sinulle ikuisen rau-han ja onnen.

Mitä ihminen janoaa? Mitä maailmasta puuttuu kaikkein eniten? Rauhaa. Eikö totta? Missään ei ole rauhaa, ei ihmisen ulkopuolella eikä sisäpuolella. Elääkseemme elämän oikein tarvitsemme rauhaa, tarvitsemme rakkautta. Rauha ei ole jotakin, jonka saavutamme, kun kaikki halumme on tyydytetty tai kun kaikki ongelmamme ovat asettuneet. Niin kauan kuin meillä on mieli, syntyy haluja ja ilmaantuu on-gelmia. Rauha ilmaantuu, kun kaikki ajatukset asettuvat ja kun ylität mielen. Rauha ilmaantuu, kun Jumalan muistaminen ja maailman unohtaminen koetaan samanaikaisesti.

Ihminen, jonka sisällä asustaa rauha, on rentoutunut. Hänen elämänsä on tasapainossa. Hän ei ole koskaan yli-innostunut tai ylihuolestunut. Hän ei koskaan sure menneisyyttään. Hän kohtaa tilanteet elämässään tyynesti ja älykkäästi, sillä hänen näkemyksensä on selkeä. Hänen mieltään ja älyään eivät sumenna tarpeettomat ajatukset. Muista, hänellä on elämässään samat ongelmat kuin muillakin ihmisillä, mutta se tapa, jolla rauhassa elävä ihminen kohtaa ne, on aivan erilainen. Hänen asenteensa on toisenlainen. Kaikessa siinä mitä hän tekee on erityistä viehättävyyttä ja kauneutta. Hän pysyy häiriin-tymättömänä elämänsä kaikissa tilanteissa.

Lapset, oppikaa muistamaan, että te olette Itse, että te olette Jumalan omia. Yrittäkää unohtaa, että te olette keho, että olette poissa Jumalan luota tai että ei ole ketään, joka huolehtisi teistä."

# Rakkaus ja järki

Kun Amma lopetti, *brahmachari* Pai alkoi spon-taanisti laulaa. Kaikki, myös Amma, liittyivät riemuissaan tähän *Hariyute kalil*-lauluun:

*Jollet pudottaudu Jumalan (Hari) jalkojen juureen,*
*et voi sammuttaa*
*jälleensyntymisen surun tulta.*
*Kumartamatta ikuisesti Gurulle*
*et voi saavuttaa vapautuksen autuutta.*

*Et voi saavuttaa Jumalaa*
*sulautumatta Hänen nimensä toistamiseen.*
*Jollet antaudu antaumuksen suloisuuteen,*
*et voi saavuttaa vapautuksen tilaa.*

*Jos et meditoi, harjoita japaa*
*tai muuta sadhanaa, et pääse osalliseksi*
*autuuden nektarista.*
*Jos et elä oikeudenmukaisesti ja tunne myötätuntoa,*
*et voi harjoittaa dharmaa.*

*Jos et luovu kaikista riippuvuuksistasi,*
*et voi sammuttaa jälleensyntymän tulta.*
*Ennekuin olet poistanut kateuden sisältäsi,*
*ei Jumala ilmesty eteesi.*

Laulun jälkeen eräs *brahmachareista* huomautti: "Tunteaksemme Jumalan tai Itsen tarvitsemme täydellistä uskoa, antaumusta ja puhdasta rakkautta. Eikö totta? Älylliset ihmiset pitävät näitä kolmea asiaa järjettöminä ja epäloogisina."

Ammalla oli vastaus valmiina: "Niin sanotut intellektuellit eivät voi koskaan nauttia todellisesta elämästä. Rakkaus on välttämätöntä todellisessa elämässä. Usko edellyttää rakkautta, ja rakkaus edellyttää uskoa. Antautuminen niinikään edellyttää uskoa ja rakkautta. Kaikki nämä ominaisuudet ovat sydämen, eivät älyn alueella.

Rakkaus, antautuminen ja usko ovat lähes mahdottomia asioita järkeen turvautuvalle ajattelijalle, hänelle, joka aina arvioi ja analysoi kaikkea. Kuinka sellainen ihminen voisi rakastaa? Rakkaudessa ei ole mitään logiikkaa. Et voi analysoida rakkautta. Rakkaus on tunne, syvä tunne. Et voi nähdä rakkautta etkä voi koskettaa sitä. Mutta rakkaus voidaan tuntea, ja tunne on sydämessä. Jotta voidaan rakastaa, tar-vitaan sydän, joka kykenee tuntemaan ja ilmaisemaan.

Lapset, mitä tapahtuisi, jos nainen rakastuisi rationalistiin ja pyytäisi häntä menemään kanssaan naimisiin? Hän saattaisi sanoa: 'Odota, minun on ajateltava asiaa. Minun on ajateltava ja analysoitava onnistuuko vai epäonnistuuko avioliitto. Minun on oltava järkevä ja saatava tuo ensin selville'. Hän saattaisi jopa kirjoittaa esseen analysoiden rakkauden ja avioliiton menestystä ja epäonnistumista. Melko varmasti johtopäätös olisi: 'Rakkaus on irrationaalista. Sellaista asiaa kuin rakkaus ei ole olemassa. Se on vain kuvittelua. Sitä ei voi olla olemassa, koska sitä ei voi nähdä, koskettaa tai haistaa. Sen tähden se on illuusio. Se on mahdottomuus.'

Rakkaus vain tapahtuu. Kukaan ei ajattele kuinka rakastaa tai milloin ja missä rakastaa. Kukaan ei ole rationaalinen rakkauden suhteen. Järkiperäinen ajattelu estää rakkautta. Rakkaus syntyy yhtäkkiä sydämessä. Rakkaus on väistämätön. Se on pidäk-keetöntä kaipausta ykseyteen. Siinä ei ole mitään logiikkaa. Se on logiikan tuolla puolen. Joten älä yritä olla järkiperäinen rakkauden suhteen. Se on kuin yrittäisit löytää syyn joen virtaamiselle, miksi tuuli on viileä ja lempeä, miksi kuu paistaa, taivas on avara, valtameri laaja ja syvä, tai miksi kukka on tuoksuva ja kaunis. Järkiperäistäminen tappaa tällaisista asioista kauneuden ja viehätyksen. Niistä tulee iloita, kokea, rakastaa ja tuntea. Jos järkiperäistät niitä, menetät kauneuden ja viehättävyyden ja sen tunteen, jonka ne herättävät. Istu meren rannalla. Katso sitä. Tunne sen laajuus. Tunne meren aaltojen nousu ja lasku. Tunne ja ole ihmeissäsi luomakunnan ja Luojan valtavuudesta. Mitä hyvää koituu sinulle siitä, että ryhdyt järkiperäistämään valtamerta?

Järkiperäistäminen tuhoaa kauneuden. Jatkuva loogiikkaan truvautuminen tappaa runouden, musiikin, maalaamisen ja laulamisen. Se tuhoaa kaiken mikä on kaunista luonnossa. Runous, musiikki, kuvanveisto ja laulaminen ovat riippuvaisia rakkaudesta. Nämä taiteen muodot ovat sen henkilön ilmausta, joka on luonut ne. Tuo taide on hänen sydämensä ilmausta. Taitelija valaa sydämensä taiteeseensa. Hän katoaa. Vain runous elää. Vain musiikki elää. Vain rakkaus elää.

Usko ja antautuminen kuuluvat samaan luokkaan kuin rakkaus. Rakkaus, usko ja antautuminen ovat yhteydessä toisiinsa ja toisistaan riippuvaisia. Ne ovat kaikki sydämen ilmaisuja. Usko tarkoittaa, että uskot johonkin mitä tunnet. Tuo jokin ei ole näkyvää tai havaittavaa, se on kokemus. Uskon kokemus on persoonallinen ja subjektiivinen. Kun ihminen uskoo, hän tietää oman kokemuksensa kautta eikä mitään tarvitse todistaa. Jos jokin asia on vesiselvä, jos on olemassa ulkonainen todiste, silloin kyse ei ole uskosta vaan tiedosta. Kun on tietoa, uskoa ei tarvita. Esimerkiksi, aurinko on olemassa. Maa, kasvit, puut, joet ja vuoret ovat olemassa. Nämä ovat tosiasioita. Meidän ei tarvitse uskoa tietääksemme, että ne ovat olemassa. Niiden olemassaolo voidaan todistaa. Usko etoimii, kun järki epäonnistuu. Usko ja rakkaus ovat järjen tuolla puolen. Sydän tuntee ja kokee uskon ja rakkauden.

Tiede on kehittynyt valtavasti, mutta silti on ole-massa monia asioita, joita inhimillinen äly ei kykene käsittämään. On olemassa monia asioita, joita ei voi selittää tieteellisen tiedon valossa. Vaikka tiede onkin yltänyt ennen aavistamattomiin saavutuksiin, eikö maailmankaikkeus ole silti edelleen mysteerio? Vaik-ka tiede on kehittynyt ihmeteltävästi, sillä ei ole vielä mitään käsitystä siitä mitä universumi todella on. Eikö olekin totta, että tiede on täydellisesti epä-onnistunut tekemään ihmisistä onnellisia ja rauhal-lisia? Onko tiede kaikkine suurine saavutuksineen kyennyt tekemään ihmiskunnasta inhimillisemmän? Koko saavutettu teknologinen kehitys ja tieteellinen edistys, on järkiperäisen ajattelun tulosta, ne ovat järjen tuotteita. Mutta älyn ylivalta on tuhonnut elä-män laadun. Se on tuhonnut rakkauden, uskon ja elämän korkeammalle päämäärälle antautumisen. Se on tuhonnut kauneuden. Se on vain auttanut egon kasvattamisessa, ja niin egon turhamaisuudesta on tullut kompastuskivemme.

Sama *brahmachari,* joka ei ollut vieläkään täysin vakuuttunut, huomautti: "Kuulostaa siltä kuin Amma vastustaisi tiedettä ja tieteellistä ajattelua. Eikö mei-dän tulisi antaa arvoa niille hyödyllisille asioille, joita tiede ja älyllinen ajattelu ovat antaneet yhteis-kunnalle?"

Äidin vastaus oli hyväntahtoinen: "Poikani, Äiti ei ole tiedettä tai tieteellistä ajattelua vastaan. Äiti ei pyri sanomaan, että tiede on täydellisesti pilannut meidät, eikä Hän pyri sanomaan, että tieteellinen ajattelu on hyödytöntä. Tiede ja tieteellinen tutkimus ovat aikaansaaneet suuria, ihmiskuntaa hyödyttäviä tuloksia. Siitä ei ole epäilystäkään. Mutta Amma tahtoo saada perille sen, että meidän ihmisten ei tulisi antaa tieteelle ja älylliselle ajattelulle arvoa kaiken muun kustannuksella. Niillä on paikkansa. Pitäkäämme ne siellä, ei ylempänä eikä alempana. Muista, että elämä ei ole kone. Elämä on tietoisuus itse, älä tee elämästä mekaanista. Älä ole tiedemies tai yritysjohtaja tai toimi niinkuin hallintoviran-omainen, kun olet kotona. Vaimosi ei ole kone, sen enempää kuin vanhempasi tai lapsesikaan. Etkä si-näkään ole kone. Elämä ei ole kone, sen täh-den kotona tarvitaan rakkautta tehdäksemme siitä elävän. Muussa tapauksessa kodista tulee helvetti.

Jos olet tiedemies, anna älyllisen puolesi loistaa laboratoriossa ja kun olet toisten tiedemiesten parissa. Siinä ei ole mitään vikaa, voit käyttää tuota puoltasi silloin. Mutta kun menet kotiin, sinun tulisi kyetä jättämään tuo rooli. Kotona palaat todelliseen elämään ja sinun tulisi kyetä laskeutumaan päästä sydämeen. Sinulla tulisi olla voimaa lopettaa tieteen ja kokeitten ajatteleminen.

Kotona sinä et ole tiedemies etkä insinööri. Siellä sinun tieteellinen tutkimustyösi tai insinöörin taitosi eivät ole kaikkein tärkein asia. Otsan rypistämisellä ja vakavalla ilmeellä ei ole sijaa kotona. Kuinka ikävystyttävää ja kuiva elämä olisikaan, jos menisit suoraan työhuoneeseesi katsomatta tai hymyilemättä vaimollesi ja lapsillesi tullessasi kotiin? Ajattele sitä huolta ja kireyttä, jonka loisit perhe-elämääsi. Tällaisessa perheessä ei olisi hymyileviä kasvoja. Perheenpää, joka istuu aina leuka kämme-nellä, joka ajattelee jatkuvasti työtään, ei elä avio-miehen ja isän velvollisuuksien mukaisesti. Jos hän ei ole vuorovaikutuksessa vaimonsa ja lastensa kanssa, syntyy jännitystä, stressiä ja huolta, ja kaikki kokevat perhe-elämän ikävystyttävänä ja surullisena.

Kuinka monet perhesuhteet murtuvatkaan rakkauden ja huolenpidon puutteeseen? Kuinka monet aviovaimot tulevatkaan Amman luo sanoen: "Amma, minun mieheni ei edes hymyile minulle. Hän ei kos-kaan puhu rakastavasti minulle. Hän ei välitä minusta ollenkaan. Minun on hyvin vaikea elää hänen kans-saan. Mitä minun pitäisi tehdä?" Toisinaan tällaiset vaimot lähtevät toisten miesten perään tai tulevat riippuvaisiksi huumeista tai toisinaan he jopa tekevät itsemurhan. Joissakin tapauksissa mies on uhri. Ja on monia tapauksia, jolloin lapset torjutaan ja unohdetaan.

Lapset, Äiti sanoo, että voitte ryhtyä mihin (amattiin) hyvänsä, mutta ammatillisen elämänne tulee olla erilaista kuin perhe-elämänne. Elämäsi tiedemiehenä tai liikemiehenä on erilaista kuin elämäsi isänä, äitinä, aviomiehenä, vaimona, poikana, tyttä-renä, veljenä tai sisarena. Voit ajatella, voit olla älyl-linen. Mutta samanaikaisesti sinun tulisi halutessasi pystyä unohtamaan äly ja syleilemään rakkautta ja uskoa. Sinun tulisi kyetä milloin hyvänsä vaihta-maan otsan rypistys kauniiseen hymyyn.

Rakkaus synnyttää hymyileviä, nauravia kasvoja ja myötä-tuntoisia sydämiä, ja se ilmaistaan suloisin ja miellyttävin sanoin. Voit valita sekä pään että sydämen. Tässä ei ole mitään ongelmaa, mutta niiden pitäisi olla tasapainossa, sillä jos valitset yksinomaan logiikan ja älyllisen ajattelun, olet vaikeuksissa. Rak-kaus ei synnytä minkäänlaisia ongelmia. Se poistaa kaikki ongelmat. Rakkaudessa ei ole ongelmaa, ei pelkoa, ei mielenkuohuntaa, ei jännitystä tai vihaa. Mutta jos nojaudut pelkästään järkiperäiseen, älyl-liseen ajatteluun, havaitset monien ongelmien polttavan sinua, ja tulet olemaan jatkuvasti vaikeuksissa. Muista, valinta on sinun. Käytä arvos-telu-kykyäsi ja valitse. Muista, Äiti ei pyri hylkäämään tiedettä ja logiikkaa tyystin. Äiti pyrkii vain kiin-nittämään huomiota tähän nykyiseen vaaralliseen taipumukseen antaa liian paljon merkitystä järkeilylle ja logiikalle rakkauden ja uskon kustannuksella, jotka yhdistävät ihmissuvun."

Kello oli lähes puoli kuusi illalla. Amma nousi ja käveli kookospalmulehdosta *ashramin* etelänurkkaukseen, missä takavedet erottivat *ashramin* maat naapuriperheen alueesta. Nämä naapurit olivat Amman oppilaita. Kaksi tyttöä, jotka olivat Ammaa vanhempia, olivat erityisen antautuneita Hänelle. Niinä vuosina, jolloin kukaan ei välittänyt Ammasta, huolehtivat nämä tytöt Hänestä. He veivät Hänet usein taloonsa kylvettäen Hänet ja antaen Hänelle ruokaa. Nyt nämä tytöt ja koko heidän perheensä tulivat juosten takaveden rantaan aivan kuin he oli-sivat tienneet Amman tulevan sinne. Amma tiedusteli takavesien ylitse heidän vointiaan. Vanhin poika ker-toi, että alueen kalastajilla oli ollut viime aikoina todella vaikeaa. Kovan sateen ja korkean vuoroveden tähden he eivät olleet saaneet kalaa moneen päivään. "Mikä sääli! Mitä heille tapahtuu, jos ilma jatkuu tällaisena?" Amman suru oli ilmeinen. "Olisi tarpeen, että heillä olisi ruokaa edes yhdeksi päiväksi."

Keskustelu jatkui vielä hetkisen. Kun se päättyi, perhe lähti ja Amma käveli takaisin kookospalmu-lehdon poikki kädet selän takana. Hän pysähtyi saa-puessaan *ashramin* lounaisnurkkaukseen ja seisoi siellä katsellen merta, sen aaltoja ja pitkää riviä rannalle vedettyjä kalastusaluksia.

Äiti seisoi siellä jonkin aikaa. Kenties Hän ajatteli kalastajien ja heidän perheittensä epäonnea. Kuultuaan heidän ahdingostaan Amma oli välittömästi ilmaissut vakavan huolensa. Koska Amma oli syntynyt ja kasvanut tässä kylässä Hän tiesi mitä merkitsi, ellei hyvää saalista saatu moneen päivään. Näytti siltä, että nälänhädän ja köyhyyden pahaenteinen merikäärme nosti päätään rannalla.

Ilta*bhajanien* aikana Äiti lauloi *Ammayalle entammayalle* -laulun:

*Etkö Sinä olekaan minun Äitini?*
*Oi, etkö Sinä olekaan minun rakas Äitini,*
*joka pyyhit kyyneleeni pois?*

*Etkö Sinä olekaan neljäntoista maailman Äiti,*
*maailman Luoja...*
*Kuinka monta päivää olenkaan kutsunut Sinua,*
*oi Sinä, jonka olemus on shaktia, etkö Sinä tulekaan?*

*Oi Sinä, joka rakkaudesta täytät kaikki toiveet,*
*eivätkö luominen, ylläpitäminen ja tuhoaminen olekin Si-*
*nussa?*

Kun Äiti lauloi, Hän itki. Olivatko ne autuuden kyyneleitä vai itkikö Hän köyhien kalastajien takia rukoillen nöyrästi Korkeinta Itseä heidän puolestaan?

*Bhajanien* jälkeen Amma kutsui Nealua ja sanoi: "Poikani, Äidin sydäntä särkee, koska merenrannan lapsilla ei ole ruokaa. Äidin täytyy tehdä jotakin, muuten Hänellä ei ole rauhaa. Äiti ei voi itse syödä ja nukkua. Ryhdy valmisteluihin riisin ja muun ruokatavaran jakamiseksi heille huomenna."

"Niinkuin Amma haluaa," kuului Nealun vastaus.

Ashramin valot sammuivat yhdentoista aikaan, mutta kahdentoista aikaan Amman huoneen valot paloivat edelleen. Satoi, mutta jos kuunteli tarkkaavaisesti Amman huoneesta kantautui *tambouran* melodinen sointu. Harmoniassa tämän pehmeän jousisoittimen kanssa Äiti lauloi *Kalina kananen kannukal* -laulun:

*Oi tummaihoinen, silmäni palavat säälittävästi nähdäkseen*
*sinun jalkasi.*
*Oi lootussilmäinen, tule juosten*
*lehmiesi ja huilumusiikin kera.*

*Koska ei ole voita ja maitoa uhrata Sinulle,*
*uhraan hieman tuskaani.*
*Oi Kanna, Sinun jalkojesi juureen uhraan kyyneleeni.*
*Kuinka monta päivää olenkaan kutsunut Sinua?*
*Eikö Sinulla ole lainkaan myötätuntoa?*
*Olenko tehnyt suurenkin virheen?*

*Etkö Sinä rakastakaan oppilaitasi?*

Amma nähtävästi rukoili kalastajakansan puolesta. Pimeä yö kietoutui sateen, aaltojen pauhun ja Amman laulun ympärille. Sateisen illan tunnelma oli täynnä surumielisyyttä. Muutamat muutamat *brahmacharit* istuivat Äidin laulun houkuttelemina majojensa edustalla kuuntelemassa. Äidin mielentila näytti heijastavan kalastajien ahdistusta ja petty-mystä. Miten muuten olisikaan voinut olla? Hänen mielensä, joka on yhtä universumin kanssa, tuntee ja heijastaa kaikkea mitä Hänen ympärillään tapahtuu.

ॐ

# 3. luku

Sunnuntaina, 8. heinäkuuta 1984

Kaikki iloitsivat aamulla nähdessään nousevan au-ringon. Monen rankkasadepäivän jälkeen se oli todella kaunis näky. Auringon säteet tanssivat ja kimaltelivat kosteilla lehdillä. Linnut sirkuttivat iloisesti hypellen oksalta toiselle. Päivä näytti lupaavalta, aivan siltä kuin kalastajien onni saattaisi kääntyä. Järjestelyjä tehtiin Amman ohjeitten mukaisesti riisin ja muun ruokatavaran jakamiseksi merenrannan kyläläisille.

Ashramilaiset uskoivat, että muutos säässä oli tapahtunut Äidin *sankalpan* (päätöksen) seurauksena, sillä Hän halusi parantaa kalastajien ja heidän perheittensä tilannetta. Kun Amma oli kuullut heidän ahdingostaan, se oli vaikuttanut Häneen syvästi ja Hän oli lopettanut syömisen ja juomisen. Hänen laulunsa olivat olleet kuin voimallisia rukouksia ky-läläisten pelastamiseksi nälänhädältä. Äiti oli itse alunpitäen sanonut, että heillä tulisi olla ruokaa vä-hintään yhdeksi päiväksi. Ja niinpä sade oli lakannut ja mikä vielä hämmästyttävämpää: merenkäynti ei ollut kovaa, niinkuin edellisinä päivinä. Kalastajat lähtivät iltapäivällä kalaan ja saivat erittäin hyvän saaliin, mikä pelasti monet perheet nälkiintymiseltä. Niinpä Amman toteamus, että heillä tulisi olla ruokaa vähintäänkin yhdeksi päiväksi toteutui sekä *ashramin* ruoanjakelun että hyvän kalasaaliin avulla.

*Darshan* alkoi yhdentoista aikaan. Kun Amma tuli majaan, Hänen vierellään oli *Shakti Prasad*, lapsi, joka oli syntynyt lapsettomalle pariskunnalle Amman siunauksen ansiosta. Pitäessään Ammaa kädestä poika näytti pieneltä *joogilta*. Hänen kaulassaan oli suurista *rudrakshahelmistä* tehty *mala* (rukousnauha) ja hänen otsallaan oli leveät ja pitkät vanat pyhää tuhkaa. Oppilaat tuijottivat poikaa.

Nähdessään hei-dän uteliaat ilmeensä Amma sanoi heille: "Hän vaati saada *malan* ja pyhää tuhkaa." Amma vaikutti hyvin onnelliselta ja tyytyväiseltä poikaan, joka oli tullut viettämään muutaman päivän Hänen kanssaan.

Äiti istuutui majaan ja oli hetken silmät suljettui-na medita-tiivisessa tilassa *brahmacharien* lausuessa *Guru Paduka Stotramin:*

*Om. Rakas Guruni, minä kumarran Sinua ja Sinun san-*
*daaleitasi;*
*Oi verraton Guru, Sinun sandaaleitasi minä kumarran.*
*Sinä olet meidän opastajamme, kaikkien voimien Herra;*
*Sinun sandaaleitasi, rakas Guru, jälleen kerran minä ku-*
*marran.*

*Sinulla on aim- ja hrim-mantrojen voimat,*
*Sinun sandaaleissasi on shrim-mantran koko loistokkuus.*
*Ne selvittävät Om-mantran syvän merkityksen,*
*Sinun sandaaleitasi, rakas Guruni, minä jälleen kumarran.*

*Tuliseremoniat, pappien uhraukset,*
*uskonnon kaikki jumalanpalvelusmenot ovat täten täyttyneet:*
*Sinun sandaalisi lahjoittavat tiedon Brahmanista;*
*Sinun sandaaleitasi, rakas Guruni,*
*minä mitä kunnioittavimmin kumarran.*

*Kotka voittaa kaikki halun käärmeet,*
*Sinun sandaalisi innostavat intohimottomuuteen ja viisauteen.*
*Sinun sandaalisi antavat tiedon ja vapautuksen nyt;*
*Sinun sandaaleitasi, rakas Guruni,*
*minä jälleen kerran kumarran.*

*Luotettava vene elämän meren ylittämiseen;*
*sandaalisi herättävät todellisen antaumuksen Sinuun.*
*Ne palvelevat voimallisena tulena epäilyksen vesien keskellä;*
*Sinun sandaaleitasi, rakas Guruni,*
*minä jälleen kerran kumarran.*

*Brahmacharit* jatkoivat antaumuksellisten laulujen laulamista samalla kun Amma antoi *darshania*.

## Sadhana ja kohtalo

Eräällä oppilaalla oli side otsallaan ja Äiti halusi tietää syyn siihen. Kujeileva ilme kasvoillaan hän vastasi: "Kyllä Sinä tiedät miksi, Amma. Ilman Sinua en olisi kyennyt tulemaan tänne tänään." Hän täytti silti Amman pyynnön ja kertoi kuinka hän oli joutunut moottoripyöräonnettomuuteen palatessaan töistä kotiin. Hän oli kiirehtinyt kotiin nähdäkseen poikansa, joka oli vuoteenomana kovassa kuumeessa ja oksennustaudissa. Vilkkaasta liikenteestä ja sateesta välittämättä hän oli ajanut kovaa. Kun hän oli puikkelehtinut liikenteen seassa, kuorma-auto oli ilmestynyt yhtäkkiä hänen kaistalleen ja törmännyt häneen. Törmäys oli ollut niin kova, että moottoripyörä oli kimmahtanut kuorma-autosta ja heittänyt hänet istuimelta.

"Ajattelin, että kovaa vauhtia liikkuvat autot murskaisivat minut kuoliaaksi," hän sanoi Ammalle. "Keräten kaiken voimani rukoilin: 'Amma, pelasta minut! Suojele minua!' Yhtäkkiä muistin poikani ja huusin: 'Amma, poikani!' Suljin silmäni tiukasti ja odotin murskautuvani kuoliaaksi jonkun raskaan kuorma-auton pyörien alle, mutta niin ei tapahtunutkaan. Sen sijaan tunsin käsien kantavan minua. Tuntui kuin olisin kellunut tai lentänyt ilmassa. Tunsin, että minua tuuditettiin jonkun käsivarsilla. Avattuani silmät tunsin edelleen kädet, mutta en nähnyt ketään. Sitten hitaasti silmieni eteen ilmestyi kasvot. Se olit Sinä, Amma. Se olit Sinä..." Mies nyyhkytti ja peitti kasvonsa. Kyynelten lävitse hän sanoi: "En olisi enää koskaan nähnyt Sinun myötätuntoisia kasvojasi. En olisi enää koskaan nähnyt poikaani. Jos minä olisin kuollut tuossa onnettomuudessa, hänen sydämensä olisi murtunut ja myös hän olisi kuollut." Oppilas itki hillittömästi.

Aivan niinkuin rakastava Äiti, joka lohduttaa suosikkilastaan, Amma silitti hänen selkäänsä sanoen, ettei hänen travitsisi olla huolissaan, sillä mitään pahaa ei ollut tapahtunut. Kun mies lopulta rau-hoittui, hän halusi kertoa tarinan loppuun. Hän sanoi menettäneensä tajuntansa nähtyään Amman hymyi-levät kasvot. Kun hän avasi silmänsä, hän havaitsi makaavansa niityllä, tien vieressä, ihmisjoukon ympäröimänä. Hän oli ollut ihmeissään saatuaan kuul-la, että kaikki oli tapahtunut vain muutamassa se-kunnissa.

Hän kertoi edelleen: "Ihmisten puhuessa siitä miten ihmeenomaisesti olin selvinnyt, tajusin, että heidän oli täytynyt nähdä kuinka onnettomuus oli tapahtunut ja kuinka mystisesti olin lentänyt niitylle. He olivat aikeissa viedä minut sairaalaan, mutta nousin seisomaan ja sanoin, että olin kunnossa. Lukuunottamatta tätä haavaa otsassani ja toista vasemmassa polvessani olin kunnossa. Eilen illalla minulle tehtiin täydellinen tarkastus ja lääkärit sanoivat, että olin kunnossa. Amma, Sinä olet pelastanut minun elämäni." Sanottuaan tämän oppilaan silmät täyttyivät jälleen kyynelistä.

Äiti tiedusteli hienotunteisesti: "Kuinka poikasi voi? Voiko hän jo paremmin?"

Mies vastasi: "Sinun armostasi, kun eilen lopulta pääsin kotiin, hänen kuumeensa oli laskenut ja nyt hän voi paljon paremmin."

Kuultuaan tämän tarinan eräs oppilaista halusi kysyä kohtalosta: "Voidaanko tätä hänen pelastu-mistaan kuolemalta pitää yksin hänen tekojensa he-delmänä? Onko kyse *karman* seurauksista? Oliko hänen kohtalonaan tulla Sinun pelastamaksesi vai oliko hänen kohtalonaan kuolla?"

Äiti vastasi: "Tämän onnettomuuden oli määrä tapahtua ja hänen kohtalonaan oli, että hän ei selviäisi hengissä. Hän kohtalonaan oli kuolla. Mutta Äiti varoitti häntä kuukausia aiemmin, että jotakin hyvin vakavaa ja vaarallista tapahtuisi ja että hänen tulisi rukoilla ja meditoida niin paljon kuin hän vain kykenisi. Hän totteli ja seurasi kaikkia Äidin ohjeita. Se tottelevaisuus, vilpittömyys ja antaumuksellisuus, jota hän osoitti, mahdollisti sen, että hän saattoi vastaanottaa Jumalan armon. Tuo armo pelasti hänet kuolemalta.

Mutta muista, vakava onnettomuus tapahtui. Hänen oli käytävä tuo kokemus lävitse, mutta kuitenkin hänet pelastettiin. Tässä oli kyse hänen omista ponnisteluistaan. Hänen vilpitön ja omistautunut ponnistelunsa sai myötätunnon ja armon virtaamaan ja tämä pelasti hänen elämänsä. Lapset, jopa kohtalo voidaan voittaa vilpittömin ja omistautunein ponnisteluin. Sellaisen henkilön kohdalla Jumala itse muuttaa hänen kohtalonsa."

Onnettomuuden läpikäynyt oppilas kertoi: "Viisi kuukautta sitten tultuani ensi kertaa Amman *darshaniin*, Hän sanoi minulle, että minun tulisi olla hy-vin varovainen, että muutamien kuukausien sisällä tulisin kohtaamaan jotakin hyvin vakavaa ja vaarallista. Kun Amma sai tietää, että omistin moottoripyörän, Hän varoitti minua jälleen. Hän varoitti eri-tyisesti siitä, että en saisi ajaa lainkaan kovaa. Amma jopa kielsi minua ajamasta moottoripyörällä pitkiä matkoja."

Mies, joka oli esittänyt kysymyksen kohtalosta, nosti esille uuden puolen asiasta: "Amma, sanoit, että tämä oppilas noudatti ohjeitasi tarkoin ja että se aikaansai armon vuodattumisen häneen. Mutta joissakin tapauksissa tällaisia ihmeitä tapahtuu ennenkuin ihmiset ovat tavanneet Sinua. Olen kuullut monien kertovan tällaisia tarinoita. He sanovat, että Amma auttoi heitä tai jotakuta heidän perheenjäsentään vaikka he eivät olleet vielä tavanneet Sinua. Täl-laisissa tapauksissa et antanut heille ohjeita eivätkä he suorittaneet minkäänlaista *sadhanaa*. Voisitko selventää tätä?

Amman vastasi: "On totta, että joillakin ihmisillä on ollut vas-taavanlaisia kokemuksia jopa ennenkuin he ovat tavanneet Äidin. Poikani, muista, että kaikki ne, jotka ovat tekemisissä Amman kanssa tässä elä-mässä, ovat olleet Hänen kanssaan myös aiemmissa elämissään. Sinä näet vain tämän elämän ja sen täh-den ajattelet, että he eivät ole tunteneet Äitiä aiem-min. Niinpä et voi todella sanoa näitten kokemusten sattuneen ennen kuin he olivat tavannet Äidin. Ku-kaan ei muista tai tunne yhteyttään Äitiin aiemmissa elämissään. On olemassa ennaltamäärätty ajankohta, jolloin kukin tulee Äidin luo. Jotkut tulevat aiemmin, jotkut myöhemmin. Mutta jokainen Äidin lapsista on aina ollut Hänen kanssaan. He tulevat Äidin luo eri aikoina, joskus kuultuaan Ammasta tai kun he näkevät Hänen valokuvansa. Toisinaan tapahtuu niin heidän kuunneltuaan nauhalta Amman *bhajaneita*. Joissakin tapauksissa ihmiset tulevat Amman luo tavattuaan yhden Hänen lapsistaan, jotkut taas oi-valtavat suhteensa Ammaan vasta oltuaan tekemisissä Hänen kanssaan.

Sanot "ennen Amman tapaamista", mutta sellaista ei ole olemassa. Kaikki Amman lapset ovat tavanneet Amman jo kauan sitten. Vaikka kukaan ei ole ollut siitä tietoinen, on Amman suojelu aina ollut olemassa. Seurattuaan ohjeita, jotka on annettu edellisessä elämässä, ihmiset tuntevat Jumalan armon. Vaikka he eivät enää noudatakaan *gurun* ohjeita tai harjoita *sadhanaa* tässä elämässä, saattavat he silti saada osakseen armon niistä ansioista, joita ovat keränneet edellisessä elämässä.

Et näe Amman antavan ohjeita näille oppilaille, koska ohjeet on jo annettu. Et kenties näe heidän noudattavan ohjeita, sillä he ovat saattaneet jo tehdä niin. He ovat jo keränneet ansioita edellisessä elämässä, jotta *gurun* armo virtaisi heihin tässä elämässä. Sellaisissa tapauksissa oppilaan on täytynyt tehdä mitä hänen pitikin tehdä. Nyt hän on valmis vastaanottamaan hedelmän, sillä täyttymyksen täytyy tulla. Jos *mahatma* päättää, että oppilaan toimin-nan hedelmä tulee antaa nyt tässä elämässä tiettynä ajankohtana, niin tapahtuu. *Guru* lahjoittaa yksilön toiminnan hedelmän. Hän tietää koska se tulee antaa. Sinä näet vain hyvin pienen osan elämästä. Muista, että tämä sinun nykyinen elämäsi on vain pienen pieni osa kokonaiselämästäsi. Älä arvioi asioita katsomalla vain tätä pientä osaa. Tämän lisäksi näet *mahatman* (suuren sielun) toimet vain ulkopuolelta käsin, joten kuinka voit arvioida ne oikein? *Mahatma* on ainoa, joka tietää kaiken menneestä, nykyisestä ja tulevasta. Sen tähden älä ryhdy arvioimaan *ma-hatmaa* tai sitä ansaitseeko joku *gurun* armon vai ei. Kun *gurun* ohjeita on seurattu, seurausvaikutusten tulee kypsyä, koska se on niin sanoakseni velka, joka Amman täytyy maksaa.

Poikani, älä yritä arvioida asioita ennen kuin olet sukeltanut niihin syvälle. Sinä et osaa paneutua asi-oihin syvällisesti, koska olet aina ollut pinnalla. Su-keltaaksesi syvälle tarvitset kehittyneen ja hiljaisen mielen sekä herkistyneen näkökyvyn. Häilyvä mieli ei kykene sukeltamaan syvälle. Ainoastaan hiljainen mieli voi sen tehdä. Poikani, sinun tulisi lähestyä kaikkia oppilaita, jotka tulevat tänne. Mene kaikkien *ashramin* asuk-kaitten luo. Kysy heiltä heidän suhteestaan Ammaan. Yritä saada selville, koska he tapasivat Äidin ja kau-anko he ovat olleet Hänen kanssaan. Tiedustele heidän tunnelmiaan. He tulevat kaikki poikkeuksetta sano-maan: "Tulin sinä ja sinä päivänä. Olen ollut täällä Äidin kanssa viimeiset kahdeksan, yhdeksän tai kymmenen vuotta." Ja he tulevat lisäämään: "Minul-la on kuitenkin sellainen tunne, että suhteeni Ammaan on jatkunut jo monta elämää. Sillä hetkellä, jolloin tapasin Hänet tunsin, että myös Amma suh-tautui minuun kuin tuttuun, niin että myös Hän näyt-tää tunteneen minut aiemmin."

Sinustakin tuntuu samalta. Eikö totta? Miksi? Vallitseeko tällainen tuttuus kaikissa suhteissa? Ei, ei vallitse. Yleensä kun tapaamme jonkun vie aikaa ennenkuin opimme tuntemaan hänet. Yleensä on ole-massa tunne, että tuo toinen on vieras sinulle ja et-tä sinä olet samoin vieras hänelle. Mutta yksikään Äidin lapsista ei tunne tällä tavoin Häntä kohtaan. Kukaan Äidin lapsista ei sano, että Amma on vieras heille ja että Amma käyttäytyi kuin vieras. Miksi? Koska Hän on aina ollut sinun kanssasi. Amma ei ole koskaan jättänyt sinua.

Kaikilla teillä on sisällänne kokemus siitä, että olette olleet aiemmin Amman kanssa. Se on uinuva, ilmenemätön tunne. Kun oikea hetki koittaa, se tulee ilmi.

Lapset, siunauksen antaminen tai armon jakaminen jollekulle on täydellisesti *mahatman* tai *gurun* hallinnassa. Hän voi suoda sen milloin haluaa tai hän voi pidättyä sen antamisesta, jos Hän haluaa. Armo on kummallinen ilmiö. Ei ole mahdollista sanoa milloin, missä ja kuinka se ilmenee. Inhimilliset arviot epäonnistuvat täydellisesti silloin, kun on kyse ar-mosta. Jos *guru* haluaa, Hän voi suoda Itse-oivalluksen armon vieraalle, joka ei ole harjoittanut minkäänlaista *sadhanaa*. Hän voi myös olla antamatta sitä henkilöl-le, joka on harjoittanut voimallista *sadhanaa* pitkän aikaa. Äiti ei sano, että *mahatma* pidättäisi armon sen ansaitsevalta *sadhakalta*. Hän vain painottaa, että Hänen hallinnassaan on suoda se tai olla suo-matta. *Mahtama* voi helposti siunata jonkun täyt-tämällä hänen elinikäisen toiveensa. Voimme yrittää analysoida miksi joku on niin siunattu, sillä emme kenties näe hänellä minkäänlaisia ansiota. Yritys keksiä syy pysyy täydellisenä mysteeriona meille kuolevaisille, jotka emme kykene ylittämään älyä. Toisinaan siihen ei ole mitään syytä. Guru yksin-kertaisesti vain tekee niin. Sen tähden saavuttaaksesi tämän armon itke ja rukoile ja pidä kiinni *gurun* ja-loista, riippumatta siitä mitä tapahtuu."

*Darshan* oli edelleen meneillään ja ihmiset liikkuivat eteenpän antautuakseen Äidin rakastavaan syleilyyn ja purkaakseen Hänelle sydämensä. Oppilaat lauloivat *Samsara dukha samanam* -laulun:

*Oi maailman Äiti,*
*jälleensyntymän surun poistaja,*
*Sinun siunatun kätesi suoja*
*on ainoa turvamme.*

*Sinä olet sokeitten ja kadotettujen*
*sielujen turva,*
*Sinun lootusjalkojesi muistaminen*
*suojaa jokaisen vaaralta.*

*Harhautuneille,*
*jotka rypevät syvässä pimeydessä,*
*Sinun nimesi ja olemuksesi mietiskely*
*on ainoa ratkaisu heidän*
*murheelliseen tilaansa.*

*Luo katse minun mieleeni*
*loistavan kauniilla silmilläsi.*
*Oi Äiti, sinun armosi on keino*
*lootusjalkojesi saavuttamiseksi.*

Laulun jälkeen oli hiljaista. Sitten Amma jatkoi: "*Mahtaman* voima tai pyhimyksen toiminta voi muuttaa ihmisen kohtalon. Tässä tarina, joka kuvaa tätä:

Olipa kerran *Vishnun* harras palvoja. Useiden avioliittovuosien jälkeen hänelle ja hänen vaimolleen ei ollut kuitenkaan siunaantunut ainoatakaan lasta. Palvoja harjoitti voimallista *tapasia* (itsekuriharjoitusta) saadakseen lapsen, mutta pariskunta oli edeleen lapseton. Eräänä päivänä hän tapasi pyhimys Naradan, joka matkallaan ohitti heidän kylänsä. Kuul-tuaan, että pyhimys oli matkalla *Vaikuntaan Vishnun darshaniin* (tapaamiseen), palvoja pyysi Naradaa kysymään *Vishnulta*, miksi häntä ja hänen vaimoaan ei oltu siunattu lapsella. Hän tahtoi myös tietää milloin hän voisi odottaa saavansa osakseen tällaisen siu-nauksen.

Kun Narada saapui *Vaikuntaan* hän välitti uskollisesti oppilaan viestin Jumalalle. *Vishnu* sanoi, ettei tämän palvojan kohtaloon kuulunut saada yhtään las-ta. Tämä oli niin masentava vastaus, ettei Narada tahtonut kertoa sitä oppilaalle. Sen tähden hän ei koskaan kertonut epämieluisaa viestiä miehelle.

Vuodet kuluivat ja Narada sattui kulkemaan saman kylän poikki jälleen. Hän vieraili oppilaan luona ja oli hyvin hämmästynyt nähdessään kolme lasta leikkimässä sisäpihalla. Kuultuaan, että nämä olivat tämän palvojan omia lapsia Narada kysyi, kuinka lapset olivat syntyneet heille.

Palvoja kertoi Naradalle, että pian sen jälkeen, kun Narada oli viimeksi vieraillut kylässä, hän oli ollut onnekas ja tavannut pyhimyksen, jota oli saanut palvella. 'Tyytyväisenä palveluuni,' oppilas selitti, 'pyhimys kehotti minua pyytämään lahjaa. Tietenkin rukoilin lasta ja pyhimys sanoi, että saisin kolme. Siten nämä lapset tulivat elämääni.'

Narada jatkoi välittömästi matkaansa *Vaikuntaan* ja syytti *Vishnua* siitä, että tämä ei ollut puhunut totta: 'Muutamia vuosia sitten, kun pyysin erään tie-tyn palvojan puolesta lasta, sanoit minulle, että hänen kohtaloonsa ei kuulunut yhtään lasta. Ja nyt hänellä on kolme!'

Ennenkuin Narada ehti mainita mitään pyhimyksestä, *Vishnu* nauroi ja sanoi: 'Kyse täytyy olla pyhimyksen toiminnasta, sillä ainostaan pyhimykset voivat muuttaa ihmisen kohtalon'.''

Näin Amma päätti tarinan ja sanoi sitten:

"Lapset, *mahatma* voi antaa siunauksen, jota ei edes Jumala voi antaa. Jumala on nimetön ja vailla muotoa, Häntä ei voi nähdä. *Mahatma* antaa Jumalan olemassaololle todellisuuden. Hänen läheisyydes-sään ihmiset voivat nähdä, tuntea ja kokea Jumalan. Hän siunaa ihmiset käsinkosketeltavalla koke-muksella Jumalasta. Hän suorittaa suuren luopumisen jättämällä autuuden korkeimman asunnon elääkseen tavallisten ihmisten keskellä ikäänkuin yhtenä heistä, silti pysytellen ikuisessa ykseydessä.''

Uusi kysymys nousi esiin: "Amma, jotkut olivat ei-uskovaisia ennen kuin he tapasivat Sinut ja heistä tuli hartaita oppilaita. Miten tällaista tapahtuu?"

Amma vastasi: "Lapset, on totta, että he olivat ei-uskovaisia jonkin aikaa. Se oli heidän *karmansa*. Mutta jossakin vaiheessa he alkoivat uskoa Jumalaan. Nämä ihmiset - ei-uskovaiset, joista tuli yhtäkkiä hartaita oppilaita tavattuaan Amman - olivat omaksuneet ateistisen näkemyksensä vasta tässä elämässä niiden olosuhteiden ja tilanteiden takia, joihin he sattuivat syntymään. Siitä huolimatta heillä oli aiem-mista elämistä periytyvä henkinen *samskara* (ominaislaatu), joka oli voimallisempi. Verrattuna ateis-tisiin ominaisuuksiin, jotka he olivat omaksuneet tässä tai edellisessä elämässä, oppilaan piilevänä olleet henkiset *samskarat*, ominaisuudet olivat voimakkaampia. Kun ateistiset ominaisuudet oli kulu-tettu loppuun, pitkäaikainen usko pääsi voitolle. Kyse oli vain ajasta. Ilmenemätön antaumus nousi esiin, kun he tapsivat täydellisen mestarin tai kun he joutuivat vastaavanlaiseen kohtaamiseen tai tilan-teeseen. Tässä vaiheessa heikommat ominaisuudet väistyvät voimakkaampien henkisten ominaisuuksien tieltä. Näiden ihmisten täytyi kuitenkin harjoittaa *sadhanaa* täydellisen mestarin ohjauksessa poistaak-seen täysin tässä ja edellisissä elämissä kasatut omi-naisuudet. Muista, että heillä on edelleen *vasanoita* (ehdollistumia) työstettävänään. Ainoa ero on siinä, että henkiset *samskarat* (ominaisuudet) ovat hieman voimakkaampia kuin *vasanat*. Tämä voimakkaampi *samskara* auttaa heitä lähestymään *mahatmaa* tai Jumalaa. Mutta *mahatma* voi, jos hän niin haluaa, aikaansaada muutoksen sellaisessa, jolla ei ole mitään edellisestä elämästä perittyä luonteenlaatua. Mikään ei ole mahdotonta *mahatmalle*.

Amma osoitti haluavansa, että *brahmacharit* laulaisivat. He lauloivat *Kerunnen manasam amma* -laulun:

*Oi Äiti, minun mieleni itkee,*
*oi minun Äitini, eivätkö korvasi*
*kuule sitä?*

*Särkevin sydämin olen minä vaeltanut*
*etsien Sinua yli maan piirin.*
*Miksi viivyttelet tuloasi?*
*Oi Äiti, mitä minä nyt teen?*

*Minkä synnin on tämä avuton*
*heikko tehnyt,*
*kun osoitat tuollaista*
*välinpitämättömyyttä minua kohtaan?*
*Oi Äiti, pesen lootusjalkasi*
*kuumilla kyynelilläni.*

*Oi Äiti, olen väsynyt tähän*
*sietämättömään taakkaan,*
*menneitten tekojeni seurauksiin.*
*Oi Äiti, älä viivyttele vaan suo turva*
*tälle uupuneelle, nöyrälle palvelijallesi.*

*Brahmacharit* lauloivat niin voimallisesti ja antautuneina, että Amma vaipui *samadhiin* (autuuden tilaan). Hän istui hiljaa, silmät puolittain suljettuina. Hänen kätensä olivat kahdessa eri *mudrassa* (jumallisessa asennossa). Muutamien minuuttien ajan vallitsi täydellinen hiljaisuus oppilaitten tuijottaessa Äidin kasvoja ihmetyksen ja antaumuksen vallassa. Hiljaisuus rikkoontui, kun *brahmacharit* lausuivat *"Hari Om... Hari Om..."* Kaikki liittyivät mukaan. Ilmapiiri oli täynnä jumalallista, henkistä energiaa.

## Toimi erottelukykyisesti

Maanantaina, 9. heinäkuuta 1984

Amma istui ruokailuhallissa, joka sijaitsee temppe-lin pohjoispuolella. Oli aamiaisaika ja Hän pyysi Gayatria poimimaan muutamia lehtiä intianleipä-puusta. Keralalaisissa kylissä on tapana tehdä näistä lehdistä taittamalla lusikka, jolla voi syödä *kanjia*, riisivelliä tai mitä tahansa nestemäistä ravintoa. Ga-yatri lähti ja palasi käsissään kymmenen tai viisitoista lehteä. Nähtyään niin monta lehteä Amma huudahti: "Oi, minkä suuren synnin oletkaan tehnyt! Minä pyy-sin sinua tuomaan vain muutamia lehtiä, tarpeeksi viidelle ihmiselle. Olet tuhonnut tarpeettomasti elä-mää. Tämä on syntiä. Olet toiminut epäoikeuden-mukaisesti. Kuinka saatoit tehdä niin? Jos toimitaan käyttämättä erottelukykyä, se on *adharmaa* (syntiä, jumalallisen harmonian vastaista). Mitä olet oppinut oltuasi Äidin luona niin monta vuotta? Noin voit toimia vain, jos et tunne rakkautta ja myötätuntoa. Et tuntenut sykkivää elämää noiden lehtien sisällä, siksi et tuntenut myötätuntoa niitä kohtaan. Myötä-tunnon puute tekee elämän tuhoamisen helpoksi. Kun sinulla ei ole myötätuntoa, et välitä muista. Tämä merkitsee, että sinulla ei ole myöskään uskoa, koska myötätunto ilmentää uskoa - uskoa kaikkialla läsnäolevaan elämään. Tuollainen uskon ja *sraddhan* (tarkkaavaisuuden) puute saa sinut toimimaan arvos-telukyvyttömästi. Poimimalla noin paljon enemmän lehtiä kuin oli tarpeen, toimit arvostelukyvyttömästi."

Oli hetken tauko. Amma katsoi Gayatria. Tämä halusi kysyä jotakin, mutta ei rohjennut. Amma jatkoi: "Gayatri-tytär ajattelee,

'Kuinka muutaman ylimää-räisen lehden poimiminen voi olla *adharmaa*, jos viiden lehden poimiminen ei ole? Kuinka viiden leh-den poimiminen ei ole *adharmaa?*"

Gayatri oli ihmeissään kuullessaan Amman sanovan näin, sillä juuri sitä hän oli halunnut kysyä, mutta ei ollut uskaltanut.

*Mahatman* kaikkitietävyys paljastuu aina uudel-leen ja uudelleen. Kuitenkin jopa ne, jotka ovat lähei-sesti tekemisissä *mahatmojen* kanssa, eivät ymmärrä heitä oikein. Heillä on saattanut olla satoja koke-muksia, jotka ovat täysin vakuuttaneet heidät *mahat-man* kaikkitietävyydestä ja kaikkialla läsnäolevasta olemuksesta, mutta silti he epäilevät joissakin tilan-teissa. Tietenkin asia on niinkuin Äiti sen ilmaisee: "Täydellinen usko on Itseoivallus." *Mahamayan* tai suuren illuusion voima on selittämätön. *Vasanoitten* paksu verho aikaansaa sen, että meidän on niin vai-keata sukeltaa syvälle *gurun* tai *mahatman* tajuntaan.

Amma vastasi Gayatrin ajatukseen: "Mitä tahansa tehdään arvostelukyvyttömästi on *adharmaa*, vää-rin. Se on syntiä. Mitä hyvänsä menee hukkaan siksi, että emme ole huolellisia ja tarkkaavaisia, on syntiä. Kaikki olemassa oleva on luotu käytettäväksi, kaikella on oma tarkoituksensa. Maailma ei voi olla olemassa ilman keskinäistä riippuvuutta. Kasvit ja puut eivät voi olla olemassa ilman maata. Eläimet tarvitsevat ravinnokseen kasveja ja toisia eläimiä. Ihmiset ovat riippuvaisia sekä eläimista että kasveista. Siten koko maailman olemassaolo on tarinaa keskinäisestä riip-puvuudesta.

Kaikkea mikä on tarkoitettu ihmisen ylläpitämiseksi, voidaan käyttää. Jos esimerkiksi tarvitset vain kaksi perunaa, ota kaksi, älä kolmea. Oletetaan, että ruokalajin valmistamiseen tarvitaan kaksi perunaa. Jos kuitenkin otat kolmannen, toimit arvostelukyvyttö-mästi. Syyllistyt *adharmiseen* tekoon.

Tällaista tuhlaamista voidaan myös pitää varastamisena. Koska et tosiasiassa käytä kolmatta perunaa, tuhlaat sen tarpeettomasti. Tarvitset todella vain kaksi, kolmas on ylimääräinen. Voisit antaa sen jollekulle, ehkäpä naapurillesi, jolla ei ole mitään syötävää.

Ottamalla ylimääräisen perunan kiellät häneltä ruuan. Varastat hänen ruokansa. Tekemällä näin toi-mit väärin.

Muutaman lehden poimiminen viidelle ihmiselle ei olisi ollut väärin, mutta sinä poimit kymmenen ylimääräistä. Tämä muutti koko asetelman. Tekosi oli *adharminen:* ensinnäkin tuhosit kymmenen lehden elämän. Toiseksi, estit jotakuta toista saamasta niitä. Nämä lehdet joutuvat hukkaan sinun ajattelemat-toman toimintasi takia."

Eräs *brahmachareista* sanoi: "Amma ilmaisee juuri saman periaatteen kuin Krishna *Srimad Bhagavad-Gitassa.* Krishna kutsui ihmisiä, jotka hamstraavat eivätkä anna tarvitseville nimellä 'stenah', ts. varkaiksi."

Amma jatkoi: "Täsmälleen. Mitä muuta sellaiset ihmiset voivat olla? Ihmiset, jotka pitävät itsellään enemmän kuin tarvitsevat antamatta mitään niille, jotka tarvitsevat, ovat todellakin varkaita. Heidän hamstraamisensa aikaansaa sen, että toiset ihmiset ryöstävät ja varastavat. Amma on kuullut *mahatmasta,* josta tehtiin maansa poliisituomari. Tapa, jolla hän virkaan tultuaan ratkaisi ensimmäisen tapauksen, oli eriskummallinen. Hän määräsi vankilaan sekä varkaan että hänet, jolta oli varastettu. Kun kuningas kysyi tästä oudosta rangaistuksesta, *mahatma* vastasi: 'Rikas keräsi liikaa omaisuutta. Hän ei käyttänyt sitä oikein eikä jakanut niille, jotka olisivat voineet käyttää sitä oikein. Monet ihmiset näkevät nälkää ja kuolevat ruoan, vaatteiden ja suojan puutteeseen. Itse asiassa rikkaan miehen tulisi olla kiitollinen varkaalle siitä, että tämä ei murhannut häntä.'

Sitten hän lisäsi: 'Itse asiassa tunnen pientä syyllisyydentunnetta siitä, että annoin saman rangaistuksen molemmille. Minun olisi pitänyt antaa kovempi rangaistus rikkaalle, koska hän aikaansai sen, että varas varasti. Jos hän olisi jakanut ylimääräisen omaisuuden köyhille ja tarvitseville, tätä ei olisi tapahtunut. Sen tähden pieni syyllisyydentunne vaivaa minua.'

Ajatuksia herättävän selityksen ja sitä seuranneen mielenkiintoisen tarinan jälkeen, Amma istui ruokailuhallissa muutamia minuutteja keskustelemassa. Sitten Hän meni huoneeseensa.

# Sukella pinnan alle

Yhdentoista aikaan aamupäivällä Amma antoi *darshania* majassa. Kun Hän vastaanotti oppilaita, yksi *brahmachareista* esitti kysymyksen: "Amma, kuulin Sinun sanovan tässä eräänä päivänä, että me emme tiedä kuinka sukeltaa syvälle, että oleilemme aina pinnalla. Sanoit myös, että sukeltamiseen tarvitaan herkkää mieltä ja terävää näkökykyä. Mitä tarkoitat sukeltamisella? Voitko selittää?"

Amma ryhtyi vastaamaan: "Häilyvyys on mielen ominaisuus. Aivan niinkuin kellon heiluri, mieli liik-kuu asiasta toiseen, mielentilasta toiseen. Tämä liike on jatkuvaa. Mieli on alituisten muutosten alainen. Yhtenä hetkenä mieli rakastaa, toisena vihaa. Toi-sinaan se pitää jostakin ja seuraavana hetkenä inhoaa. Mielen heiluri heilahtaa joskus vihaan ja sitten ha-luun. Se ei voi pysähtyä, olla hiljaa. Tämän jatkuvan liikkeen takia elämän vakaa ja liikkumaton perusta jää näkemättä. Mielen jatkuva liike luo loppumatto-masti laineita ja nämä laineet, ajatusaallot varjostavat kaiken. Mitään ei nähdä selkeästi. Tämä liike on kuin sumua, joka estää meitä näkemästä. Ajatuspil-vet aiheuttavat sen, ettet näe selkeästi. Niinpä ha-vaintosi ovat puutteellisia. Teet johtopäätöksiä siitä mitä näet, tietämättä, että näkemyksesi on hämärtynyt. Sen johdosta teet virhearvioita ja levität väärää tietoa.

Kaikki ajatukset, kaikki tunnepurkaukset ja kaikki halut ovat kuin kiviä, jotka heitetään mielen järveen. Jatkuvat ajatukset ovat kuin laineita järven pinnalla. Aaltoileva pinta aikaansaa sen, että sinun on mahdotonta nähdä selkeästi veden lävitse. Järven pohjaa ei kyetä näkemään kunnollisesti, sillä pinnalla olevat aallot vääristävät kaiken. Et koskaan anna mielen olla hiljaa. Mielessäsi on joko tarve täyttää jokin halu tai siellä on ärtymystä, kateutta, mielty-mystä tai vihaa, ja jos mitään ei tapahdu nykyhet-kessä, menneisyyden muistot kumpuavat esille. Su-loiset muistot, katkerat muistot, iloiset muistot, ka-tumus, kosto - jotakin ilmenee. Sitten menneisyys vetäytyy pois ja tulevaisuus ilmestyy kauniine lupauksineen ja unelmineen. Mieli on aina toiminnassa. Siinä pyörii aina jotakin. Se ei ole koskaan hiljaa.

Lapset, se mitä te näette on vain pintaa. Te näette vain laineita pinnalla. Pinnalla tapahtuvan liikkeen takia luulette, että myös pohja liikkuu. Mutta pohja on hiljaa. Se ei voi liikkua. Te heijastatte pinnan liikkeen - ajatusten ja tunteiden aallot - allaolevaan perustaan, hiljaiseen pohjaan. Liike kuuluu ainoas-taan pintaan. Se kuuluu mieleen. Ajatusaallot ai-heuttavat sen. Niillä ei ole mitään tekemistä pohjan kanssa. Jotta tämä liikkumaton ja hiljainen pohja voitaisiin nähdä, pinnan täytyy tulla tyyneksi ja hil-jaiseksi. Aaltojen tulee pysähtyä, mielen heiluriliik-keen lakata. Tätä mielen hiljentymistä kutsutaan sukeltamiseksi.

Kun tämä hiljaisuus saavutetaan, voit nähdä kirkkaasti pinnan tuolle puolen. Et enää näe vääristyneitä muotoja. Näet olemassaolon todellisen perustan - Totuuden. Kaikki epäilyksesi päättyvät. Tässä vaiheessa oivallat, että olet nähnyt vääristyneitä muotoja, että olet nähnyt ainoastaan varjoja ja pilviä. Siinä vaiheessa oivallat tietämättömyytesi. Ennenkuin saavutat tämän tilan saatat sanoa, että olet tietämätön, mutta et kuitenkaan koskaan ole todella tietoinen siitä. Sukeltaminen on kaiken todellisen olemuksen näkemistä samalla, kun pitäydyt omaan Itseesi.

Katso todellisten *joogien*, todellisten pyhimysten silmiä. Heillä on läpitunkeva katse. He voivat nähdä sinun lävitsesi. Kun he katsovat sinua, he eivät katso sinun harhanomaista, vääristynyttä muotoasi. Päinvastoin, he katsovat sinun ääretöntä olemustasi, he katsovat Itseä. He eivät näe sinua, egoa, he näkevät egon tuolle puolen. He eivät näe näytelmää, he näkevät sen muuttumattoman näyttämön, jolla näytelmä esitetään. Se tarkoittaa, että he näkevät näytelmän näytelmänä. Se ei ole heille todellisuutta. Näytelmä voi loppua minä hetkenä hyvänsä, mutta näyttämö jää. He katsovat ja nauttivat näytelmästä, mutta eivät koskaan samaistu siihen."

*Darshan* jatkui edelleen viittätoista vaille yksi yöllä. *Brahmacharit* lauloivat *Mannayi marayum* -laulun:

> *Ihminen kuolee ja katoaa tuhkaan,*
> *mutta hän syntyy jälleen*

*tähän maailmaan ja kasvaa.*

*Jos hän tekee hyviä tekoja,*
*hän saattaa kohota korkeampaan tilaan,*
*ja sitten hän jälleen palaa maailmaan.*

*Elämässä joutuu kokemaan*
*sairautta ja vanhuutta.*
*Oi ihminen, ajattele! Kannattaako*
*syntyä yhä uudelleen ja uudelleen.*
*Mitä hyötyä on näistä turmiota*
*tuottavista ominaisuuksista?*

*Ihminen on saattanut tehdä monia*
*pahoja tekoja,*
*mutta jos hän tietää,*
*kuka on tämän maailman takana,*
*silloin koko hänen kielteisyytensä*
*kaikkoaa ja hän sulautuu*
*autuuden valtamereen.*

## Älä kasvata egoasi

Laulun jälkeen esitettiin jälleen kysymys: "Amma, sanoit, että jossakin vaiheessa me oivallamme, että näkemämme muodot ovat vain harhaaa ja että koemme todellisuuden vasta sitten, kun saavutamme hiljaisuu-den tilan. Tuolloin oivallamme oman tietämättömyytemme. Mitä tarkoitat tietämättömyytemme oivalta-misella?"

Amma sanoi: "Lapset, tällä hetkellä me kaikki elämme tietämättömyydessä. Jopa suuret oppineet myöntävät, että he ovat tietämättömiä. Kun ihmiset rukoilevat tai kun he ovat *mahatman* seurassa, he sanovat: "Oi Jumala, koska minä olen tietämätön, ohjaa minua. En tiedä mitään. Vuodata armosi pääl-leni..." Tällaisia yleisiä ilmauksia käyttävät ihmiset, jotka sanovat olevansa tietämättömiä, mutta kuinka moni tietää, että he todella ovat tietämättömiä? Kuin-ka moni? Amma tarkoittaa, että kuinka moni on tie-toinen tietämättömyydestään? Ihmiset eivät ole tie-toisia. Tietoisuus auttaa poistamaan egon. Mutta kos-ka ihmiset eivät ole tietoisia tietämät-tömyydestään, he eivät voi poistaa sitä. Vaikka he voisivatkin ym-märtää asian älyllisesti, silti he ajattelevat ja tuntevat, että he ovat suuria. Siten he eivät tunne omaa tietä-mättömyyttään.

Tietämättömyys tarkoittaa tietämättömyyttä Todellisuudesta. Se käsitys, joka useimmilla ihmisillä on tietämättömyydestä on toisenlainen. Yleinen kä-sitys on, että tietämätön on hän, joka ei ole opiskellut, joka ei ole oppinut. Oppineet sanoisivat, että tietämätön on hän, joka ei ole opiskellut *vedoja* tai *upanishadeja* ja jolla ei ole tietoa nykyaikaisesta tieteestä. Näin oppineet ajattelevat tietämättö-myydestä ja siksi he opiskelevat. He lukevat mitä vain saavat käsiinsä. Kun heistä on tullut oppineita, he haluavat puhua. He haluavat opettaa muita. He haluavat pitää luentoja. He haluavat kuulijoita. He haluavat kuulla muilta, että he ovat suuria oppineita, koska he ovat niin syvällisiä ja viisaita. He haluavat ihmisten jumaloivan heitä. He haluavat tulla guruiksi. Kaikki tämä tietenkin kasvattaa heidän egoaan. Heidän egonsa oli pieni ennenkuin he olivat oppineet niin monia asioita. Heillä oli vähemmän sisäistä taakkaa siinä vaiheessa. Tuollaisen pienemmän taakan poistaminen ei olisi niin suuri työ, mutta nyt tuosta taakasta on tullut erittäin painava. Tarvitaan paljon työtä, jotta suureen, kiinteään egoon voitaisiin tehdä edes pieni halkeama.

Silti tällaiset ihmiset rukoilevat. Itsekeskeiset ihmiset rukoile-vat, eivät nöyryydestä ja rakkaudesta, vaan pelosta. Rukoillessaan he käyttävät kukkaiskieltä. Rukouksissaan he esittävät oman tietämättömyytensä kauniisti Jumalalle. He pyytävät Jumalan armoa poistamaan heidän tietämättömyytensä ja sytyttämään tiedon valon sisälleen. Toisten edessä he esittävät hyvin nöyrää. Annettuaan pitkän luennon tällainen ihminen sanoo useaan kertaan kuinka tietämätön hän on ja teeskentelee nöyrää, kun ihmiset osoittavat suosiotaan tai ylistävät häntä. Mutta sisäisesti hän on onnellinen ja hänen egonsa kasvaa yhä enemmän ja enemmän. Sisäisesti hän on ylitse-vuotavan iloinen toisten ajatellessa, että hän on suuri oppinut. Tällaiset ihmiset eivät oivalla omaa tietämättömyyttään. He vain sanovat olevansa tietämättömiä, mutta eivät tunne niin. Tosiasiassa he ajattelevat olevansa suuria. He ajattelevat, että heidän tietonsa pyhistä kirjoituksista on oikeaa tietoa. Heille oppi-minen on kuin koru, joka hankitaan, jotta sillä voi-daan komeilla. Näin ajatteleva ja toimiva ihminen kasvattaa egoaan. Hänen egonsa suurenee, mutta hän ei tunne sen painoa. Tämä on hyvin olennaista. Ihmisen tulisi tuntea egonsa paino. Mitä voimakkaammin ihminen tuntee egonsa on taakaksi, sitä voimallisemmin hän haluaa keventää sitä ja päästä siitä eroon.

Mutta suurin osa ihmisistä ei koe egoaan taakkana. He uskovat tarvitsevansa egon. He ajattelevat, että ego on heidän persoonallisuutensa kaunistus ja koris-tus, joka antaa heille viehätysvoimaa. Muista, että ihminen saattaa kulkea ympäriinsä sanoen, että hän ei ole kukaan eikä mitään. Mutta kosketapa hänen egoaan. Yritäpä osoittaa sormellasi hänen egoaan ja paljastaa kuinka egoonsa samaistunut hän on. Hän purkautuu kuin tulivuori, ja vastalauseitten laava alkaa virrata. Hän reagoi täysin egoonsa samaistunee-na. Kuinka tällaiset ihmiset voisivat oivaltaa totuuden tietämättömyydestään? Se on vaikeaa, hyvin vaikeaa." Sitten Amma lisäsi leikkisästi: "Tarvitset suuren moukarin murtaaksesi tällaisen ihmisen egon."

Kaikki purskahtivat nauruun ja Amma nauroi myös. Oli hetken tauko ja sitten Hän jatkoi: "Itse asiassa tämä on yksi tärkeimmistä asioista ymmärtää. On tärkeää tietää olevansa itsekeskeinen. On oivalletta-va, että ego on taakka, oltava tietoinen omasta tietä-mättömyydestään. On tiedettävä, että kirjatieto ei ole todellista tietoa ja että sellainen oppineisuus vain vahvistaa egoa, ellei ole riittävän syvällinen mennäkseen sanojen tuolle puolen ja nähdäkseen todellisen totuuden.

Jopa itsekeskeiset ihmiset rukoilevat käyttäen sa-manlaisia sanoja kuin todelliset oppilaat. Mutta hei-dän rukouksensa eivät tule sydämestä. He vain sa-novat nuo sanat. Ulkoisesti he näyttävät suurilta oppilailta ja saattavat puhua kauniisti henkisyydestä. Mutta heillä on hyvin vahva ego, viekas ja vaikeasti murrettavissa. He rukoilevat ja istuvat meditaatio- asennossa, mutta sisäisesti he yksinkertaisesti antavat mielensä vaeltaa. Tällainen on pahimmanlaista tietämättömyyttä. Eikä tällainen ihminen kuitenkaan oivalla kuinka tietämätön hän on."

Tämä tuo mieleen tapahtuman, joka sattui vuonna 1981. Eräänä päivänä Amma istui takavesien äärellä *ashramin* luoteisnurkassa. Noihin aikoihin takave-sien ylitse näki valtamerelle. Amman seurassa oli muutamia *brahmachareja*, joitakin seuraajia naapuris-ta ja Äidin vanhemmat. He keskustelivat *ashramia* koskevista käytännön asioista, kun hienostuneen nä-köinen vierailija lähestyi heitä. Tämä keski-ikäinen mies oli selvästikin varakas. Tervehdittyään Ammaa ja huomioituaan muut läsnäolijat, hän istuutui ja ryhtyi kertomaan vierailunsa tarkoituksesta:

"Olen henkisellä matkalla," hän sanoi, "sanottakoon pyhiinvaellusmatkalla, jos niin haluatte. Olen oivaltanut, että elämä ei ole elämisen arvoista, ellei löydä elämän todellista tarkoitusta, syytä siihen miksi olemme täällä maan päällä. Kaikki Intian muinaiset pyhimykset ja viisaat sanovat, että olemme täällä saavuttaaksemme perimmäisen päämäärän, Itseoi-valluksen. Joten nyt kun olen elänyt elämän, jota on siunattu taloudellisella menestyksellä, minulla on sekä aikaa että varallisuutta tyydyttää elämäni ainut intohimo, henkinen etsintä."

Tällä tavoin hän jatkoi filosofiointiaan. Hän puhui kaunopuheisesti. Kuullosti siltä kuin hän olisi ha-lunnut näyttää toisille tietorikkautensa. Hän näytti yrittävän saada toiset uskomaan kuinka vilpitön hän oli totuuden etsinnässään. "Mitä minuun tulee," hän sanoi, "tärkein *sadhana* on meditaatio. Vain meditaatiossa voin luoda todellisen suhteen Jumalaan, sillä Jumala tuntee minut paremmin kuin kukaan toinen, jopa paremmin kuin minä itse."

Mies jatkoi tähän tapaan jonkin aikaa. Hänen sanansa otettiin vastaan lievin nyökkäyksin, sillä hän vaikutti olevan hyvin perillä asioista ja puhui sulavasti. Amma hymyili kuunnellessaan häntä. Rentoutuneen ilmapiirin rohkaisemana vieras kat-sahti hitaasti ympärilleen ja sanoi: "Tunnen oloni melko kotoisaksi *ashrameissa.* Olen vieraillut niin monessa. Ah, tässä paikassa on niin rauhallinen tun-nelma. Saanko jäädä tänne muutamaksi päiväksi meditoimaan?" Sanottuaan nämä sanat hän istuutui lootusasentoon ja alkoi meditoida.

*Brahmachari* Nealu jatkoi nyt keskusteluaan Amman kanssa tietyistä *ashramin* asioista. Kun lyhyt keskustelu oli ohi, Amma nousi ylös. Kaikki kumarsivat Hänelle. Mies näytti olevan syvässä meditaatios-sa. Kun Amma ohitti hänet, Hän laittoi kätensä miehen päälle ja ravisti häntä reippaanlaisesti ja sanoi: "Vieläkö sinä jatkat sen tiikkipuukaupan tinkimistä?" Sitten Hän meni menojaan.

Mies hätkähti rajusti. Hän oli ilmiselvästi järkyttynyt. Hän ei kyennyt enää meditoimaan. Hän nousi seisomaan ja näytti rauhattomalta ja häiriintyneeltä. Kävellessään edestakaisin hän kysyi yhdeltä *brahmachareista* useita kertoja, voisiko hän tavata Amman henkilökohtaisesti kahden kesken. Juuri ennen ilta*bhajaneita* Amma suostui hänen pyyntöönsä. Paljastui, että mies oli puukauppias, joka kävi tiikkikauppaa Pohjois-Keralassa. Viimeiset kaksi viikkoa hän oli yrittänyt saada haltuunsa korkealaatuista tiikkipuuta. Hän oli tehnyt tarjouksensa, mutta myyjä oli halunnut korkeamman hinnan kuin hän oli tarjon-nut. Hän kertoi rehellisesti Ammalle, että juuri sillä hetkellä, jolloin Amma oli ravistanut häntä, hän oli mielessään tinkinyt hintaa myyjän kanssa, juuri niinkuin Amma oli sanonut.

Nyt mies katui teeskentelyään ja pyysi Ammalta anteeksiantoa. "Nyt minä tiedän, että Sinä olet todella suuri pyhimys, Amma. Sinä tiesit koko ajan, että minä puhuin vain omista totuudenetsijän unel-mistani. Sinä olet nöyryyttänyt minut, Amma. En tahdo enää teeskennellä henkisyyttä. Oi Amma, auta minua olemaan rehellinen itselleni. Minä tiedän, että Sinä voit auttaa minua."

Myöhemmin, kun mies oli lähtenyt *ashramista*, jotkut *brahmacharit* puhuivat tästä tapahtumasta ilkkuen hänen teeskentelyään. Kun tämä saapui Am-man korviin, Hän nuhteli heitä terävästi heidän erin-omaisuudestaan: "Älkää ajatelko niin suuria itses-tänne. Tällä hetkellä teillä ja hänellä ei ole kovin suurta eroa. Kuka voi olla hautomatta ajatuksia, kun sisällämme on niin paljon unelmia varastoituneena?"

*Darshan* jatkui edelleen. *Brahmacharit* ryhtyivät lausumaan jumalallisia nimiä, *Devi maheswariyeetä:*

*Oi Jumalallinen Äiti, suuri jumalatar,*
*jonka olemus on illuusiota.*
*Oi maailmankaikkeuden Luoja ja syy,*
*minä kumarran Sinulle uudelleen*
*ja uudelleen.*

*Oi maailmankaikkeuden*
*tummahiuksinen valtiatar,*
*Oi kaunisjäseninen suuri Maya,*
*Oi korkein Jumalatar,*
*Sinä olet opetuslasten ystävä,*
*joka suot sekä vankeuden*
*että vapautuksen.*

*Kenessä kaikki on ilmennyt,*
*ken kaikkea johtaa,*
*kehen kaikki sulautuu...*
*Sinä olet armollinen Jumalatar.*

Laulun jatkuessa Äiti vaipui sisäänpäin istuessaan *darshan*majan tuolillaan. Kuinka käsittämätön ilmiö! Muutamia minuutteja aiemmin Hän oli puhunut suu-ria viisauden sanoja. Sitten yhtäkkiä, ilman varoi-tusta, Hän oli kadonnut! Hän ei ollut enää tässä maailmassa. Kaikki vaikenivat ja syvä rauhan tunne täytti majan.

Amman autuuden tilan innostamina oppilaat sulautuivat helposti meditatiiviseen tilaan.

# Todistaja

Henkisen tietoisuuden huipulta Amma laskeutui muutamien minuuttien kuluttua normaaliin tietoi-suudentilaan ja ryhtyi jälleen antamaan *darshania* paikalle kerääntyneille oppilaille. Eräs *brahmachareista* kysyi: "Amma, mainitsit juuri, että katsoessaan meitä pyhimys katsoo tosiasiassa äärettömään tie-toisuuteen, ei ulkonaiseen olemukseemme. Mutta kun pyhimys puhuu meille, hän kertoo meille toisinaan tulevaisuudestamme tai menneisyydestämme - asiois-ta, jotka liittyvät fyysiseen olemukseemme. Jopa Sinä teet näin, Amma. Kuinka pyhimys voi tehdä näin näkemättä ulkoista olemustamme?"

Amma vastasi: "Äiti sanoo jälleen, että pyhimys näkee vain äärettömän Itsen eikä henkilöä. Kyllä, hän saattaa puhua sinulle. Entä sitten? Kun hän pu-huu sinulle, hän on pelkästään todistaja. Hän puhuu vain, koska puhuminen hyödyttää sinua. Saat inspi-raatiota hänen sanoistaan. Hänen sanojensa vaiku-tuksesta näet välähdyksen todellisuudesta. Muussa tapauksessa hän pysyttelee mieluummin hiljaa. Joten kun pyhimys puhuu, hän ei todellisuudessa puhu. Hänen kehonsa puhuu ja hän todistaa sen. Kun py-himys nukkuu, hän ei nuku. Hän katselee kehonsa nukkumista. Kun hän työskentelee, hän ei työsken-tele. Hän tarkkailee kehon työskentelyä. Hän on yksinkertaisesti läsnäolo, jatkuva läsnäolo, todistaja sille mitä hänen omalle keholleen ja kaikelle ympä-rillä olevalle tapahtuu.

Jos pyhimys on sairas, hän jättää kehonsa ja vain katselee kehon läpikäymää suurta kipua. Jos häntä loukataan tai kohdellaan väärin, hän tulee jälleen ulos kehostaan ja katselee. Hän tarkkailee niitä vaikeuksia, joita keho käy lävitse. Sitten hän voi nauraa loukkauksille, joita hänelle syydetään. Hän voi nauraa niille vihaisille katseille ja sanoille, joita häneen kohdistetaan. Hän ei ole enää keho, hän on tietoisuus. Kuinka tietoisuus voisi vihastua? Kuinka tietoisuutta voisi

93

loukata? Mahdotonta! Pyhimys on tietoisuus, siksi loukkaukset tai viha eivät kosketa häntä tai vaikuta häneen.

Kun pyhimys katsoo sinua, hän näkee sinun ole-muksesi, sinun fyysisen olomuotosi. Ei siksi, että kehosi on hänen edessään tai koska hänen silmänsä ovat auki vaan koska hän haluaa nähdä sinun olemuk-sesi. Mikäli hän ei halua nähdä sinua, hän ei näe. Hän on oman mielensä mestari, ei sen vanki. Me olemme mielen vangitsemia.

Jos pyhimys katsoo sinua ja näkee olemuksesi, se tapahtuu vain siksi, että hän haluaa nähdä muotosi, mutta hän voi myös olla näkemättä sinua vaikka is-tutkin hänen edessään ja hänen silmänsä ovat auki. Joskus hän kertoo menneisyydestäsi, nykyisyydestäsi ja tulevaisuudestasi. Entä sitten? Mitä siinä on niin ihmeellistä? Jos hän haluaa, hän voi kertoa sinulle koko maailmankaikkeuden menneisyydestä, nykyisyydestä ja tulevaisuudesta, koska hän on maailmankaikkeus. Maailmankaikkeus on hänessä. Maailmankaikkeus on kuin kupla hänen olemuksessaan. Maa-ilmankaikkeuden katsominen ja muutamat ennustuk-set eivät ole suuri asia hänelle. Hän on olemassaolon valtameri, ja maailmankaikkeus on aivan kuin kupla tai pieni aalto hänen sisällään. Jos hän sanoo jotakin sinusta, hän pysyttäytyy riippumattomana todistajana sille mitä hän sanoo. Mutta yleensä hän ei välitä tä-män kaltaisista paljastuksista. Hän ei ryhdy puhu-maan siitä mitä maailmassa tapahtuu. Hän on jat-kuvassa meditaatiossa.

Sanaa 'meditaatio' ei tulisi nyt ymmärtää väärin. Älä vertaa omaa meditaatiotasi pyhimyksen meditaatioon. Sinun meditaatiosi ei ole meditaatiota. Sinun meditaatiosi on jatkuvaa yrittämistä, pyrkimystä saavuttaa meditaation tila. Mutta pyhimys on aina tuossa tilassa. Riippumatta siitä käveleekö, istuuko, nukkuuko, syökö vai puhuuko hän, hän on aina syväs-sä meditaatiossa. Ei ole olemassa ajankohtaa, jolloin hän ei meditoi, jolloin hän ei pysyttäydy omassa Itses-sään.

Koska pyhimys pysyttelee äärettömässä Itsessään, hän näkee äärettömän Itsen muissa. Ei ole ristiriitaista sanoa, että hän näkee toisen muodon, sillä niin tapahtuu vain, jos hän tahtoo. Hän voi tulla kehoonsa ja osallistua näytelmään ja hän voi vetäytyä siitä milloin haluaa. Mitä hyvänsä *mahatma* tekee-kään hän pysyttäytyy omassa Itsessään. Hän ei kos-kaan samaistu kehoonsa, hän vain tarkkailee. Hän katselee jatkuvasti. Hän katselee mitä hänen ympärillään tapahtuu, ja hän voi antaa kehonsa osallistua siihen tai vetäytyä tahtonsa mukaisesti. Mutta vaikka hän osallistuukin, tosiasiassa hän ei osallistu. Joka tapauksessa hän tietää, että ainoa todellisuus on ääretön Itse."

Äiti vaikeni hetkeksi ja oppilaat istuivat hiljaisuudessa, yrittäen mieltää mitä Hän oli juuri sanonut. Hiljaisuuden katkaisi sama vanhempi henkilö, joka oli puhunut aiemmin: "Amman sanat muistuttavat minua eräästä *Bhagavad-Gitan* jakeesta." Sitten hän siteerasi *sanskiritiksi* viidennen luvun jakeita 8 ja 9:

*Naiva kimcit karomiti*
*yukto manyeta tattva-vit*
*pasyan srnvan sprsan jighrann*
*asnan gacchan svasan svapan*

*Pralapan visrjan grhnann*
*unmisan nimisann api*
*indriyannindriyarthesu*
*vartante iti dharayan*

*Keskittyessään Itseen Pyhimys oivaltaa,*
*"Minä en tee mitään".*
*Vaikka näen, kuulen, kosketan,*
*haistan, syön, kävelen,*
*tyhjennyn, nukun, pidän (käsissäni),*
*avaan ja suljen silmäni,*
*hän on vakuuttunut,*
*että vain aistit ovat tekemisissä aistikohteitten kanssa.*

Amma jatkoi: "Hyvä, missä olimmekaan? Niin, pyhimys voi lähteä (kehosta) milloin haluaa ja palata milloin haluaa. Jos hän haluaa, hän katsoo ja näkee. Jos hän ei halua tehdä niin, hän pysyttelee

Itsessään. Kun koko maailmankaikkeus on hänen sisällään, onko hänelle mikään mahdotonta?

Kuunnelkaapa tätä tarinaa. Puunhakkaaja oli pilkkomassa puita, kun mies tuli hänen luokseen. 'Anteeksi, mutta tästä meni suuri kulkue. Voitko sanoa mihin suuntaan?' Puunhakkaaja katsoi miestä ja sanoi, 'En minä ole nähnyt koko kulkuetta', ja niin hän jat-koi työtään.

Tällainen on *mahatman* tila. Hänen mielensä on hiljaa. Hän ei näe eikä kuule mitään. Samaan aikaan, jos hän haluaa, hän voi päästää maailman sisälleen. Hän voi nähdä ja kuulla mitä haluaa, ja sitten hän voi vetäytyä Itseensä jälleen. Hän on sekä täällä maailmassa että Perimmäisessä. Mutta maailma ei voi koskettaa häntä. Maailma ei voi harhauttaa tai tahrata häntä. Vaikka hän tekeekin kaikkea, hän säilyy koskemattomana."

Tämä nosti esiin uuden kysymyksen: "Kuinka hän tekee sen? Kuinka on mahdollista, että hän voi noin vain tulla ja mennä Perimmäiseen tahtonsa mukaan?"

Äiti vastasi: "Kun *joogi* kääntää mielensä pois päältä, näytelmä tai ohjelma loppuu. Aivan niinkuin laittaisi television pois päältä. Jos haluat nähdä ohjelman, painat 'päälle' nappia. Jos haluat katsoa, siinä se on. Ja kun et halua katsoa enää, laitat TV:n pois päältä ja ohjelma katoaa. Päälle- ja pois-napit ovat *joogin* hallussa. Ne ovat täydellisesti hänen hallin-nassaan.

Jos sinulla on jotakin ja voit luopua siitä milloin hyvänsä, mitä se tarkoittaa? Se tarkoittaa, että et ole riippuvainen siitä. Et omista sitä ja niin se ei omista sinua. Oli sinulla sitten sitä tai ei, sillä ei ole väliä. Tämä on riippumattomuutta. Tällä tavoin *joogi* on korkeimmassa riippumattomuuden tilassa.

*Joogi* itse on niinkuin valkokangas. Valkokangas ei sen enempää heijasta esitystä kuin nauti sen kat-selusta. Se on yksinkertaisesti taustana oleva perus-ta, jossa esitys tapahtuu. Se vain on.

Olette varmaankin kuulleet suuresta pyhimyksestä, *Veda Vyasasta*. Kerran hän istui *samadhissa* Ya-muna-joen rannalla. Vrindavan *gopit* (lehmitytöt, jotka palvoivat antaumuksellisesti Krishnaa) halusivat päästä joen toiselle rannalle, mutta eivät voineet, koska joki tulvi. Oli tulossa pimeä eivätkä he keksi-neet minkäänlaista keinoa ylittää joki. Lopulta he näkivät pyhimyksen istumassa meditaatiossa. Suurin toivein he lähestyivät häntä. Uhraten hedelmiä ja kukkasia hänen jalkojensa juureen *gopit* rukoilivat, että hän auttaisi heidät joen toiselle puolelle. *Veda Vyasa* heräsi *samadhistaan.* Hän oli hyvin tyyty-väinen, sillä hän tiesi, että he olivat suurenmoisia oppilaita. Hyväksyen heidän uhrilahjansa hän söi kaiken.

Syötyään hedelmät *Vyasa*, joka tunsi myötätuntoa *gopeja* koh-taan, nosti kätensä ja sanoi: "Jos on totta, että en ole syönyt näitä hedelmiä, jakaantukoot Ya-munan vedet ja antakoot tietä näille antautuneille *gopeille.*" Ja katso! Vedet jakaantuivat kahtia ja *gopit* saattoivat kulkea vastarannalle. Juuri tästä Amma puhui. Vaikka hän söikin, pyhimys *Vyasa* ei syönyt ja vesien jakaantuminen todisti tämän. Vaikka hän saikin Yamunan vedet jakaantumaan kahtia, hän ei tehnyt mitään, sillä hän oli korkeimmassa riippumat-tomuuden tilassa.

Nähdessäsi pyhimyksen syövän, nukkuvan ja puhuvan, sanot, että hän syö, nukkuu ja puhuu. Tämän mielesi projisoi häneen, koska itse syöt, nukut ja puhut. Sinä näet vain ulkonaisen. Sinä näet vain hä-nen kehonsa ja luulet ymmärtäväsi häntä. Sen lisäksi näet kaikkien muidenkin tekevän samaa kuin sinäkin, niin ajattelet, että *joogi* ei ole millään lailla eri-lainen kuin te. Omat toimesi ja ajatuksesi heijastuvat häneen, kuitenkaan sillä mitä näet ei ole mitään te-kemistä hänen kanssaan. Hänen ajatuksensa ja toi-mensa eivät ole lainkaan samanlaisia kuin sinun. Sinä et tunne riippumattomuutta. Sinä tunnet vain riippuvuuden, vihastumisen, vihan, kateuden ja kiel-teiset ominaisuudet. Sen tähden sijoitat nuo tutut ominaisuudet myös pyhimykseen. Tulkitset häntä omi-en *vasanoittesi* (kielteisten ominaisuuksiesi) mukai-sesti.

Lapset, oletteko kuulleet tätä tarinaa? Olipa kerran kuningas, jonka hovissa oli kaksi suurta taidemaalaria. Koska he olivat koko ajan kilpasilla keskenään, kuningas päätti järjestää kilpailun. Hän kutsui heidät luokseen sanoen: "Pidämme nyt kilpailun ratkaistaksemme kumpi teistä on parempi maalari. Kum-mankin tulee tehdä maalaus, jonka teemana on 'rauha'." Ensimmäinen maalari valitsi aiheekseen erittäin tyynen järven vuoristossa. Sen pinnalla ei ollut värettäkään. Järven katsominenkin sai mielen hiljai-seksi.

Toinen taidemaalari maalasi vaahtoavan vesiputouksen. Välittömästi vesiputouksen oikealla puolella oli pieni pensas, jonka oksalla oli hentoinen lintu silmät suljettuna. Jälkimmäinen maalaus on esimerkki dynaamisesta hiljaisuudesta, hiljaisuudesta, joka voi olla olemassa kiireisen maailman keskellä. Tällainen on *joogin* suuri tila. Hän voi elää rauhallisesti jopa kaaoksen ja riidan keskellä. Hän on hiljaa eivtkä ne vaikuta häneen, sillä hän on vaipunut syvään meditaatioon. Jopa eläessään ongelmallisen moninaisuuksien maailman keskellä pyhimys on meditaatiossa."

"Tämä Ykseyden tila on niin selittämätön, että suuret sielut kautta aikojen ovat kokeneet vaikeaksi kuvata sitä sanoin," huomautti eräs oppilaista.

"Poikani, olet oikeassa," Amma sanoi. "Se on todella vaikea tehtävä, koska Totuuden kokemus on niin täysinäinen, niin ylitsevuotava ja niin täydellinen, että sanat eivät riitä sitä kuvaamaan. Äly ei voi sitä ymmärtää. Jopa monia tavallisia, omakohtaisiakaan kokemuksia ei voi ilmaista sanoin. Kuinka siis voisi puhua Totuuden perimmäisestä kokemuksesta? Tämän täytyy olla syynä siihen, miksi niin monet pyhät tekstit on kirjoitettu *sutrien* tai aforismien muotoon.

*Rishit* (valaistuneet tietäjät) eivät halunneet puhua paljon. Näyttää siltä, että he halusivat käyttää hyvin niukasti sanoja kokemuksiaan kuvatessaan. Jo-pa heidän on täytynyt tuntea vaikeaksi ilmaista kokemuksiaan sanoin ja siksi heistä on tuntunut siltä, että *sutrat* toimisivat parhaiten heidän ilmaisuväli-neenään. He ovat saattaneet aavistaa, että oppineet tulevat selittämään ja kuvailemaan mitä he ovat kir-joittaneet. He kenties tiesivät, että jokainen tulkitsi-ja tulisi tekemään tulkintansa eri tavoin ja että nämä tulisivat keksimään monia asioita, joista he eivät it-se olleet edes uneksineet. He ovat saattaneet olettaa, että mikäli he kuvaisivat kokemuksiaan, ihmiset eivät silti olisi tyytyväisiä ja kuvaisivat edelleen *rishien* kuvauksia luoden lisää tulkintoja. Kenties tästä syystä he päättivät sanoa hyvin vähän.

Niinkuin näemme juuri näin on tapahtunut. *Bhagavad-Gitasta* ja muista pyhistä kirjoista on olemassa niin monia kommentaareja. Ihmiset ovat kirjoit-taneet, kirjoittaneet ja kirjoittaneet henkisyydestä jo vuosisatoja. He eivät voi lopettaa. Ihmisillä on pää niin täynnä materiaalia, että he haluavat kir-joittaa, puhua, tulkita, selittää ja väitellä. Lopulta he itse joutuvat hämmennyksiin ja hämmennyksissään saavat toisetkin hämmentymään."

Kaikki nauroivat. Viimeinen vieraileva oppilas oli juuri Amman *darshanissa*. Koska tuona päivänä ei ollut paljon vierailijoita, kaikki *brahmacharit* ja muut *ashramin* pysyvät asukkaat menivät myös Amman luo vastaanottaakseen Hänen siunauksensa. Se oli hitaan suloinen *darshan*, jonka aikana Hän antoi paljon huomiota jokaiselle opetuslapselle.

Kun *darshan* lähestyi loppuaan, *brahmacharit* lauloivat vielä yhden laulun, *Mauna ghanamritamin:*

*Syvän hiljaisuuden asuinsija,*
*ikuisen rauhan ja kauneuden paikka,*
*johon Gautama Buddhan*
*mieli sulautui.*

*Loisto tuhosi vankeuden,*
*autuuden ranta ajatuksen tuolla puolen,*
*tieto, joka suo*
*mielen ikuisen tasapainon,*
*asumus, jolla ei ole alkua eikä loppua,*
*autuus, joka koetaan,*
*kun mielen liikkeet on vaiennettu,*
*voiman istuin, syvän tietoisuuden alue.*

*Päämäärä, johon viittaa toteamus -*
*'Sinä olet Se',*

*joka lahjoittaa suloisen*
*ei-kaksinaisuuden ikuisen tilan.*
*Sinne halajan saapua,*
*muuta tietä ei ole kuin*
*Sinun armosi.*

Kello oli melkein kaksi eikä kukaan ollut vielä syönyt lounasta. Amma nousi istuimeltaan ja kutsui muutamia *brahmachareja* ja pyysi heitä ryhtymään järjestelyihin, jotta ruoka voitaisiin tarjota ruokailuhallissa.

Hän sanoi: "Lapset, kaikkien teidän täytyy saada lounas*prasadia* (mestarin antama lahja) ennenkuin lähdette *ashramista*. Sitten Hän katseli ympärilleen ikäänkuin etsien jotakin. Kun Hän ei ilmiselvästikään löytänyt etsimäänsä, Amma sanoi Gayatrille, joka odotti ulkopuolella: "Onko sinulla *pisankia* (eräs banaanilaji) yläkerrassa? Jos on, tuo." Gayatri meni ylös ja palasi tuoden muutamia banaaneja, jotka Äiti paloitteli ja syötti oppilaille. Varmistaakseen, että jokainen oli saanut palasen Amma kysyi: "Lapset, saiko jokainen *prasadia?*"

Välitöntä vastausta ei tullut, mutta hetken päästä yksi oppilaista sanoi pehmeällä äänellä: "Näyttää siltä, että jokainen on saanut, Amma, mutta olemme onnellisia, jos saamme lisää *prasadia* Sinun käsistäsi. Tämä on niin harvinainen tilaisuus."

Amma meni hänen luokseen ja nipisti häntä rakkaudellisesti korvasta niinkuin äiti tekee kujeilevalle lapselleen. Kääntyen kaikkien lastensa puoleen Hän kumarsi ja lähti darshanmajasta Gayatri kannoillaan ja meni suoraan huoneeseensa. Oppilaat, sydän täynnä tyytyväisyyttä ja autuutta, lähtivät nyt ruokailuhalliin syömään lounasta.

ॐ

# 4. luku

Viiden aikaan Äiti tuli jälleen yläkerran huoneestaan. Sataa ripotteli, joten Gayatri piteli sateenvarjoa Äidin yllä. Äiti ei kuitenkaan pysytellyt sateen-varjon alla pitkään, sillä Hän käveli hyvin nopeasti. Gayatri seurasi Ammaa yrittäen uudelleen ja uudel-leen suojella Häntä sateelta, onnistumatta siinä ko-vinkaan hyvin. Lopulta Äiti kääntyi ympäri ja sanoi hänelle: "Äiti ei halua sateenvarjoa. Ei Hän vilustu tai saa kuumetta. Äiti on tottunut tähän. Sinä voit pitää sitä."

Sitten Hän katsoi toisia, mukaanlukien Gayatria, kun he seurasivat Häntä: "Lapset, älkää antako sateen kastella päätänne. Saatatte vilustua."

Tässä vaiheessa kaikkien *ashramin* asukkaitten ollessa Amman seurassa Hän käveli keittiön ohitse suihkuhuoneitten ja vessojen luo. Amma katsoi jokaiseen suihkuun ja vessaan. Koska oli satanut rankasti, kukaan ei ollut tehnyt niille mitään. Sanaakaan sanomatta Amma meni yhteen suihkuista mu-kanaan harja ja vesiastia ja alkoi puhdistaa sitä. Kaikki juoksivat nyt ympäriinsä etsien harjoja ja vesiastioita puhdistaakseen loput suihkuhuoneista ja vessoista. He tiesivät jo, että edessä olisi vaikea hetki. He tiesivät saavansa kovan opetuksen.

Pian löytyi vesiastioita ja harjoja, mutta juuri kun joku oli ai-keissa mennä yhteen suihkuista, kuului Äidin ääni: "Ei, ei. Ei tämä ole teidän tehtävänne. Teidän tehtävänne on meditoida, rukoilla ja opiskel-la. Ei teidän tule tehdä tällaista likaista työtä. Äiti tekee tämän. Hän on tottunut tekemään likaista työtä. Lapset, te tulette kaikki hyvistä perheistä, ei teidän tarvitse tehdä tällaista. Ei tämä ole samanlaista kuin meditaatio ja rukoilu. Tämä on erilaista. Teidän ei pitäisi tehdä mitään mikä tuntuu teistä erilaiselta kuin meditaatio. Te olette kaikki käyneet suihkussa ja olette valmiita ilta*bhajaneihin*.

Siispä älkää tehkö mitään mikä saa kehonne haisemaan. Menkää ja medi-toikaa."

Hänen sanansa olivat täynnä sarkasmia. Kaikki kalpenivat. He seisoivat liikkumatta, Äidin sanojen jähmettäminä. Jotkut pitivät harjoja käsissään, toisilla taas oli vesiastioita. Kukaan ei uskaltanut mennä suihkuhuoneisiin. He eivät yksinkertaisesti voineet, sen takia mitä Äiti oli sanonut. Viesti, joka oli ollut piilotettuna Äidin sanoihin, oli tunkeutunut syvälle heidän sydämeensä. Kaikki seisoivat hiljaa, pää painuksissa, vesiastiat ja harjat käsissään. Amma puhdisti kaikki suihkut ja vessat itse. Oli melkoinen näky nähdä *ashramin* asukkaat seisomassa siinä liikkumattomina kuin patsaat harjoja ja vesiastioita pidellen. Jossakin toisessa tilanteessa tätä näkyä olisi voinut pitää sangen huvittavana.

Lopetettuaan työn Amma laittoi harjan ja vesiastian sinne missä niitä yleensä pidettiin ja lähti sanaakaan sanomatta. Gayatri halusi vilpittömästi seurata Häntä, mutta ei uskaltanut. Sateli edelleen. Amma meni *ashramin* äärilaitaan, missä Hän asettui makaamaan märälle hiekalle. Pian ripottelu muuttui rankkasateeksi aivan kuin sadepilvet olisivat odottaneet Äidin pitkälleen käymistä. Jokainen asukkaista olisi halunnut langeta Hänen jakojensa juureen pyytääkseen anteeksi. Kaikki olisivat halunneet juosta Hänen luokseen ja pyytää, ettei Hän rankaisisi itseään laiminlyömällä kehoaan, mutta kellään ei ollut siihen rohkeutta.

Satoi rankasti ja Amma makasi edelleen hiekalla. Hän oli läpimärkä. Ashramilaiset seisoivat jonkun matkan päässä kunnes lopulta yksi heistä ei enää kyennyt hallitsemaan itseään. Hän juoksi Äidin luokse huutaen: "Amma!" Kaikki olivat odottaneet, että joku tekisi aloitteen. Nyt se tapahtui ja koko ryhmä lähti juoksemaan sinne, missä Amma makasi. Kutsuhuuto "Amma!" kaikui ilmojen halki niinkuin suuren draaman kuoron huuto. Kaikki itkivät anellen Äidiltä anteek-siantoa virheensä tähden. Mutta Äiti oli poissa. Hän oli kaukana äänen ja puheen tuolla puolen. Kului tovi ennenkuin he oivalsivat, että Amma oli syvässä *samadhissa*.

Amma vaipui useimmiten *samadhiin bhajaneit-ten* ja *darsha-neitten* aikana antaumuksellisen autuu-den vaikutuksesta. Mutta *samadhin* saattoi laukaista toisenlainenkin tilanne, jokin Hänen lastensa laimin-lyönnin tai sopimattoman käyttäytymisen aiheuttama pettymys tai häiriö. Ilman minkäänlaista näkyvää syytä nämä *samadhi*tilat kestivät pitempään kuin ensiksi mainitut.

Kerran vuonna 1979 Amma sulkeutui perheensä temppeliin koko päiväksi. Hän oli siellä useita tunteja täysin liikkumaton. Hän ei hievahtanutkaan eikä rä-päyttänyt silmiään, eikä Hän näyttänyt edes hengit-tävän. Tämä oli seurausta riidasta Amman kahden nuoremman veljen välillä. Äiti oli yrittänyt mennä sovittelemaan, mutta he eivät olleet lopettaneet rii-taansa. Amma oli vedonnut ja rukoillut, mutta silti he olivat jatkaneet kunnes heidän sanallisesta rii-dastaan oli tullut täysin hallitsematon. Tässä vai-heessa Amma oli rynnännyt temppeliin ja istuutunut siellä yhteen nurkkaukseen ja vaipunut syvään *samadhiin.*

Koska tämä näytti olevan samantyypppinen *samadhi,* kaikki huolestuivat. Jotkut *brahmachareista* alkoivat itkeä ja rukoilla ja jotkut toistaa *mantroja.* Rankkasade jatkui kaiken aikaa. Sateenvarjoja tuotiin, mutta ne eivät tosiasiassa suojanneet Äitiä sateen voimalliselta rummutukselta. Yli viisitoista minuuttia kului. Amman kehossa ei ollut pienintäkään liikettä. Pelko ja levottomuus puristi kaikkien sydäntä. Tu-lisiko Amma takaisin *samadhista*? Aiheuttaisiko rankkasade vahinkoa Hänen keholleen? Kaikki olivat läpimärkiä sateesta. Lopulta päätettiin kuljettaa Am-ma sisään. Gayatri kantoi toisten naisten avustamana Amman ylös portaita Hänen huoneeseensa samalla, kun muutamat *brahmacharit* jatkoivat *mantrojen* toistamista.

Riisuttuaan Äidin märät vaatteet ja kuivattuaan Hänet, Gayatri, Kunjumol ja eräät naisoppilaat hieroivat Häntä. Muutamat *brahmacharit* tulivat huoneeseen ja jatkoivat resitointia. Brahmachari Pai lauloi suurella tunteella muutamia *Sankaracharyan* kirjoittamia sanskritin kielisiä lauluja:

*Oi Äiti, Sinulla on monia arvokkaita poikia maan päällä,*
*mutta kaikkein merkityksettömimpien joukossa olen minä,*
*toistaiseksi et pidä sopivana,*
*oi Shivan puoliso,*
*antaa minulle anteeksi,*
*sillä toisinaan saattaa*
*paha poika syntyä,*
*mutta ei koskaan pahaa äitiä...*

*Ei ole toista minun kaltaistani syntistä,*
*eikä toista sellaista syntien tuhoajaa kuin*
*Sinä, oi Mahadevi,*
*tietäessäsi kaiken tämän,*
*tee niinkuin parhaaksi näet.*

*Samadhi* jatkui melkein kaksi tuntia. Amma oli antanut eräälle *brahmacharille* neuvoja siitä mitä piti tehdä Hänen *samadhitilojensa* aikana. Aina silloin tällöin hän tunnusteli Amman jalkapohjia. Hän ei kertonut tarkkaan minkälaisia ohjeet olivat olleet, mutta sanoi: "Amma sanoi minulle kerran, että meidän tulisi olla erittäin varovaisia, jos Hänen *samadhinsa* jatkuisi yli kaksi ja puoli tuntia. Hän sanoi tiukasti, että meidän tulisi laulaa jumalallista nimeä tai toistaa *mantroja* jatkuvasti kunnes Hän palaisi normaaliin tilaan."

Puoli kahdeksan aikaan illalla Äiti palasi maalli-seen tietoi-suudentilaan. Hän oli edelleen sängyssä, silmät liikkumattomina. Gayatri, Kunjomol ja muut naiset hieroivat edelleen Hänen kehoaan. Ilta-*bhajanien* ääni alkoi kuulua temppelin kuistilta ja Äiti avasi silmänsä. Näytti siltä, ettei Hän ollut täysin palannut *transsendent-tisesta* (tuonpuoleisesta) tilas-taan. Huoneessa olevat *brahmacharit* lopettivat resitoinnin. Kätensä heilautuksella Amma pyysi kaik-kia lähtemään huoneesta ja kaikki paitsi Kunjumol ja Gayatri meni-vät ulos, sulkien oven. Muutamat *brah-macharit,* jotka olivat yhä huolissaan Ammasta, ha-lusivat istua Äidin huoneen edessä, mutta toisista tuntui, ettei kenenkään tullut jäädä, sillä jos olisi tarpeen,

Gayatri tai Kunjumol hakisivat kyllä jonkun. Niinpä kaikki lähtivät portaita alas.

Sade oli päättynyt muutamia minuutteja sen jälkeen, kun Amma oli kannettu sisään ja pian sen jäl-keen taivas oli jälleen kirkas. Se, että myrsky oli il-mestynyt niin äkkiä Amman käytyä makaamaan hie-kalle ja kadonnut jälleen yhtä nopeasti, kun Hänet vietiin huoneeseensa, sai koko draaman näyttämään jumalallisen tahdon ilmaukselta. Vain Äiti saattoi ymmärtää jumalallisen voiman valtavan suuruuden. Paikalla olleista asukkaista myrsky näytti olleen lä-heisesti yhteydessä siihen opetukseen, jonka Äiti oli antanut heille.

## Rakkaudellisen toiminnan kauneus

Tiistaina, 10. heinäkuuta 1984

Aamiaisen jälkeen, kymmenen aikaan Amma kutsui kaikki *brahmacharit* luokseen. Yksi kerrallaan he saapuivat Hänen huoneeseensa. *Brahmacharit* Gayatri, Kunjumol ja Saumya kutsuttiin myös. Kun kaikki olivat saapuneet, Amma pyysi yhtä heistä sulkemaan oven ja lukitsemaan sen. Kun niin oli tehty, Amma sulki silmänsä, liitti kätensä yhteen ja istui paikoillaan rukoillen. *Brahmacharit* katsoivat Hänen kasvojaan, kyyneleet valuivat Äidin poskille. Avattuaan silmänsä hetkeksi Amma pyyhki kyyneleet pyyhkeellä ja sulki jälleen silmänsä. Yhtäkkiä Hän alkoi laulaa *Vedanta venaliludea:*

> *Missä on nyt Gitan totuus,*
> *joka julistaa, että yksin Sinä autat*
> *matkaajan Brahmaniin?*
>
> *Vaikka minä matkaan*
> *metsäistä tietä pitkin*
> *löytääkseni rauhan sieluuni, saavuttaakseni Sinut,*
> *mieleni on täynnä surua.*

*Onnettoman ystävä,*
*sydämeni palaa haluten jotakin,*
*en tiedä mitä.*
*Eiko Sinulla ole aikomusta*
*poistaa suruani?*

*Oi Äiti, Bhagavati Devi,*
*Etkö tiedä, että sulautumatta*
*lumoavaan olemukseesi*
*ei ole rauhaa?*

Tämä ei ollut vain yksi antaumuksellinen laulu muiden joukossa. Amman sydämeenkäyvä ilmaisu vuo-dattui lauluun täyttäen koko ilmapiirin voimallisella kaipauksella. *Brahmacharien* silmät kostuivat rak-kauden ja antaumuksen täyttäessä huoneen. Amman loistavat kasvot ja tapa, jolla Hän koko olemuksellaan antautui lauluun, kosketti jokaista syvästi synnyttäen unohtumattoman muiston sydämen syvimpään.

Laulun jälkeen vallitsi syvä hiljaisuus. Amma viipyili medita-tiivisessa tilassa ja kaikki vastasivat tähän vaipumalla sponttaanisti meditaatioon. Meditaatio jatkui kunnes kuului Amman suosikki-mantra, *Om Namah Shivaya.*

Odottamatta Amma kysyi: "Aiheuttiko Äiti surua lapsilleen?" Hän viittasi edellispäivän suihkuhuonetapahtumaan ja sitä seuran-neeseen *samadhiin.*

"Me tarvitsemme tuollaisia kovia oppitunteja, muuten meillä ei ole mitään toivoa," vastasi yksi *brahmachareista.*

"Älkää ajatelko, että Amma tahtoi pelästyttää teidät. Niin vain tapahtui. Joskus se on hallitsematonta. Mitä tehdä tälle hullulle!"

"Me olimme kaikki hyvin huolissamme kehostasi. Miksi kidutat kehoasi meidän virheittemme takia?" yksi *brahmachareista* kysyi.

Äiti sanoi: "Kyse on autuuden hetkistä, ei mistään kidutuksesta. Amma tahtoi olla sateessa. Kun Hänen lapsensa ovat huolimatto-mia, kun Hän näkee, että heiltä puuttuu *sraddhaa* (huolellisuutta),

Amma tuntee itsensä surulliseksi. Tuollainen suru saa Hänet toisinaan vaipumaan sisäänpäin. Hän tuntee tarvetta vetäytyä kokonaan ulkoisesta maailmasta. Nähdes-sään nämä virheet, epäherkkyyden ja muut puutteet Hän ajattelee vetävänsä mielensä tästä maailmasta, tästä tapahtumien maailmasta. Pelkkä vetäytymisen ajatus riittää ja Hän kohoaa hetkessä ylös. Ajatus siitä, että maailma ja keho ovat kaikkien näitten ongelmien syy, saa Amman sulkemaae silmänsä mo-lemmilta.

Lapset, Amman kehoa ylläpidetään ainoastaan Hänen lapsiaan ja maailmaa varten. Teidän tulisi olla aina tietoisia tästä. Teidän tulisi aina muistaa, että tämän kehon pitäminen tässä maailmassa ei ole help-poa. Amma voi lopettaa tämän kehon elämän tässä maallisessa olemassaolossa milloin hyvänsä. Hänen lastensa vilpittömyys ja vakaa pyrkimys päämäärään pitää tämän kehon täällä. Tuhansien etsijöitten ja oppilaitten kutsu ympäri maailmaa pitää tämän kehon täällä alhaalla olemassaolon tasolla. Ilman sitä ei ole olemassa mitään alaspäin vetävää voimaa. Sillä ei ole mitään muuta syytä olla täällä. Ruoka ja uni eivät ole mikään ongelma Ammalle. Hänellä ei ole mitään tekemistä maallisten asioitten tai omaisuuden kanssa. Amma on kouluttanut itsensä tarpeeksi hyvin ylittääkseen minkä hyvänsä olosuhteen, epäedullisen tai myönteisen.

Lapset, tämä *ashram* ei ole Amman. Tämä paikka on olemassa maailmaa varten. Se kuuluu teille, kaikille niille ihmisille, jotka tulevat tänne. Äidillä ei tosiasiassa ole mitään kiinnostusta perustaa *ashra-meita* tai muita laitoksia. Hän on tehnyt kaiken tämän vain maailman hyväksi. Amma tekee kaiken auttaak-seen maailmaa. Maailman ei tulisi olla täynnä itsekkäitä ihmisiä. Tulisi olla muutamia paikkoja, missä ainakin kourallinen ihmisiä voi työskennellä ja palvella epäitsekäästi. Epäitsekäs rakkaus ja pal-velun kauneus ei saisi kadota maan päältä. Maa-il-man tulisi tietää, että omistautunut elämä on mahdol-lista, että rakkauden ja palvelun innostama elämä on mahdollinen.

Lapset, Amma odottaa teidän olevan rakastavia, epäitsekkäitä ja tarkkaavaisia suorittaessanne tehtäviänne. Kun sydämenne on rakkauden ja epäitsekkyyden täyttämä, se vuotaa yli äyräittensä ja ilmaisee itsensä ajatuksissanne, sanoissanne ja teoissanne. Amma tietää hyvin, että te ette ole vielä saavuttaneet täydellisyyden tilaa. Mutta eikö se ole teidän päämääränne? Te haluatte elää ja palvella rakkaudes-sa. Eikö totta? Siksi te tarvitsette harjoitusta, teidän tulee jatkuvasti yrittää. Amma on hyvin onnellinen, jos te ainakin yritätte ilmaista haluavanne sitä. Mutta Äiti on hyvin surullinen nähdessään lastensa laiskuu-den. Lapset, älkää koskaan tulko välinpitämättö-miksi älkääkä vaipuko apatiaan. Apatia on pahin mahdol-linen tila henkiselle etsijälle. Apaattinen ei ole innos-tunut mistään tai kiinnostunut mistään. Hän on me-nettänyt kaiken toivon, hän on pitkästynyt elämään. Sellainen ihminen on liian laiska yrittääkseen edes päästä eroon tylsyydestään ja hänestä tulee taakka muille. Hänen raskas olemuksensa aikaansaa hänessä suuttumusta ja vihaa. Suuttumus saa hänet vihaamaan kaikkea - läheisiään, yhteiskuntaa, Jumalaa ja jopa omaa olemassaoloaan.

Lapset, on tarpeen työskennellä elääksemme. Elämä on ar-vokas. Siksi älkää hukatko sitä tekemällä asioita mekaanisesti, ilman rakkautta. Meidän tulisi pyrkiä vuodattamaan rakkautta kaikkeen mitä teem-me. Koneet voivat tehdä paljon sellaista mitä me teemme, toisinaan jopa paremmin ja tehokkaammin, mutta kone ei kykene innostamaan ketään. Vaikka koneet voivat suorittaa suuremman määrän työtä kuin ihmiset, rakkauden ominaislaatu puuttuu koneen tekemistä tuotteista. Kun rakkaus puuttuu jostakin toiminnasta, tuosta toiminnasta tulee mekaaninen. Ihmisistä, jotka työskentelevät mekaanisesti, ilman rakkautta, tulee sisäisesti koneen kaltaisia, vähemmän inhimillisiä. Ihmiset kykenevät rakastamaan. He voi-vat ilmaista rakkautta ja elää rak-kaudessa. He voivat jopa tulla rakkaudeksi. Kone ei voi. Kone voi olla vain mekaaninen."

Amma lopetti äkisti. Hetken aikaa vallitsi hiljaisuus. Kello löi yksi. Oli puoli yksitoista aamupäiväl-lä. Aika itsessään oli kuin varoi-tus jokaiselle sie-lulle: "En voi odottaa sinua, en voi palata takaisin. Mitä hyvänsä haluatkin tehdä, tee se nyt. Älä siirrä sitä myöhem-mäksi. Kuljetan sinua kohti kuolemaa, vaikka et sitä tietäisikään."

108

Amma oli sisäänpäin kääntyneenä. Silmät suljettuina hän huojui edes ta-kaisin.

Palattuaan normaaliin mielentilaansa Amma jatkoi: "Jotkut taiteilijat maalaavat satojatuhansia maalauksia. Mutta heidän maalauksissaan ei ole syvyyttä. Kukaan ei tunne vetovoimaa niitä kohtaan. Ne eivät kosketa kenenkään sydäntä. Ne eivät synnytä minkäänlaista rakkauden tai kauneuden tunnetta kat-sojan mielessä. Tällaisia maalareita on monia ja he jatkavat maalaamistaan kuolemaansa saakka, mutta kukaan ei inspiroidu heidän työstään.

On olemassa toisia, jotka eivät kenties maalaa monia tauluja, vaan ehkä vain muutamia. Mutta noista muutamista tauluista tulee maailmankuuluja. Ihmiset haluavat omistaa sellaisen. Katsoessaan yhtä niistä he tuntevat innostusta ja ihmetystä. Jos kyse on valtamerimaalauksesta, voit tuntea meren laajuuden ja syvyyden vain istumalla maalauksen edessä. Voit näh-dä aallot ja jopa tuntea meren tuoksun. Miksi? Miten tämä on mahdollista? Se johtuu siitä suuresta rak-kaudesta, jonka maalari on vuodattanut työhönsä. Vaikka tällainen maalaus riippuisi tulitikkulaatikon kokoisessa huoneessa, se näyttää luovan laajan tilan: vuoret, laaksot ja puut tulevat eläviksi. Näet kankaan ja maalin tuolle puolen, näet luonnon kaikessa suuruudessaan ja loistokuudessaan.

Jos panet sydämesi ja sielusi työhösi, se muuttuu valtavaksi innoituksen lähteeksi. Rakkaudella tehdys-sä työssä on elämää ja valoa. Tuon elämän ja rakkauden todellisuus tulee vetämään ihmismielet puoleensa valtavalla voimalla. *Mahatma* ohjaa jatkuvasti tähän suuntaan. Kärsivällisesti hän neuvoo sinua, ei kerran tai kaksi, vaan tuhansia kertoja. Jos et kuuntele, jos et koskaan tottele, jos edelleen ajattelet, että voit lainata kauneutta ja rakkautta häneltä sen sijaan, että työskentelisit sen puolesta itse, Hän tulee ve-täytymään ja katoamaan. *Mahatmoilla* ei ole muita velvotteita tai velvollisuuksia maailmaa kohtaan, kuin ne, jotka he ovat itse luoneet omalla tahdollaan maa-ilman ja ihmiskunnan hyväksi.

Lapset, Jumala on varustanut meidät tarvittavilla ominaisuuksilla voidaksemme tulla Hänen kaltai-sikseen. Rakkaus, kauneus ja kaikki jumalalliset ominaisuudet ovat sisällämme. Meidän tulisi ilmaista näitä jumalallisia ominaisuuksia elämässämme. Elämä on arvokas lahja. Tämä ihmiskeho on harvinainen lahja. Työskentele rakkaudella, kun vielä olet terve. Älä ole rasitukseksi muille. Jumala ei kenties ole antanut sinulle rahaa, mutta jos sinulla on terve ke-ho, työskentele ja tee se kokosydämisesti.

Olipa kerran kerjäläinen, joka oli köyhä, mutta kuitenkin terve. Hän vetosi ohikulkijoihin: 'Oi hyvät ihmiset, katsokaa minua. Minulla ei ole mitään, ei sukulaisia, kukaan ei huolehdi minusta. Säälikää minua.' Eräänä päivänä viisas ohikulkija pysähtyi ja sanoi hänelle: 'Hyvä on, anna minulle molemmat kätesi ja minä annan sinulle miljoona markkaa.' Tämä sai kerjäläisen huudahtamaan: 'Kuinka minä voisin elää ilman käsiäni. Ne ovat minulle hyvin arvokkaat!' Viisas mies sanoi: 'Hyvä on, älä ole huolissasi. Entäpä jalkasi? Tarjoan saman verran molemmista jaloistasi.' Kauhuissaan kerjäläinen sanoi: 'Oletko hullu? Kuinka voisin antaa jalkani miljoonasta? Jalkani ovat liian arvokkaat annettavaksi tuosta summasta.' Viisas pyysi sitten kerjäläisen silmiä, mutta sai saman vastauksen. Kerjäläinen sanoi, että kaikki hänen kehonsa osat olivat liian arvokkaita annettavaksi miljoonasta. Sen tähden viisas sanoi: 'Katsohan veljeni, aamusta iltaan sanot, että Jumala on luonut sinut eikä ole antanut sinulle mitään. Nyt sinä olet itse avoimesti myöntänyt, että kätesi, jalkasi ja silmäsi - jokainen kehosi osa - on hyvin arvokas sinulle. Joten Jumala on antanut sinulle tämän arvokkaan, tämän korvaamattoman ke-hon. Miksi et siis työskentele, käyttäen tervettä ke-hoasi ansaitaksesi elannon? Älä vain oio käsiäsi, pyy-täen almuja, kun olet vielä terve - se on laiskuutta. Jumala ei pidä laiskoista ihmisistä, jotka haluavat saada kaiken tarvitsemansa muilta. Jumala ei pidä ihmisistä, jotka ovat kuin syöpäläiset. Sen tähden työskentele, rakas veljeni, työskentele!'

Kukaan ei halua työskennellä ja nähdä vaivaa täy-dellisyyden saavuttaakseen. Kaikki ovat innokkaita tietämään voisivatko he saada rauhan, kauneuden ja rakkauden jostakin tai joltakulta. Kun he näkevät kauneutta ja rakkautta *mahatmassa*, he haluavat sitä itselleen. He haluavat tulla hänen kaltaisikseen. He sanovat: 'Kuinka kaunis ja ihmeellinen Sinä oletkaan! En ole koskaan koneut niin paljon rakkautta ja rauhaa elämässäni. Kuinka voin tulla Sinun kaltaiseksesi?' Niin *mahatma* kertoo heille kuinka, mutta he eivät työskentele uutterasti sen saavuttamiseksi. Silti he haluavat sen, joten he kysyvät, voisivatko he saada sen lahjaksi.

*Mahatma* on Jumalan puhtaan rakkauden ruu-mistuma, ikuisen kauneuden henkilöitymä. Kun ihmiset tapaavat hänet, he tuntevat vetovoimaa häntä kohtaan. Jotkut heistä haluavat myös itse tulla rakkaudellisiksi ja kauniiksi niinkuin hän. Mutta kun *mahatma* kertoo heille niistä ominaisuuksista, siitä perusteellisesta maailman hylkäämisestä ja antau-muksesta, joita vaaditaan, he haukottelevat ja vetäy-tyvät koko asiasta. He odottavat saavansa sen il-maiseksi, tekemättä mitään. Tämä keho itsessään on ilmainen lahja Jumalalta. Hän antoi sen pelkästä myötätunnosta. Mutta ihmiset ovat ahneita, he ha-luavat aina vain lisää. Enemmän ja enemmän ja enem-män - mutta ilmaiseksi! Se on heidän elämänsä tun-nuslause.

Tee työsi ja velvollisuutesi sydämelläsi. Yritä työs-kennellä epäitsekäästi ja rakkaudella. Anna itsesi siihen mitä ikinä teetkin. Siten tulet tuntemaan ja kokemaan kauneutta ja rakkautta kaikilla työn alueilla. Rakkaus ja kauneus ovat sisälläsi. Yritä ilmen-tää niitä toimintasi kautta ja tulet varmasti koskettamaan autuuden lähdettä."

Jälleen oli tauko. Amma liikutti kättään ympyrässä toistaessaan pehmeästi: *"Shiva... Shiva... Shiva... Shiva..."* Kaikki olivat kuunnelleet keskittyneesti Äi-din vertauskuvallista tarinaa ja sitä seurannutta se-litystä. Amma pyysi *brahmachareja* laulamaan *Ma-name nara jivitamakkum* -laulun. Kun he aloittivat, Amma liittyi mukaan:

*Oi mieli, ihmiselämä on kuin pelto,*
*jos sitä ei hoideta,*
*siitä tulee kuiva ja hedelmätön.*
*Et tiedä kuinka siemenet pitäisi kylvää*
*etkä kuinka niitä tulisi kasvattaa.*
*Poistamalla rikkaruohot*

*ja lisäämällä lannoitetta,*
*pitämällä niistä hyvää huolta,*
*saat kunnon sadon.*

*Elämän varhaisaika*
*menee avuttomaan itkuun*
*ja nuoruus kuluu halujen*
*synnyttämissä riippuvuuksissa.*

*Kun vanhuus lähestyy,*
*voimasi otetaan pois,*
*sinusta tulee avuton kuin mato.*
*Aika kuluu ilman työtä,*
*odotellessasi vain hautaa.*

Laulun jälkeen eräs *brahmachareista* sanoi: "Am-ma, sinun huomautuksesi, että *mahatma* vetäytyy ja katoaa, jos hänen opetuslapsensa eivät kuuntele ja tottele häntä, kuulosti varoitukselta meille kaikille. Tarkoitatko, että myös Sinä tulet tekemään niin, jos käyttäydymme arvostelukyvyttömästi?" Hänen äänestään kuulsi pelko ja huoli.

Amma tyynnytteli häntä taputtaen häntä selkään ja sanoi: "Poikani, älä vertaile. Amma ei sanonut, että myös Hän lähtee, jos ette kuuntele Häntä. Amma tarkoitti, että *mahatmalla* ei ole mitään voitettavaa tai menetettävää. Te olette häviäjiä, jos ette tee niinkuin Hän sanoo. Menetätte sen kauneuden, rakkauden ja rauhan, minkä näette Hänen toimissaan. Siinä mielessä Hän katoaa elämästänne. Eikö totta? Äiti yritti yksinkertaisesti ilmaista, että meidän tulisi kyetä toimimaan rakkaudella ja päättäväisesti. Pyri seuraamaan *gurun* jalanjäljissä koko sydämelläsi. *Gu-run* ohjeitten noudattaminen on ainoa keino henki-sellä tiellä ilmenevien esteiden ylittämiseen.

Amma tahtoi ainoastaan sanoa, että vain rakkaus voi antaa viehkeyttä ja kauneutta toimiinne. Mikään työ ei ole vähäistä tai merkityksetöntä. Se rakkaus, se sydämellisyys, jonka vuodatatte työhönne tekee siitä merkityksellisen ja kauniin.

Saatat ajatella, että vessan siivoaminen on likaista. Pyri ajattelemaan, että vessan siivoaminen on mah-dollisuus palvella *ashramissa* vierailevia oppilaita. Jos voit, siivoa jokin julkinen paikka ilman, että ku-kaan kehoittaisi sinua tekemään niin. Tee niin vain siksi, että välität muista. Tuosta toimesta tulee kaunis. Sinun asenteesi kaunistaa työn. Tuntematon ilon tun-ne kumpuaa sisältäsi tuon tekemisen myötä.

Kaikkien suurten ja unohtumattominen tapahtumien taustalla on sydän. Rakkaus ja epäitsekkyys on kaikkien todella suurten tekojen takana. Jokaisen hyvän asian taustalta löydät aina jonkun, joka on luopunut kaikesta muusta ja omistanut elämänsä tälle asialle.

Katso äitiä keittämässä. Hän tekee työnsä rakkau-desta. Katso maanviljelijää pellolla. Maanviljelijä voi luoda kauneuden aaltoja työllään, jos hän tekee sitä rakkaudella ja vilpittömästi. Voit nähdä hänen sydä-mensä hänen työssään. Voit nähdä hänen sydämensä virtaavan siihen. Hän on onnellinen ja innostunut tehdessään työ-tään. Laulaen ääneen tai hyräillen kansansävelmää hän työskentelee väsymättä. Hän ei välitä ruoasta ja unesta. Hän ei välitä siitä mitä hänen ympärillään tapahtuu. Hän on kärsivällinen. Häntä ei huoleta kuinka paljon aikaa työ vie. Hän nauttii kyntämisestä, kylvämisestä, kitkemisestä ja sadonkorjuusta. Vilpittömyys tarkoittaa kykyä ilmaista sydäntäsi siinä mitä teet, kykyä ilmaista rakkautta työssäsi.

Lapset, tehkää työnne rakkaudella ja vilpittömästi. Pidit sitä sitten merkityksellisenä tai merkitykset-tömänä, pidit työstäsi tai et, sinun tulisi tehdä se kuitenkin innostuneesti ja rakkaudella. Kun työsken-telet tällä tavoin, kun rakkaus alkaa virrata kaikkeen mitä teet, työstäsi tulee *sadhanaa*. Siitä tulee vä-hemmän ja vähemmän vaikeaa, kunnes eräänä päivänä kaikki fyysinen ja heniinen ponnistelu on kadonnut. Siitä lähtien alat työskennellä koko sydämelläsi. Rakkaus kukoistaa sisälläsi ja se heijastuu kaikkeen mitä teet.

Pyhimys saattaa jatkaa saman työn tekemistä, ku-ten kadun lakaisemista tai maanviljelyä sen jälkeen, kun on saavuttanut Itseoivalluksen. Mutta nyt hänen asenteensa on erilainen. Oivalluksen jälkeen hän on täydellisesti riippumaton. Hän on kaiken sen tark-kailija mitä hän tekee. Täynnä viattomuutta ja ihme-tystä pyhimys ei koskaan pitkästy. Hän on kuin lapsi, joka ei koskaan väsy kuuntelemaan lintujen laulua, ei koskaan pitkästy katsomaan kukkia, joka on aina innostunut kuun noustessa. Niinkuin lapsen maailma, on pyhimyksen elämä täynnä ihmettä. Kaikki on hä-nelle uutta ja tuoretta, koska hän katsoo kaikkea rakastavin silmin."

Amma vaikeni ja sanoi sitten: "On ollut paljon puhetta. Katsokaamme nyt sisällemme jonkin aikaa ennenkuin lopetamme." Amma lauloi *kirtanin, Chinta-kalkantyamin,* jonka vuorosäkeeseen kaikki vastasivat:

*Oi ikuisen autuuden loistava valo,*
*joka nousee sisälläni ajatusten päätyttyä,*
*ajatellessani Sinun kultaisia jalkojasi*
*olen onnellinen luovuttuani kaikesta.*

*Kun Sinä olet minun omani,*
*en tarvitse muita sukulaisia.*
*Luovu kiireesti*
*itsekeskeisyyden tietämättömyydestä!*
*Mieleni ei ole enää alakuloinen*
*pudotettuaan halun kukan terälehdet.*
*Anna sen sulautua Sinun valoosi ja nauttia suuresta rauhasta.*

*Oleile sisälläni auttaaksesi minua*
*elämään ilman lailla,*
*pitäen kosketusta kaikkeen,*
*mutta riippumattomana kaikesta.*
*Ajattele, oi ihminen! Miksi sinä elät?*
*Toteutatko eläinkunnan tapoja?*

Autuaallisen laulamisen jälkeen kaikki istuivat meditatiivisessa tilassa Amman ohjeitten mukaisesti. Sitten Amma otti osan lounaasta, joka oli tuotu Hänelle ja jakaen sen pieniksi palloiksi Hän syötti jokaisen omin käsin. *Brahmacharit* lähestyivät häntä vuorollaan saadakseen oman osuutensa *prasadista*. Syöttäessään lapsiaan Amma kertoi vitsejä iloiten tästä hetkestä *brahmacharien* kanssa. Yksi heistä, joka käyttäytyi aina niinkuin pikkulapsi Amman edessä, tuli kahdesti. Hän jäi kiinni itse teossa. Amma sanoi kuuluvasti: "Katsokaas tänne, täällä on varas. Hän tuli jo kerran ja sai osuutensa." *Brahmachari* vastasi viattomasti: "Anna minulle vielä kerran. Sitten tulen enää vain yhden kerran." Kaikki purskahtivat nauruun. Amma nauroi myös sydämellisesti tälle *brahmacharin* lapsenkaltaiselle vastaukselle.

Lopulta tuli Gayatrin vuoro. Amma otti riisipallon ja oli juuri aikeissa syöttää häntä. Gayatri istui suu auki valmiina saamaan *prasadin*, mutta yhtäkkiä Am-ma veti kätensä pois. Jälleen kerran nauru täytti il-man. Gayatri punastui lievästi nolostuneena. Sitten Amma sanoi: "Tässä, rakas tyttäreni, ota." Jälleen Gayatri avasi suunsa Amman tuodessa riisipallon lähemmäksi koskettaen melkein hänen huuliaan. Jäl-leen viime hetkellä Amma veti *prasadin* takaisin ja toinen naurunremakka täytti ilman. Kun se vaimeni, Amma katsoi kujeilevasti Gayatria, joka oli punastunut hämmennyksestä, sitten Hän pehmeästi, mutta päättäväisesti pyöräytti riisipallon hänen suuhunsa. Syleillen häntä suurella rakkaudella Amma suuteli Gayatria molemmille poskille.

Se oli koskettava kohtaus. Sanoinkuvaamaton rakkaus ja myötätunto loistivat Amman kasvoilla. Tuntiessaan Amman äidillisten ominaisuuksien vuotavan yli äyräitensä oli joidenkin *brahmacharien* vaikea pidättää kyyneleitään.

Koska Gayatri asuu jatkuvasti Hänen kanssaan, Amma painottaa, että Gayatrin tulee olla täydellinen kaikin tavoin. Amma sanoo: "Gayatri-*molin* (tyttären) tulee olla kuin toinen äiti kaikille, siinä määrin, että Amma puuttuu Hänen pienimpiinkin virheisiinsä." Amman rakkaus ja myötätunto Gayatria kohtaan ovat sanoinkuvaamattomia. Harvoin Hän sen ilmaisee, mutta kun niin tapahtuu, se on aina sydäntä sykähdyt-tävää. Näin oli myös nyt.

Kun Amma syötti heitä, kyse oli aina erikoistilanteesta. Yhteen aikaan tämä rakkaudellinen rituaali toistui melkein päivittäin.

Mutta kun *ashramin* asukkaitten lukumäärä lisääntyi, siitä tuli yhä harvinaisempi ja harvinaisempi. Oli myös muuta, joka vaikutti sen loppumiseen.

Varhaisina aikoina ennenkuin *ashramissa* oli tiuk-kaa päivittäistä aikataulua, Nealu, Gayatri, Unni ja Balu olivat *ashramin* ainoat pysyvät asukkaat. Työssä käyvät ja opiskelevat *brahmacharit* vierailivat *ash-ramissa* säännöllisesti, sillä olosuhteet olivat sellaiset, että he eivät voineet asua siellä pysyvästi. Milloin hyvänsä nämä *brahmacharit* tulivat käymään, yhdessä tai yksin, Ammalla oli tapana syöttää heitä. Hän syötti kaikki oppilaat, jotka vain olivat läsnä lou-naalla. Vielä sen jälkeenkin, kun ensimmäinen ryhmä näitä *brahmachareja* oli tullut asumaan pysyvästi, Amma jatkoi tapaansa syöttää jokaisen.

Myöhemmin kun *brahmacharit* alkoivat opetella pyhiä kirjoituksia, heidät opetettiin toistamaan *mantroja* ennen jokaista ateriaa. He resitoivat *Srimad Bhagavad-Gitasta* viidennentoista luvun ja sen jälkeen neljännen luvun, 24:n jakeen *Brahmarpanamin*:

*Brahmanpanam brahma havir*
*brahmagnau brahmana hutam /*
*brahmaiva tena gantavyam*
*brahma-karma-samadhina //*

*Uhraaminen on Brahman (Jumala)*
*ghii (uhrattava voi) on Jumalaa,*
*jonka Brahman uhraa Brahmanin tuleen;*
*ken näkee toimissaan yksin Brahmanin,*
*hän sulautuu Brahmaniin (Jumalaan).*

Niinpä Amma ilmoitti eräänä päivänä: "Nyt kun resitoitte tätä *mantraa*, Amma ei syötä teitä enää joka päivä niinkuin Hänellä on ollut tapana. Tästä päivästä lähtien teidä ei tule enää odottaa itä. Sen sijaan teidän tulee lausua tätä *mantraa*. Jos kaikki on *Brahman*, myös te olette *Brahman*. Kuinka *Brahmania* voi syöttää?"

Tuosta päivästä lähtien syöttäminen loppui. Kuitenkin Amma syöttää edelleen silloin tällöin *ashramin* lapsiaan. Kyse on aivan erityislaatuisesta kokemuk-sesta, jota ei voi sanoin kuvata. Kyse ei ole vain rii-sistä tai jostakin muusta ruoasta, mitä hän antaa. Tähän *prasadiin Amma siirtää sen rakkauden, puh-tauden, myötätunnon ja huolenpidon, mitä hän tuntee lapsiaan kohtaan.*

ॐ

# 5. luku

Perjantaina, 13. heinäkuuta 1984

Puoli viiden aikaan illalla Amma leikki naapurin lasten kanssa, joista muutamat olivat Hänen oppilaittensa lapsia. Hän teki heille märästä hiekasta temppelin. Kukkia ja lehtiä käyttäen Hän koristeli katon. Kun temppeli oli valmis, seurasi vihkiseremonia. Amma asetti pienen *Krishnan* kuvan hiekkatemppelin sisäpuolelle. Amma oli täydellisesti uppoutunut leikkiin ja lapset olivat hyvin onnellisia. Kun seremonia oli ohi, he seisoivat kaikki Amman neuvomalla tavalla ja ryhtyivät kävelemään temppelin ympäri. Amma alkoi laulaa *Agatanayai* -laulua ja lapset vastasivat aina kertosäkeellä:

> *Herra Vishnu on tullut!*
> *Herra Vishnu on tullut!*
> *Palvelkaamme Herraa aina.*
> *Maailmankaikkeuden korkein Herra on tullut*
> *antamaan lohdutusta maailmalle.*
>
> *Herra on tullut maan päälle*
> *vapauttamaan ihmiset surusta.*
> *Onko rauhan Herra, täynnä myötätuntoa,*
> *laskeutunut näyttämään tien vapautukseen?*

Kun Äiti ja lapset lauloivat ja taputtivat iloisesti käsiään, se ei näyttänyt lainkaan leikiltä. Päinvastoin, se näytti oikealta tapahtumalta. Kierrettyään temppeliä jonkin aikaa Amma ja lapset ryhtyivät tans-simaan *Krishnan* tahtiin... *Krishna, Radha... Krishna.* Sulkien silmänsä Amman tavoin he tanssivat jonkin aikaa innostuneina ja riemuiten. Laulun jälkeen Amma istuutui meditoimaan ja lapset seurasivat Hänen esi-merkkiään. Kaikki lapset istuivat täydellisessä asen-nossa ja meditoivat kunnes Amma kutsui heitä ja ravisti hellästi heitä yksitellen kehottaen heitä valmistautu-maan *prasadin* (uhri-lahjan) vastaanottamiseen. Amma oli laittanut temppelin eteen val-miiksi muutamia tof-feemakeisia, jotka jaettiin nyt lapsille *prasadina*. Se oli kaunis ja innostava näky. Ashramin asukkaat, jotka seu-rasivat sitä etäämpää, toivoivat vilpittömästi olevansa lapsia, jotta voisivat liittyä Amman seuraan. Jotkut alkoivat mennä lähemmäksi, mutta toiset estivät heitä. He ajattelivat, että heidän läsnä-olonsa saattaisi pilata tilanteen kauneuden Amman ja pienten lasten välillä, Niinpä he vain katsoivat Amman leikkiä etäältä.

Lapset eivät halunneet jättää Ammaa, joka leikki heidän kanssaan aivan niinkuin samanikäinen lapsi. He jatkoivat istumis-taan Hänen ympärillään ja heillä oli todella hauskaa puhuessaan, nauraessaan ja las-kiessaan leikkiä. He viettivät juhlaa, todellista festi-vaalia. Sydämet vuotivat yli äyräittensä autuaallisena nauruna.

Leikittyään lasten kanssa vielä puolisen tuntia, Amma nousi ylös ja käveli temppeliä kohden. Kaunis huilumusiikki täytti ilman *brahmachari* Sreekumarin soittaessa majassaan. Amma tuli lasten ympäröi-mänä temppelin eteen ja pysähtyi siihen. Yksi tytöistä, noin kuuden tai seitsemän vuoden ikäinen, aneli: "Ammachi, lauletaan ja leikitään temppelileikkiä jäl-leen." Hän otti Ammaa kädestä ja pyysi uudelleen ja uudelleen.

Kääntyen pienen tytön puoleen ja taputtaen rakkau-dellisesti tytön poskia Amma sanoi: "Lapseni, riittää tältä päivältä. Ammalla on muita asioita tehtävänään."

"Minä pidin siitä leikistä hyvin paljon," pieni tyttö sanoi. "Voimmeko me leikkiä sitä jälleen huomenna?"

Äärimmäisen tyytyväisenä lapseen ja hänen viatto-muuteensa Amma syleili häntä ja suuteli molemmille poskille toistaen: "Rakas tyttäreni... Amman rakas tytär."

Laskien tytön käsivarsiltaan Amma kysyi häneltä: "Tuletko aina olemaan näin antautunut, jopa sittenkin kun kasvat isoksi?"

Tyttö nyökkäsi myöntävästi.

Ollessaan lasten keskellä Ammasta tulee lapsi ja Hän leikkii ja peuhaa heidän kanssaan. Amma saa heidät tuntemaan, että Hän on yksi heistä. Amma antaa aina lapsille erityishuomiota ja he tuntevat sen. Kuka hyvänsä, joka on katsonut Häntä lasten kanssa tietää tämän olevan totta. Amma antaa heidän tuntea olonsa mukavaksi ja onnelliseksi, kun Hän pitää heitä sy-lissään. Istuttaen heidät viereensä Hän kuuntelee huo-lellisesti ja tarkkaavaisena heidän lörpöttelyään tai valituksiaan. Heillä on oma paikkansa ja merkityksensä Amman läheisyydessä. He tuntevat tämän niin selkeästi, että jotkut lapset eivät halua lainkaan lähteä Hänen luotaan. Monet lapset tuntevat enemmän rakkautta Ammaa kohtaan kuin omaa isäänsä tai äitiään koh-taan. Tämä lasten Ammaan tuntema kiintymys nousee siitä puhtaasta rakkaudesta ja aidosta huolenpidosta, jota Hän osoittaa heille. Lapset ovat vastaanottavaisia, joten Amman jumalallinen rakkaus tunkeutuu suoraan heidän sydämeensä. Amma on helposti lähestyttävä ja niinpä Hän koskettaa heitä syvästi ja he tuntevat sen välittömästi. Puhdas, ehtoja asettamaton rakkaus on kaiken takana oleva salaisuus.

## Erottelukyky

Amma istui temppelin etupihan hiekalla ja pian Hän oli *ashramin* asukkaitten ympäröimä. Juuri silloin Harshan, Amman serkku, saapui paikalle. Hän ontui. Harshan tunsi suurta antaumusta Ammaa koh-taan. Jopa silloin kun koko perhe oli ollut Häntä vastaan, Harshan oli tukenut Ammaa voimakkaasti ja tuntenut suurta myöntätuntoa Häntä kohtaan. Saadakseen Amman nauramaan hänellä oli tapana käyttäytyi toisinaan leikkisästi. Hän kumarsi ja is-tuutui toisten joukkoon. Amma ilahtui nähdessään hänet. Hän työskenteli kalastusaluksella. Oli sa-dekausi, joten Äiti halusi tietää miten hänen Har-hsanin työ sujui. Seurasi lyhyt keskustelu siitä kuin-ka monsuuni oli vaikuttanut huonosti kalastajakansan toimeentuloon.

Harshanilla oli omalaatuinen tapa laulaa antaumuksellisia lauluja: hän elehti käsillään ja ilemehti kasvoil-laan. Amma pyysi häntä laulamaan *kirtanin*. Hetkeä-kään epäröimättä hän alkoi laulaa. Välillä hän kohotti kätensä Äitiä kohti, välillä hän taas elehti niinkuin ammattimuusikko laittaen toisen käden rinnalleen ja kohottaen toisen korkealle. Hänen kasvojensa ilmeet olivat toisinaan liioiteltuja ja toisinaan hän sulki silmänsä ja kädet yhdistettyinä kumarsi kunnioittavasti Äidille. Laulu oli *Sundarini vayo:*

> *Tule luokseni, oi Sinä kaunis,*
> *Shivan puoliso, tule.*
> *Oi hyväätekevä, tule.*
> *Tule, oi Sinä loputon.*

> *Oi Vamakshi, Herra Shivan puoliso,*
> *oi Kamakshi, joka säteilet loistokkuutta kaikkialla,*
> *niille jotka kääntyvät Sinun puoleesi*
> *rakkaimpanaan, heille Sinä olet läheisin.*
> *Oi Äiti, pysy*
> *minun innoitukseni lähteenä.*
> *Sinä olet sekä yksi että moni,*
> *absoluutin valo.*
> *Sinhän tunnet minun sydämeni läpikotaisin?*
> *Etkö ilmestyisi eteeni*
> *edes nyt kun pyydän?*

Amma näytti hyvin onnelliselta kuunnellessaan laulua, mutta toisinaan Hän nauroi niinkuin viaton lapsi nähdessään Harshanin eleet. Lopetettuaan lau-lun, hän laskeutui polvilleen ja kumarsi Ammalle. Äiti antoi hänelle nauraen voimakkaan läpsäyksen selkään ja Harshan kaatui leikkisästi kyljelleen. Tämä herätti valtavan naurunremakan. Myös Äiti nauroi äänekkäästi.

Tämä Harshanin synnyttämä leikkisä kohtaus muut-tui Amman syvälliseksi opetukseksi, kun eräs *brahma-chareista* kysyi: "Amma, olen kuullut Sinun sanovan, että henkinen etsijä ylittää kaiken saavuttaessaan täydellisyyden tilan. Tarkoittaako tämä, että hän me-nee myös erottelukyvyn tuolle puolen, erottelukyvyn, mitä pidetään hyvän etsijän tärkeänä ominai-suutena?"

Amman vastaus oli valaiseva: "Lapset, erottelukykyn on tarpeen hänelle, joka on kasvuprosessissa. Tarvitset ehdotonta erottelukykyä tietääksesi ja ymmärtääksesi eron sen välillä, mikä on hyväksi henkiselle kehityk-sellesi ja mikä synnyttää esteitä polullesi. Etsijän tulee erottaa se mikä on ikuista siitä mikä on ei-ikuista. Mutta kun olet saavuttanut Täydellisyyden tilan, olet luopunut kaikesta, jopa erottelusta. Et voi pitää kiinni mistään. Ylittäen kaikki vastakohdat sinusta tulee uni-versumi, sinusta tulee itse avaruus. Sinusta tulee sekä päivä että yö. Menet puhtauden ja epäpuhtauden tuolle puolen.

Jumalallisen Äidin tuhannessa nimessä, *Lalita Sahas-ranamassa* on *mantrat 'Sad-asad-rupa dharini* - 'hän joka omaksuu sekä olemisen että ei-olemisen muodon' ja *Vidyaavidya svarupini* - 'hän joka on sekä tieto että tietämättömyys'. Nämä jakeet tarkoittavat, että *Devi*, Puhdas Tietoisuus, on kaikki ja kaiken tuolla puolen. Jos tietoisuus on kaikkialla, silloin kaikki mitä on, on pelkkää tietoisuutta.

Mutta muistakaa, muistakaa jatkuvasti, että tämä toteamus absoluutista ei päde päämäärään vasta pyr-kivien etsijöiden kohdalla. Tämä ei koske heitä. Amma puhuu Absoluuttisen Tietoisuuden tilasta. Kaikki on tietoisuutta (Jumalaa) hänelle, joka on täydellisesti vakiintunut Todellisuuteen. Kaikki on tietoisuuden lä-päisemää ja sen tähden, eroja ei ole. Kun kaikki on tietoisuuden läpäisemää, kuinka voisi olla minkäänlaisia eroja? Täydellisellä ihmisellä ei ole mieltä, ei egoa. Hänellä ei ole *vasanoita* (ehdollistumia), ei edes piilevänä, sillä hän on juurinut ne pois täydellisesti. Hänen mielensä on lopullisesti ja ikuisesti hiljainen ja tyyni.

Lapset, se mitä saa tehdä ja mitä ei saa tehdä, mikä on puhdasta ja epäpuhdasta, hyvää ja pahaa, on tarkoitettu vain tavallisille ihmisille. *Mahatmoja*, jotka ovat kehotietoisuuden tuolla puolen, eivät tällaiset säännöt koske. He ovat täydellisesti koskemattomia. Mutta jos *mahatma* päättää jäädä maailmaan kohot-taakseen yhteiskuntaa, hän noudattaa yhteiskunnan sääntöjä. Hän pitäytyy niihin tarkasti ollakseen esi-merkkinä toisille. Maailma tarvitsee sitä. Ihmiset tarvitsevat moraalia, hyvää luonnetta ja puhtautta voi-dakseen kasvaa. Tavalliset ihmiset ovat edelleen kehotietoisuuden vallassa. Sen tähden he eivät voi toimia niinkuin ke-hittyneet ihmiset, jotka ovat kaikkien käyttäytymismal-lien tuolla puolen. Ilman käyttäytymissääntöjä tavallisen ihmisen elämä olisi katastrofi. *Sadhakan* tulee elää kurinalaista elämää, muuten hän ei voi kehittyä. Hän ei voi matkia suurta sielua, joka on vakiintunut tuon-puoleiseen tilaan. *Sadhakan* tulee pyrkiä vilpit-tömästi seuraamaan *mahatman* tai *gurun* ohjeita, mutta hänen ei tule pyrkiä matkimaan *mahatmaa* tai *gurua*.

Lapset, Amma eli aikoinaan pelkällä vedellä ja *tulasin* lehdillä. Hän oli ilman ruokaa ja unta useita kuukausia yhtämittaa. Oli aika, jolloin Amma söi kalaa, käytettyjä teelehtiä, lasinpalasia ja toisinaan likaa. Hänestä ei tuntunut koskaan, että ne olisivat likaisia tai epäpuh-taita. Ei ollut sen enempää rakkautta kuin rakkauden puutettakaan. Oli vain tilaa tai niinkuin taivas - loputon laajuus. Amma oli täydellisesti sulautunut tuohon ei-kaksinaisuuden tilaan eikä halunnut milloinkaan pa-lata.

Kuinka avaruudessa voisi olla minkäänlaisia käsi-tyksiä puhtaudesta tai epäpuhtaudesta, likaisuudesta ja siisteydestä, rumasta tai kauniista? Koska kaik-kialla läsnäolemisen tilassa ei ole ajtuksia eikä mieltä, niin kuinka siinä voisi olla erottelua? Tuo tila sisältää kaiken, sen sisällä on kaikki. Itse asiassa sekä hyvä että paha ovat olemassa tuossa tilassa. Se on kuin joki, joka kuljettaa ja huuhtoo kaiken mukanaan. Joki ei erottele. Se ei sano: 'Vain terveet ihmiset voivat kylpeä minussa. En anna kerjäläisten ja spitaalisten pestä vesissäni.' *Ganges*-joki ei voi sanoa niin. Se huolehtii kaikesta ja kuljettaa kaiken mukanaan, sekä hyvän että huonon. Se hyväksyy jopa kuolleet ja mädäntyneet kehot virtaansa.

Mutta sitten tämä tila muuttui Amman kohdalla. Sisäinen kutsu muutti kaiken. Tehtyäsi *sankalpan* (päätöksen) olla kehossa ja työskennellä maailman pe-lastamiseksi, olosuhteet tulevat sellaisiksi, että sinun on seurattava yhteiskunnan käyttätymissääntöjä perinteisellä tavalla. Muussa tapauksessa, jos sosiaa-lisista normeista välitetä, yhteiskunta häiriintyy. Jos käyttäydyt oudolla tavalla seuraamatta moraalia ja perinteisiä normeja, aiheutat harmia muille ihmisille ympärilläsi ja tuhoat pikemminkin kuin pelastat maailmaa. Kaikki nimet ja muodot ovat mielen luomia jakautumia. Hän, joka on saavuttanut täydellisyyden tilan, ylittää mielen ja älyn. Hän unohtaa nimet ja muo-dot. Hänestä tulee tila, hänestä tulee avaruus. Hänellä saattaa olla keho, jolla hän liikkuu, mutta tosiasiassa hänellä ei ole. Hän vain tekee mitä tekee, syö mitä syö, sanoo mitä sanoo. Hän yksinkertaisesti on. Hän oleilee tilassa, jossa eroja ei ole. Maailma ei aiheuta hänelle huolta eikä hän ole huolestunut maailmasta ja sen kohottamisesta. Amma puhuu Korkeimmasta Tilasta, missä ei ole olemassa mieltä eikä ajatusta. Äl-kää ymmärtäkö väärin, kyse on tuon Korkeimman Tilan kokemisesta. On helppoa ymmärtää väärin, sillä voit puhua korkeimmasta tilasta, etkä silti ymmärrä siitä mitään.

Muistakaa, on olemassa joitakuita valaistuneita olen-toja, jotka ovat valmiita uhraamaan itsensä maail-malle. He ovat niitä, jotka valitsevat maailmaan osal-listumisen ja johtavat etsijöitä ja oppilaita Jumalan luo antamalla heille esimerkin sanoillaan ja teoillaan. Kun he päättävät jäädä kehoon yhieskunnan muuttamiseksi, he oleilevat korkeimman erottelukyvyn tilassa. Tämä erottelukyky on jatkuvaa kokemusta siitä, että *Brahman* (absoluutti) yksin on todellinen ja että *jagat,* maailma, on epätodellinen. Sisäisesti he ovat jatkuvasti tuossa korkeimmassa tilassa, mutta ulkoisesti he väsymättä ja epäitsek-käästi työskentelevät maailman hyväksi, noudattaen yhteiskunnan moraalisia normeja. Muistakaa jälleen, että näin on vain kun jäät ihmiskehoon Oivalluksen jälkeen. Muuten olet mitä olet. Mutta *sadhakalle*, joka vasta pyrkii saavuttamaan Täydellisyyden tilan, on eron näkeminen hyvän ja pahan, ikuisen ja ei-ikuisen välillä ehdottomasti tarpeen."

## Myötätunto saa mahatman syntymään ihmiskehoon

Epäilemättä hetkeäkään, etteikö Äiti olisi puhunut omasta koke-muksestaan yksi *brahmachareista* tie-dusteli: "Amma, sanoit, että myös Sinä olit täydel-lisesti sulautuneessa tilassa jonkin aikaa. Mikä sai Sinut laskeutumaan tuosta korkeimmasta tilasta?"

"Myötätunto," kuului Hänen vastauksensa, "jollakin tavalla tuo ajatus heräsi. Ei, ei jollakin tavoin, se oli yksinkertaisesti olemassa. Myötätunnon ajatus oli aina läsnä. Se oli *sankalpa* (luova päätös). Pitäytyen tuohon myötätunnon ajatukseen Amma saattoi palata tähän maailmaan.

Myötätunto on se ominaislaatu, joka pitää tämän kehon tässä maailmassa. Jos tuota myötätunnon *san-kalpaa* ei olisi olemassa, *mahatma* ei palaisi tähän maailmaan vaan oleilisi tuossa sulautumisen tilassa. Hänen käyttäytymisensä saattaisi vaikuttaa oudolta ja hänet saatettaisiin ymmärtää väärin. Ihmisillä on ennakkokäsityksiä Itseoivalluksen saavuttaneista ih-misistä, jotka oleilevat siinä tilassa minne mitkään ajatukset eivät yllä. He yrittävät sovittaa häntä omien rajoitettujen ajatustensa häkkiin. *Mahatmaa* ei voi asettaa mihinkään muottiin; sen tähden he kutsuvat häntä hulluksi.

Olette saattaneet kuulla Naranattu Bhrantan -ni-misestä py-himyksestä, joka eli Keralassa muutamia satoja vuosia sitten. Hän oli *avadhuta*, tunnettu oudosta persoonallisuudestaan ja käyttäyty-misestään. Kerran eräs etsijä tahtoi tulla hänen opetuslapsekseen ja seurata häntä minne hyvänsä hän menikin. Mies lähestyi py-himystä ja ja ilmaisi toiveensa, mutta tämä *mahatma* ei ollut halukas hyväk-symään ketään opetuslapsekseen ja tyrmäsi välittömästi miehen toiveen. Mies oli kui-tenkin erittäin sinnikäs ja lopulta pyhimys suostui hänen pyyntöönsä. 'Voit seurata minua,' hän sanoi, 'mutta yhdellä ehdolla. Mitä hyvänsä minä teenkin, sinun täytyy tehdä tarkalleen samalla tavoin.' 'Sen pitäisi olla help-poa,' mies sanoi innostuneesti,' ja niin hän lähti pyhi-myksen matkaan.

125

Naranattu Bhrantan käveli, käveli ja käveli. Hän ei koskaan levännyt. Hän ei syönyt eikä juonut useaan päivään. Hän ei nukkunut eikä puhunut. Pian mies oli aivan uupunut. Hän yritti pysyä *mahatman* tahdissa, mutta tunsi, ettei jaksaisi enää kauaakaan. Lopulta hän sanoi pyhimykselle: 'Minä kuolen, jos en pian syö tai juo mitään.' Pian sen jälkeen he tulivat sepän työpajalle, missä sulatettiin lyijyä. *Mahatma* käveli padan viereen ja alkoi juoda lyijyä käyttäen paljaita käsiään kuppeina. Kääntyen ystävänsä puoleen hän sanoi: 'Hei, tule tänne! Juo niin paljon kuin haluat.' Mies astui askeleen taaksepäin, kääntyi ympäri ja juoksi niin lujaa kuin jaloistaan pääsi. Ta-rinan pyhimys tunnettiin nimellä *bhrantan*, joka tar-koittaa 'hullua'. Koska ihmiset eivät ymmärtäneet häntä, he ajattelivat, että hän oli hullu. Hän hyväksyi sen eikä yrittänyt korjata heidän käsitystään tai opettaa heitä. Hän ei välittänyt maailmasta tai siitä mitä maailma ajatteli hänestä.

Lapset, hänestä on olemassa toinenkin mielenkiin-toinen tarina. Naranattu Bhrantanilla tapana keittää ruokansa hautausmaiden hautarovioilla. Kerrotaan, että eräänä yönä kun hän oli keittämässä, puolijumalatar, joka tanssii hautarovioiden ympärillä, ilmestyi paikalle. Hän ja hänen seurueensa tulivat suorittamaan keskiyön tanssirituaalia. Hän komensi Bhrantanin lähtemään hautausmaalta välittömästi, koska hän ei voisi tanssia ihmisten läsnäollessa. *Mahatma* ei välittänyt tästä, joten heidän välilleen kehkeytyi valtava väittely. Puolijuma-latar päästi karjaisun ja sanoi, että polttorovion ympärillä tanssiminen oli hänen jokaöinen rituaalinsa ja ettei hän aikonut rikkoa rutiiniaan missään olosuhteis-sa. *Mahatma* hymyili ja sanoi rauhallisesti: 'Jos olet niin tarkka säännöllisestä rutiinistasi, niin olen mi-näkin. Päivittäinen tapani on keittää ruokaa polttoroviolla hautausmaalla, sen tähden en voi lähteä. Jos vaadit, että sinun on tanssittava, miksi et mene jollekin toiselle hautausmaalle? Minä en lähde.'

Nähdessään miehen päättäväisyyden ja itsepäisyyden, puolijumalatar ja hänen seurueensa yrittivät pelästyttää hänet karjumalla ja uhkaavasti elehtien. *Mahatma* vain hymyili. Hän oli aivan

rauhallinen ja häiriintymätön. Hän katseli pelotteua lapsenkaltai-
sen viattomana ja nauroi sydämellisesti hurjalle esitykselle. Lopulta
puolijumalatar luopui. Hän oivalsi, että tämä mies ei ollut mikään
tavallinen ihminen. Hän muutti äänensävyään: 'Oi Suuri, minä luo-
vutan. Tapahtukoon sinun tahtosi. Minä lähden, mutta ennenkuin
menen, tahtoisin antaa sinulle lahjan. Pyydä jotakin." *Ma-hatma*
vastasi: "En halua mitään lahjoja. Ei ole mitään mitä minun pitäisi
saavuttaa eikä minulla ole täy-tettäviä haluja. Ainoa pyyntöni on,
että minut jätetään yksin. Anna minun keskittyä keittämiseen."

Siitä huolimatta puolijumalatar jatkoi vaatimistaan, että hänen
pitäisi pyytää suosionosoitusta, joten lopulta *mahatma* antoi periksi:
'Hyvä on, kerro minulle tarkka kuolinpäiväni,' hän sanoi. Puoliju-
malatar kehotti pyytämään muuta lahjaa, sillä kyse ei ollut mistään
suuresta suosionosoituksesta. 'Hyvä on,' sanoi pyhimys. 'Voitko siir-
tää kuolinhetkeäni yhtä päivää myöhemmäksi tai aikaisemmaksi?'
Puolijumalatar vastasi, ettei hänellä ollut sellaisia voimia, joten eikö
hän voisi pyytää jotakin muuta?

Säälien häntä *mahatma* osoitti vasenta jalkaansa, jota vaivasi
elefanttitauti ja sanoi: "Koska olet niin in-nokas antamaan lahjo-
jasi, siirrä sairaus vasemmasta jalastani oikeaan." Kun se oli tehty,
hän pyysi puoliju-malatarta lähtemään, sillä hän ei halunnut enää
lahjoja. Totellen puolijumalatar katosi välittömästi paikalta vieden
seurueensa mukanaan.

Outoja ovat *mahatmojen* tavat. Ihmisäly ei kykene ymmärtämään
suuria sieluja ja sen tähden ihmiset sa-novat heitä hulluiksi. Heidän
näennäisellä hulluudellaan on tarkoitus: saada ihmiset oivaltamaan
oma hulluutensa arvostuksen, kunnian ja omaisuuden pe-rään. Vain
jos ihmiset oivaltavat oman hulluutensa voidaan tuollainen hulluus
poistaa. *Mahatmalla* ei ole mitään saavutettavaa eikä menetettävää.
Hän on kaikkien saavutusten tuolla puolen. Hän on saavuttanut jo
kaiken saavutettavissa olevan ja hän on ääriään myöten täynnä. Kun
hänen sydämensä vuotaa yli äyräittensä, se tunnetaan rakkautena
ja myötätun-tona. Hän voi olla täydellisesti sisäänpäin vetäytynyt
tai hän voi, niin halutessaan, olla täynnä rakkautta.

Tämän tarinan tarkoituksena on näyttää miten täydellisesti antautunut sielu asennoituu. Tarina ku-vaa kuinka kaikki juma-lallisuuden olemuspuolet ovat täydellisesti *mahatman* hallinnassa. Hänessä ei ole pelkoa, ei myöskään levottomuutta tai innostusta. Hän ei ole huolestu eikä häiriinny mistään. Vaikka hän voi ha-lutessaan muuttaa kohtalon tai *prarabhdan*, hän hyväksyy sen mielellään. Hän ei halua muuttaa sitä. Koska hän on peloton, hän kohtaa mielihyvin kaikki kokemukset. Pelko on seurausta siitä, että ihmiset ovat huolissaan omista pikku haluistaan ja keskittyvät aina vain itseensä. Kun ylität pelon, voit hymyillä kaikille elämän haasteille. *Mahatma* on ylittänyt kaikki *vasanat* hallitsemalla halut ja ajatusaallot. Se antaa hänelle voiman nauraa sydä-mellisesti ja vain yksinkertaisesti katsella kaikkea.

Mutta, havaitsitteko, että tarinan *mahatmalla* ei ollut myötätun-toa? Hänellä ei ollut sen enempää myö-tätuntoa kuin myötätunnon puutettakaan. Hän ei vä-littänyt maailmasta lainkaan. Hän oleili aina absoluut-tisessa tilassa. Hän oli melkein niinkuin ihminen vailla kehoa. Myötätunto on ominaisuus, joka saa *mahatman* jäämään ihmisten pariin ja työskentelemään heidän kohottamisekseen. Tuon myötätunnon takia hän auttaa *sadhakoita*, oppilaita ja ketä hyvänsä, joka lähestyy häntä."

Ilta*bhajaneitten* aika alkoi olla käsillä. Amma pyysi kaikkia valmis-tautumaan. Hän meni ja istuutui taval-liseen paikkaansa temppelin eteen. Yksi kerrallaan *ashramin* asukkaat tulivat ja istuutuivat pai-koilleen temppelin kuistille. Amma istui omalla paikallaan nojaten seinään. Katse taivaalle suunnattuna Hän oli täydellisesti unohtanut tämän maailman.

Pian kuisti oli täynnä *ashramin* asukkaita. Laulaminen alkoi vaikka Amma ei aluksi osallistunutkaan siihen. Hän istui liikku-mattomana katsoen jonnekin tämän maailman tuolle puolen. *Braha-machari* Sreeku-mar lauloi *Arikullil*-laulun, jonka hän oli säveltänyt ollessaan kaukana Äidin luota. Laulu kuvaa hänen sietämätöntä eron tuskaansa. Sen tähden se on täynnä sydämellisiä tunteita. Näitä samoja tunteita *brahma-charit* ilmaisivat laulaessaan laulua:

> *Läntiseen valtamereen laskeva aurinko*
> *valittaa surullisesti päivän päättymistä.*
> *Kaikki on vain Universaalin Arkkitehdin leikkiä,*
> *joten miksi tuntea itsenne hylätyiksi,*
> *oi sulkeutuvat lootukset?*

> *Tämä maailma, täynnä surua ja tuskaa,*
> *on vain Jumalan, Luojan näytelmä,*
> *ja minä olen vain marionetti,*
> *avuton nukke Hänen käsissään,*
> *katsellessani tätä*
> *minulla ei ole edes kyyneleitä vuodattaa...*

> *Minä palan niinkuin liekki*
> *ollessani erossa Sinusta,*
> *mieleni palaa ja palaa,*
> *ja minä ajelehdin surun valtameressä*
> *löytämättä rantaa.*

Ensimmäisen laulun jälkeen Amma liittyi laulamaan *Nilanbujaa*. Hänen sydämensä vuoti yli äyräittensä ja loi autuuden ja ekstaasin aaltoja toinen toisensa jälkeen:

> *Oi Äiti, jolla on siniset lootusilmät,*
> *etkö kuuntele tämän surevan sydämen nyyhkytystä?*

> *Kenties seurauksena joistakin aiemman elämän teoista*
> *vaellan yksinäni.*
> *Olen kulkenut aikakausien ja*
> *jälleen aikakausien lävitse,*
> *kunnes olen syntynyt tähän elämään.*
> *Etkö ota minua äidilliseen syleilyysi*
> *ja nosta minua polvillesi?*

*En kenties ole sen arvoinen,*
*mutta, oi Äiti,*
*siksikö hylkäisit tämän lapsen?*
*Tule ja ota minut lähellesi*
*ja suo minulle armollinen katseesi.*

ॐ

# 6. luku

Sunnuntaina, 22. heinäkuuta 1984

Jo puoli yhdentoista aikaan aamulla Amma oli ma-jassa antamassa *darshania* (valaistuneen opettajan siu-nausta) lapsilleen. Koska oli sunnuntai, *Devi-bhava*-päivä (Jumalallisen Äidin juhlapäivä), monet ihmiset olivat tulleet hakemaan Äidin siunausta. Vaikka näin monsuunikauden aikana satoikin melkein joka päivä oppilaat eivät antaneet sen estää tuloaan Äidin *darshaniin*.

On aina ainutkertainen kokemus nähdä Amman antavan *darshania* lapsilleen. Ihmiset tulevat Hänen eteensä yksi kerrallaan ja siirtyvät sitten pois. Jotkut itkevät ja vuodattavat sydämensä Hänelle etsien siu-nausta ja armoa, kun toiset taas nauravat ja iloitsevat ilmaisten siten onnellisuutensa ja kiitollisuutensa Ammalle Hänen ikuisesta armostaan. On niitä, jotka haluavat vain saada apua henkiselle kasvulleen. He rukoilevat Hänen jatkuvaa ohjaustaan ja armoaan. Jotkut toivovat joidenkin toiveittensa täyttyvän ja toiset tahtovat Amman ratkaisevan heidän ongelman-sa. Hän lohduttaa itkeviä, pyyhkii heidän kyyne-leensä ja vakuuttaa, että Hän on aina heidän kanssaan. Amma nauraa niiden kanssa, jotka iloitsevat ja osal-listuu täysin sydämini heidän onneensa. Ei ihme, että ihmiset nytkin olivat uhmanneet myrskyistä säätä tullessaan hakemaan Ammalta lohdutusta ja turvaa. Hänen suojelevat siipensä levittäytyvät yhtä laajalle kuin itse maailmankaikkeus. Kauas ja laajalle ulottuen Amma takaa rakastavan suojan kaikille lapsilleen.

# Ole rohkea

*Darshanin* aikana nuori mies lähestyi Äitiä va-littaen, että hänellä oli ollut kova niskasärky kaksi vuotta. Hän sanoi kärsineensä kiduttavasta tuskasta yötä päivää. Nuori mies lisäsi vielä, ettei hän kyennyt koskaan nukkumaan kunnolla, koska tuska lisääntyi valtavasti yön aikana. Nuori mies oli sen näköinekin kuin hänellä olisi ollut kovia kipuja jopa puhuessaan Äidille.

Amma kuunteli häntä kujeellinen hymy kasvoillaan. Tämä oli melko epätavallista. Yleensä kun joku lä-hestyi Häntä tuollaisen ongelman kanssa, Amma samaistui voimakkaasti ihmiseen ja hänen kipuunsa. Hän oli myötätuntoinen, lohdutti ja hieroi rakastavasti sairastunutta aluetta. Näin Amma pyrki lievittämään kipua kaikin mahdollisin tavoin. Tälle nuorelle mie-helle Amma ei kuitenkaan osoittanut myötätuntoa ja rakkautta. Äiti jatkoi hymyilyään ja katseli hänen kasvojaan jonkin aikaa. Hiljalleen hymy katosi ja hänen kasvonsa muuttuivat hyvin vakaviksi. Amma katsoi suoraan nuoren miehen silmiin. Hänen kat-seensa ja Hänen silmänsä olivat nyt niin läpitunkevat, että nuori mies ei kyennyt kohtaamaan Hänen katsettaan. Miehen pää painui alas.

Amman ilme tuli yhä vakavammaksi ja sitten Hän sanoi: "Kat-sohan tänne, onko tämä sopiva paikka esittää näytelmääsi?" Ääni kuulosti syvältä ja pe-lottavalta.

Nuori mies nosti päänsä. Hän pelästyi ja alkoi va-pista. Lopulta häneltä pääsi voimakas huuto ja hän purskahti itkuun. Kyynelten lävitse hän huusi: "Anna minulle anteeksi! Anna anteeksi! Älä kiroa minua. Älä rankaise minua. Minua pelottaa. Yritin teeskennellä, että kärsin niskakivusta. Pyydän, anna anteeksi... anna anteeksi... anna anteeksi..." Nuori mies toisti näitä sanoja uudelleen ja uudelleen.

Nähdessään hänen avuttomuutensa Amma ei voinut kuin antaa äidillisen myötätuntonsa tulvahtaa. "Poikani, poikani," Hän sanoi, "ei huolta. Ei huolta, älä ole huolissasi. Kuinka Amma voisi kirota sinut tai rangaista sinua? Ei Hän voi tehdä kumpaakaan. Kuinka Äiti voisi edes uneksia tekevänsä sellaista? Älä itke. Rentoudu. Ole huoletta. Älä ole peloissasi. Sait anteeksi samalla, kun oivalsit virheesi. Älä itke." Amma syleili miestä, kuivasi hänen kyyneleensä, otti hänet syliinsä ja silitti hänen selkäänsä myötätunnolla ja rakkaudella. Tämä nuori mies oli skeptikko ja ateisti, joka ei ollut uskonut Ammaan. Hän oli ajatellut, että Amma oli vain tavallinen kylän tyttö, jonka ihmiset olivat korottaneet jumalaksi. Keksitty sairaus aseenaan hän oli tullut omine nokkineen paljastamaan Amman. Nuoren miehen suunnitelmissa oli tulla *darshaniin* ja saada Amma uskomaan, että hänellä oli voimakas niskakipu. Hän odotti, että Amma lohduttaisi ja tyynnyttelisi häntä ja vasta sen jälkeen hän paljastaisi totuuden Ammalle. Unelmissaan hän oli ajatellut kävelevänsä paikalta nenä pystyssä, ylpeänä ja menestyksekkäänä paljastettuaan Amman huiputtajaksi, mutta hänen suunnitelmansa oli epäonnistunut. Hän oli ajatellut nöyryyttävänsä Äitiä, mutta sen sijaan hän olikin itse tullut nöyryytetyksi.

Nuori mies itki ja aneli Ammalta anteeksiantoa. Tyynnyttyään jossakin määrin mies nosti päänsä Am-man sylistä ja istuutui lähelle Äitiä pää edelleen painuksissa. Äiti jatkoi *darshanin* antamista oppilaille ja *brahmacharit* lauloivat *Amma Amma Taye* -laulun:

*Oi Äiti, Äiti, rakas Jumalallinen Äiti,*
*oi maailmankaikkeuden jumalatar,*
*Hän, joka antaa ravinnon kaikille olennoille,*
*Sinä olet Perimmäinen, Korkein Voima.*

*Kaikki tässä maailmassa tapahtuu*
*Sinun jumalallisena leikkinäsi.*

*Suojele minua, Äiti, oi Äiti, suojele minua.*
*Ilman hedelmöitystä kohdussa*
*olet antanut miljoonien ja miljoonien olentojen syntyä.*

*Sinä olet minut elämäni päämäärä, oi Äiti,*
*Älä jätä minua huomiotta, oi maailman Äiti.*

*Sinä olet Lalita-jumalatar, maailman hallitsija.*
*Oi Äiti, jos Sinä heität minut vaikeuksiin yhä uudelleen ja*
*uudelleen,*
*kuka muu voisikaan sjuojella minua?*
*Oi lumoavasilmäinen Äiti,*
*Sinä olet kaikkialla läsnäoleva,*
*kaiken näkijä.*

Laulun jälkeen nuori mies alkoi jälleen itkeä kuin lapsi. Amma katsoi häntä hymyillen ja sanoi: "Poikani, älä tunne itseäsi noloksi. Unohda koko tapahtuma. Ole rohkea. Sinä olit riittävän rohkea tullaksesi Am-man eteen teeskennellen, että sinulla oli kauhea niskakipu. Missä on tuo rohkeutesi nyt? Jos ryhdyt tekemään jotakin, oli se sitten oikeaa tai väärää, si-nun tulisi uskaltaa myös kohdata seuraukset. On monia, jotka ovat valinneet vääryyden tien. He jopa saattavat olla tietoisia siitä, että heidän tiensä on väärä. Silti he jatkavat valitsemallaan tiellä päättäen kohdata ja ylittää seuraamukset, olivat ne sitten hyviä tai eivät.

Mutta katsohan nyt itseäsi ja tilaasi. Etkö voi olla hieman rohkeampi? Poikani, joko antaudut tai julistat sodan. Antautuminen vaatii hieman enemmän rohkeutta. Ken antautuu Korkeimmalle Olennolle on rohkein kai-kista. Itse asiassa hän, joka julistaa sodan, on peloissaan. Pelko saa hänet julistamaan sodan. Hän pelkää, ettei kykene voittamaan vastustajaansa. Hän pelkää, että hänen ajatuksensa joutuvat häviölle. Hän pelkää, ettei pysty kukistamaan vastustajaansa. Ajatus vastustajasta häiritsee häntä aina. Yöt ja päivät hän ajattelee vi-hollistaan. Vastakkainasettelu synnyttää helvetin hänen mielessään ja niin hän elää jatkuvassa pelossa.

*Sitan* ryöstäjä, *Ravana* pelkäsi jatkuvasti tämän aviomiestä, *Ramaa. Kamsa, Sri Krishnan* paha setä, eli peläten aina veljenpoikaansa. *Duryodhana,* sokean kuningas *Dhritharasthran* vanhin poika, pelkäsi jat-kuvasti *Pandavia.*

Tämän päivän ateistit ja ei-uskovaiset elävät pelossa. Mutta toisin kuin menneitten aikojen sankareilla, ihmisillä, niin näillä ihmisillä, jotka nykyisin kerskuvat olevansa ateisteja ja ei-uskovaisia, ei ole rohkeutta kohdata tekojensa seurauksia. Nuo menneit-ten aikojen sankarit olivat myös ateisteja ja ei-usko-vaisia, mutta he olivat paljon rohkeampia kuin tämän päivän skeptikot ja ei-uskovaiset. Huolimatta rohkeudestaan tehdä epäoikeuden-mukaisia tekoja he elivät silti pelossa. *Ravana* pelkä-si, että *Rama* tuhoaisi hänet, kun Hän tulisi pelastamaan *Sitaa*. Pelko siitä, että *Krishna* tulisi ja tappaisi hänet vaivasi jatkuvasti *Kamsaa*. Ja *Duryodhana* pelkäsi *Pandavien* voimaa, erityisesti koska *Krishna* oli *Pandavien* puolella. Pelko teki näitten ihmisten elämän jatkuvaksi helvetiksi. He suunnittelivat aina juonia tappaakseen vihollisensa. Heillä ei ollut koskaan sisäistä rauhaa vaan he elivät jatkuvasti jän-nittyneinä ja toivottomina. Näin tapahtuu niille, jotka eivät tahdo antautua.

Perimmäiselle antautuminen poistaa kaiken pelon ja jänni-tyksen. Antautuminen johtaa ihmisen rauhaan ja autuuteen. Siellä missä on antaumusta, siellä ei ole pelkoa, ja päinvastoin. Missä on antaumusta, siellä on rakkautta ja myötätuntoa, kun taas pelko johtaa vihaan ja vihamielisyyteen. Mutta antautuakseen ihminen tarvitsee paljon rohkeutta, rohkeutta luovuttaa itsensä. Vaatii rohkeutta uhrata oma egonsa. Antautuminen tarkoittaa kaiken toivottamista tervetulleeksi ja hyväk-symistä ilman pienintäkään surun tai pettymyksen tunnetta.

Sen tähden, poikani, jos haluat taistella, se käy hyvin. Jatka yrityksiäsi paljastaa Amma petturiksi. Yritä edes olla rohkea ja päättäväinen. Katso itseäsi, olet menettänyt kaiken voimasi ja päättäväisyytesi. Älä anna sen tapahtua. Ole rohkea, äläkä menetä itse-luottamustasi."

Nuori mies pysytteli hiljaa. Hän näytti pohtivan tapahtunutta syvästi. Muutamat lähellä istuvat oppilaat ilmaisivat vihansa häntä kohtaan parin te-rävän huomautuksen muodossa. Amma keskeytti hei-dät sanoen: "Ei, ei. Ette saa tehdä noin. Älkää lou-katko hänen tunteitaan. Karkeilla huomautuksillanne annatte huonon esimer-kin. Amma ei halua arvostella ja sättiä häntä. Amma kertoo näistä

135

asioista vain saattaakseen asian hänen tietoonsa, hyödyttääkseen häntä. Hän on vapaa hyväksymään tai hylkäämään ne. Sitä paitsi teidän vihan ilmauksenne laukaisee teissä kielteisiä *vasanoita*. Käyttäkää erottelukykyänne. Teidän tulee opetella kuinka kuunnella ja toimia reagoimatta. Sen tähden, lapset, Amma ei salli teidän olevan ilkeitä hänelle. Amma ei halua, että tuomitsette häntä. Miksi tekisimme niin? Mitä hyvää se saisi aikaan hänelle tai teille? Tuomitseminen vain pilaa teidän mielentilanne samoin kuin hänenkin. Se ei ole oikea asenne. Rea-goiminen ei hyödytä uhriasi eikä sinua. Sen tähden, älä reagoi. Opettele toimimaan reagoimatta."

## Reagoimatta toimiminen

Toinen niistä oppilaista, jotka olivat ilmaisseet vihaa nuorta miestä kohtaan, kysyi: "Amma, mitä tarkoitat reagoimatta toimimisella? Me tietenkin reagoimme aina. Mutta kuinka toimia reagoimatta?"

Amma selitti eron: "Reagoimatta toimiminen voidaan selittää monin eri tavoin. Se on täydellistä hyväksy-mistä. Se on myös sitä, ettei hyväksy, mutta mielentila on silti myönteinen. Se voi myös olla sitä, että ei hyväksy eikä torju. Sinä vain yksinkertaisesti katselet sitä reaktiota, joka sinussa herää. Mutta pysyttelet ulkopuolisena. Et mene lainkaan mukaan. Vain katsot, ja kun katsot, et ole sen sisällä. Olet tarkkailija. Et ole reaktion sisällä. Voidakseen toimia reagoimatta tulisi pysytellä aivan kuin peilinä. Olisi tultava erit-täin hyväksi toisten tunteitten heijastajaksi. Peili vain heijastaa, mutta ei koskaan sotkeudu tilantee-seen. Kuvajaiset eivät koskaan kosketa tai vääristä sitä.

Katsoessaan elokuvaa olet sen ulkopuolella. Sinä vain katsot ja tarkkailet. Nautit näytelmästä, nautit näytelmän katsomisen tuottamasta kokemuksesta. Et osallistu näytelmään tai itse tapah-tumaan. Miten kau-nista onkaan, jos kykenet toimimaan näin. Voit seistä tapahtuman ulkopuolella ja yksinkertaisesti nauraa sille. Vain myötätuntoinen sydän voi toimia reagoimatta. Vain hän, jonka sydän on täynnä rakkautta,voi toimia reagoimatta.

Tästä selityksestä nousi kysymys: "Voiko tavallinen ihminen toimia näin?"

"Tuollainen epäilys ei varmaankaan tee sitä mahdol-liseksi," kuului Amman vastaus. "Lapset, jos haluatte päästä maalliseen päämäärään, esimerkiksi ansaita mil-joona markkaa, aloitatte välittömästi. Ette tuhlaa aikaa. Yritätte kovasti, työskentelette uutterasti saavuttaak-senne päämääränne. Työskentelette innolla. Voimakas halu saavuttaa päämäärä saa teidät unohtamaan kaiken muun - jopa ruuan ja unen. Kun haluatte tulla lääkä-reiksi tai insinööreiksi, opiskelette ahkerasti voidak-senne toteuttaa unelmanne. Mutta kun päämääränne on henkinen, jotakin, joka voi todella auttaa teitä elämään rauhallisen elämän, teillä on satoja epäilyksiä sen suhteen, satoja kysymyksiä siitä, onko se mahdollista. Mikä sääli! Ennenkuin olette edes yrit-täneet! Teidät on lyöty jo ennen aloittamista.

Ihmisäly on vienyt meidät suuriin korkeuksiin tie-teen alueella. Oli aika, jolloin ihmiset ajattelivat, että monet niistä asioista, jotka tiede on tänään saa-vuttanut, ovat kertakaikkiaan mahdottomia. Ei voitu edes uneksia, että ihminen voisi päästä kuuhun tai että ihmi-set istuen kotonaan katselemassa pientä TV:ksi kutsuttua laitetta, voisivat seurata siitä maa-pallon toisella puolella samanaikaisesti sattuvia ta-pahtumia. Ajattele ennen täysin uskomatonta ja mie-likuvituksellista mitä nykytiede on saanut aikaan ja mitä nyt pide-tään itsestäänselvyytenä. Mistä tämä kaikki tulee? Mikä on näiden ihmeellisten keksin-töjen takana? Ne ovat ihmisälyn saavutuksia.

Nämä keksinnöt ja saavutukset ovat selkeitä todisteita siitä ihmismielen valtavasta, myötäsyntyisestä, tieteelliseen keksimiseen suunnastusta voimasta. Ja kuitenkin tiedemiesten äly on vain pienen pieni osa ihmismielen koko synnynnäisestä voimasta. Ihmis-mielen voima on mittaamaton.

Tämä ääretön voima on kaikissa ihmisolennoissa. Jos ihminen todella haluaa tehdä jotakin, hänelle mikään ei ole mahdotonta. Mikään ei voi orjuuttaa häntä, voittaa häntä tai hallita häntä, jos hän on tarpeeksi rohkea sukeltaakseen syvälle omaan mieleensä, omaan tietoi-suuteensa. Hän voi saavuttaa perimmäisen voiman-lähteen. Amma voi taata tämän edellyttäen, että yri-tykset ovat vilpittömiä. Ympäri maailmaa on monia mestareita, jotka ovat saavuttaneet tämän lopullisen tilan. Jos he kykenivät siihen, sinun pitäisi pystyä samaan. Miksi epäillä? Yritä. Epäily on opittua, sinä opit epäilemään. Et koskaan opi uskomaan. Epäilys on vihollisesi numero yksi. Usko on paras ystäväsi. Usko ja yritä. Tulet näkemään lopputuloksen."

Ryhmä Keralan pohjoisosista tulleita oppilaita ryh-tyivät laulaen resitoimaan *Devi Mahatmyamin* jakeita:

> *Oi Devi, Sinä poistat anovien kärsimykset,*
> *ole armollinen. Ole suosiollinen,*
> *maailman Äiti.*
> *Ole armollinen,*
> *oi maailmankaikkeuden Äiti.*
> *Suojele maailmankaikkeutta.*
> *Sinä olet, oi Devi, kaiken sen hallitsija,*
> *joka liikkuu ja on liikkumatonta.*

> *Sinä olet maailman ainoa perusta,*
> *sillä Sinä elät maana*
> *ja Sinä elät vetenä,*
> *kaikkea tätä (universumia) Sinä ilahdutat.*
> *Oi pyhän urheus.*

> *Sinä olet Vishnun voima*
> *ja loputtoman urhoollinen.*
> *Sinä olet perimmäisin maya,*
> *joka on maailmankaikkeuden lähde;*
> *Sinä olet kaiken tämän (universumin)*
> *heijastanut illuusioksi, Oi Devi.*
> *Jos Sinä olet armollinen,*
> *Sinusta tulee lopullisen vapautuksen*
> *antaja tässä maailmassa.*

*Kaikki tieto on Sinun olemustasi, oi Devi;*
*samoin kaikki maailman*
*naiset ominaisuuksiineen.*
*Sinä yksin, oi Äiti,*
*täytät tämän maailman.*
*Miten ylistää Sinua,*
*kaikkein arvokkain*
*ja seuraavaksi arvokkain*
*ylistämisen arvoisista?*

Lausuessaan *sanskritin* kielisiä säkeitä rakkadella ja antaumuksella osa heistä vaipui voimallisesti si-säänpäin. He olivat niin syvästi uppoutuneet omaan ekstaasinsa, että alkoivat ilmaista sitä elein ja kurkot-taen käsiään toteutua heissä: käsien kurkottautuminen kohti Ammaa, nostan ne kohti korkeuksia, liittäen kätensä yhteen ja tervehtien Ammaa. Jotkut vuodattivat rakkauden kyyneleitä jatkaen samalla valtavalla antaumuksella resitatiivin laulamista. Oppilaat olivat riemuissaan saadessaan laulaa Ammalle. Amman istuessa ja katsoessa heitä myötä-tunto virtasi Hänen silmistään. Hänen kasvonsa lois-tivat kuin täysikuu. Amman katse ja hurmaava hymy loi oppilaisiin lumoavaa taikavoimaa. Kyyneleet valuivat pitkin heidän poskiaan, kun he jatkoivat hymnin toistamista korkeimpaan antaumukseen kohoten.

Amma istui istuimellaan hyvin hiljaa. Hän ilmensi kaikkia niitä merkkejä, joita Hän näyttää *Devi-bhavan* aikana. Hänen kätensä olivat jumalallisessa *mudrassa*, autuaallinen hymy säteili kasvoilla Hänen katsoessa resitoivia oppilaita. Korkeimman autuuden vuorovesi-aalto nousi heissä, kun heidän laulunsa tuli yhä hurmiotuneemmaksi ja koko maja värähteli sen täy-teydestä. Amma istui hetken samassa tilassa, sitten Hän vetäytyi itseensä. Resitoiminen lakkasi hiljalleen. täydellinen hiljaisuus vallitsi *darshan*majassa. Op-pilaat kokivat syvän meditaation autuutta. Yksi op-pilaista oli täydellisesti humaltuneessa tilassa. Sydän täynnä antaumusta ja rakkautta hän itki ja nauroi samaan aikaan huudahtaen aina silloin tällöin: "Am-ma... Amma". Jotkut oppilaista istuivat katse Pyhän Äidin kasvoihin kohdistuneena. Melkein viisi minuut-tia kului tällä tavoin, ennenkuin Amma avasi hitaasti silmänsä toistaen: "*Shiva... Shiva... Shiva... Shiva...*". Samalla hän liikutti oikeaa kättään ympyrässä - op-pilaille niin tuttu, mutta selittämätön ele.

Amma jatkoi läsnäolijoitten vastaanottamista. Oppi-las, joka oli esittänyt kysymyksen ' reagoimatta toimi-misesta' tahtoi tietää lisää.

Amma vastasi näin: "Sinä kysyt edelleen mitä on reagoimatta toimiminen ja kuinka toteuttaa se. Amma voi puhua sinulle reagoimatta toimimisesta. Hän saattaa antaa sinulle vakuuttavan vastauksen. Mutta se ei auta paljoakaan. Ihmiset ovat kiinnostuneita vain älyllisesti tyydyttävistä vastauksista. Kun he saavat sellaisen, heidän mielensä on hetken hiljaa. Mutta mieli epäilee jälleen, uusi vastalause tai kysymys nousee. Sen tähden vastaukset ovat hyvin usein ruokaa mielelle. Joka kerta kun tyydytät epäilevän mielesi nälän, syötät sitä itse asiassa uusilla ideoilla. Tästä tulee helposti tapa ja sen tähden sydämeesi ei koskaan kehity uskoa. Et kos-kaan luota sydämeesi. Ja kuinka voit ilman uskoa ja rakkautta koskaan oppia toimimaan reagoimatta?

Lapset, kaikki maailman suuret mestarit, olivat he sitten idästä tai lännestä, opettavat meitä toimimaan reagoimatta. He eivät kos-kaan reagoi. Heidän koko elämänsä on todistuksena tästä elämän suuresta pe-riaatteesta - reagoimatta toimimisesta. Jeesus Kristus antoi unohtumattoman esimerkin siitä. Hän antoi kehonsa kidutettavaksi ja ristiinnaulittavaksi ja kun Hän oli kuolemassa ristillä, Kristus rukoili niiden puo-lesta, jotka olivat Häntä vastaan. Hän rukoili heidän hyväänsä - että heille annettaisiin anteeksi.

Kun *Kaikeyi, Sri Raman* äitipuoli pyysi miestään karkottamaan Raman neljäksitoista vuodeksi maanpa-koon metsään, Rama hyväksyi maanpaon hymy kasvoil-laan. Hän ei ollut lainkaan vihainen Kaikeyille. Hy-myillen Hän kykeni koskettamaan tämän jalkoja sydän kunnioituksta ja rakkautta tulvillaan. Hän yksinker-taisesti hyväksyi maanpaon tosiasiana, Hänessä ei ollut hiukkaakaan suuttumusta tai vihaa. *Laksmana* puoles- taan halusi tappaa Kaikeyin tämän julman teon vuok-si. Kullessaan vanhemman veljensä kovasta kohta-losta, Laksmana joutui hurjan vihan valtaan ja päätti kostaa. Hän pyysi Ramalta lupaa vangita isänsä, jota hän kutsui 'epäoikeudenmukaiseksi ja tohvelin alla olevaksi kuninkaaksi'. Laksmanan reaktio oli kauhis-tuttava, kun taas Rama toimi kauniisti reagoimatta. Raman reagoimatta toimiminen auttoi itseasiassa Laksmanaa rauhoittumaan.

Jopa ollessasi keskellä voimakasta ristiriita-tilanetta voit toimia reagoimatta. Raman ja Ravanan välisessä taistelussa Rama tappoi Ravanan vaununajajan ja hänen hevosensa, tuhosi vaunut ja riisui Ravanan täydellisesti aseista. Menetettyään kaiken toivonsa Ravana odotti Raman terävien nuolien lävis-tävän rintansa. Mutta nuolien surinan sijasta hän kuulikin Raman äänen: 'Ravana, olet täysin aseis-tamaton.' Raman ääni oli rauhallinen: 'Voisin tuhota sinut nyt, jos haluaisin. Mutta en tee sitä. Toisen tappaminen, silloin kun tämä on täydellisesti aseis-tamaton, on vastoin *dharmaa.* Sen tähden, mene ta-kaisin palatsiisi, lepää, hoida haavasi ja tule takaisin huomenna raikkaana ja täysin aseistettuna.' Kuinka jalo vastustaja Rama olikaan! Vaikka Ravana oli syyl-listynyt anteeksiantamattomaan rikokseen ryostä-mällä Hänen pyhän puolisonsa ja seisoi nyt siinä Hänen edessään taistelutanteereella aseettomana ja täydellisesti avuttomana, Rama ei kantanut kaunaa vaan kykeni puhumaan niin ystävällisiä ja viisaita sanoja. Tällaista on reagoimatta toimiminen.

Tässä on toinen esimerkki. Kun metsästäjä ampui terävän ja kuolettavan nuolen, joka päätti *Krishnan* kehon elämän, mestari ei reagoinut. Hän ei pyrkinyt rankaisemaan metsästäjää. Päinvastoin Krishna siunasi metsästäjän kuolemattomuudella. Hän lahjoitti metsäs- täjälle elämän suurimman päämäärän, *muktin.* Tätä on reagoimatta toimiminen."

"Kuulostaa siltä kuin reagoimatta toimiminen olisi anteeksiantamista," kysymyksen esittäjä huomautti.

"Anteeksiantaminen ilman minkäänlaista vihan tai koston tunnetta on reagoimatta toimimista," Amma sanoi. "On olemassa ihmisiä, jotka saattavat antaa an-teeksi, mutta jotka silti tuntevat voimakasta vihaa. He antavat anteeksi, mutta hautovat silti kostoa. Eri syistä johtuen ihmiset näyttävät toisinaan antavan anteeksi.

Esimerkiksi mies mukiloi toista. Toinen mies ei kenties taistele vastaan, koska ensimmäinen on vahvempi. Emme voi sanoa tällaista anteeksiantamiseksi. Vaik-ka toinen mies ei kostakaan, koston tuli saattaa silti raivota hänen mielessään. Samoin, kun isä pieksee poikaansa tai opettaja lyö oppilasta, sen enempää poika kuin oppilaskaan ei vastaa iskuihin. Silti he tuntevat vihaa sisällään. Tätä ei voi sanoa anteeksian-tamiseksi, sillä kyse on vihan tai suuttumuksen tukah-duttamisesta. Sitä ei voi sanoa reagoimatta toimi-miseksi. Tällainen ilmaisematon viha ja suuttumus säilyy syvällä sisällä ja kun sopiva tilanne tulee, ne tullaan ilmaisemaan. Sellainen on reagoimista, ei reagoimatta toimimista.

Olipa kerran *mahatma*, joka oli vaeltava munkki. Eräänä päivänä hän istui puun alla, kun ilkivallan te-kijä sattui kulkemaan ohitse ja löi munkkia kepillä. Lyönti osui niin kovaa munkin olkapäähän, että keppi lensi lyöjän kädestä maahan. *Mahatma* nousi seisomaan ja poimi kepin. Ajatellen, että munkki tulisi lyömään takaisin, lurjus lähti pakoon. *Mahatma* juoksi hänen peräänsä. Etäällä olleet ihmiset, jotka olivat nähneet miehen lyövän munkkia, juoksivat paikalle. He py-säyttivät konnan ja tarttuivat häneen. Siinä vaiheessa *mahatma* oli saavuttanut heidät keppi kädessään. Ojentaen kepin takaisin lyöjälle *mahatma* sanoi tyy-nesti: 'Tahdoin antaa tämän kepin takaisin sinulle. Siinä kaikki.' Hän kääntyi lähteäkseen, mutta ihmiset, jotka olivat pysäyttäneet konnan, sanoivat: 'Mitä? Mistä on kysymys? Tämä roisto iski juuri sinua kovaa olkapäähän. Näimme sen. Häntä täytyy rangaista. Sinun tulee iskeä häntä takaisin - ei kerran vaan useita kertoja.' *Mahatma* hymyili ja vastasi: "Ei, en voi. Miksi minun pitäisi? Hän iski minua ja hyvä niin. Minä otan sen vain tosiasiana. En ymmärrä miksi minun pitäisi iskeä takaisin. Entäpä jos äsken istuessani puun alla yksi sen oksista olisi katkennut ja pudonnut päähäni? En kai olisi ottanut oksaa ja iskenyt sillä puuta. Samalla tavoin: hän löi minua ja minä hyväksyin sen. Hän toimi niin tietämättö-myyttään. Minun tulee tuntea myötätuntoa hänen tietämättömyyttään kohtaan, ei vihaa. Minun on täy-tynyt lyödä häntä joskus edellisessä elämässäni. Ja nyt minä otan vastaan oman toimintani hedelmän. Tässä mielessä hän ei lyönyt minua vaan minun menneisyyteni laittoi hänet lyömään minua. Jos minä nyt lyön häntä takaisin, luon itselleni uutta *karmaa*. Lisäisin sitä tiliäni, jota tulin tänne sulkemaan." Sanottuaan näin *mahatma* käveli pois sanomatta enää muuta.

Lapset, reagoimatta toimiminen on asenne. Niin ta-pahtuu, kun on täydellisesti riippumaton. Tämä on mah-dollista vain, kun vapautuu egosta. Vain egottomat ihmiset voivat todella toimia reagoimatta. Reagoimatta toimiminen toteutuu, kun saavuttaa ei-mielen tilan. Mieli ja ego osaa vain reagoida. Ne ovat mennei-syyden varastoaitta. Menneisyys on suuttumuksen, vihan, koston, takertumisen, kateuden ja kaiken kielteisyyden varastoaitta. Mennyt on ongelmien luoja. Jos mennyttä ei ole jollekulle olemassa, silloin ei synny ongelmia. Silloin vallitsee vain rauha ja autuus. Mennyt on tili, jonne talletamme enemmän ja enemmän reagoidessamme. *Mahatma* sitä vastoin tuhoaa menneisyyden kokonaan eikä lisää enää ti-lilleen. Kun mennyt on poissa, egokin on hävinnyt ja näin mielen sisältö on kadonnut. Sellainen ihminen ei voi reagoida. Hän voi vain toimia reagoimatta, koska menneisyyden aineisto on lakannut ole-masta. Menneisyys on hakuteos, viiteluettelo. Ei ole enää mitään mihin viitata, kun menneisyys on pois-tettu."

Viimeisin huomautus synnytti kysymyksen: "Menneisyys on haku-teos! Mitä tarkoitat, Amma?"

Amma vastasi: "Menneisyys on sanakirja tai haku-teos. Kun kuulemme, koemme tai teemme jotakin, palaamme automaattisesti näihin vanhoihin sivuihin. Niiden kautta löydämme merkityksiä, tulkintoja tai tapoja, joita käytimme aiemmin. Sitten puhumme tai toimimme tämän viitetaustan mukaisesti. Tällaista on reagoiminen.

Joku esimerkiksi sättii meitä. Yhtäkkiä mennyt nou-see esiin. Kysymättä lupaa, tietämättämme, se antaa yllykkeitä meille. Se sanoo: 'Eri ihmiset ovat solvanneet sinua lukemattomia kertoja. Joka kerta, kun joku solvasi sinua, sinä maksoit takaisin samalla mitalla. Joten tee niin jälleen, solvaa häntä takaisin. Käytä voimak-kaampia sanoja ja ilmauksia.'

Näin menneisyyden ketju toimii: kun joku loukkaa sinua, sinä loukkaat takaisin. Jos joku suuttuu sinulle, sinä vastaat vihalla. Näin se toimii. Totunnainen reak-tiotapa, joka on talletettu menneisyydessä, nousee esille uudelleen ja uudelleen. Ja joka kerta kun reagoit, tottu-mus tulee voimakkaammaksi ja voimakkaammaksi. Sinulla ja sinun uhrillasi on kummallakin menneisyys. Te molemmat reagoitte toisiinne. Toista on myös kohdeltu huonosti lukemattomia kertoja. Kukin reagoi omien menneisyyden reaktioittensa voimalla ja täyteydellä. Molemmilla teillä on nide niteen jälkeen valtavan kokoisia kirjoja, joiden puoleen tietämät-tänne käännytte. *Mahatma* on puhdas paperiarkki, kun taas tavallinen ihminen jatkaa kirjoittamista näille sivuille, hän lisää reagoidessaan näihin valtaviin kir-joihin.

Reagoimatta toimiminen kumpuaa suuresta sielusta, joka pysyttelee tyhjänä. Hän ei halua häiritä hiljai-suutta tarpeettomilla äänillä, rumentaa tyhjää paperi-arkkia tarpeettomilla sanoilla. Reagoimatta toimiminen nousee todella rakastavasta sydämestä. Rakkaus ei voi vahingoittaa. Samoin, reagoimatta toimiminen ei voi vahingoittaa."

Nuori mies, joka oli teeskennellyt niskakipua, oli istunut kaiken aikaa hiljaa Amman vierellä. Hän näytti kuuntelevan Amman syvällistä puhetta. Yhtäkkiä hän kumartui Äidin jalkoihin ja itki kuin lapsi. Amma nosti hänet rakastavasti ylös ja laittoi hänen päänsä syliinsä osoittaen ylitsevuotavaa myötätuntoa ja äidillistä rak-kautta. Nuori mies hallitsi vaivoin kyyneleensä. Nostaen päänsä Hänen sylistään nuori mies sanoi: "Amma, ha-luan olla rohkeampi. En halua enää olla skeptikko. Is-tuessani Sinun läheisyydessäsi vain tämän lyhyen het-ken olen oppinut niin paljon. Luulen ymmärtäväni mitä olen kaivannut koko elämäni ajan. Sinun rakkauttasi ja myötätuntoasi."
Hänen sanansa puuroutuivat jälleen ja hänen silmänsä täyttyivät

kyynelistä. Hän jatkoi: "En halua kadottaa sinua, Amma. En halua hukata elämääni enää." Nuori mies peitti kasvonsa ja itki jälleen. Kun *darshan* jatkui, *brahmacharit* lauloivat *Ini oru janmam* -laulun:

*Oi Krishna, säästä minut uudelta syntymältä,*
*muutoin putoan harhan suohon;*
*jos haluat minun vielä syntyvän,*
*suo armolahjasi ja anna minun syntyä*
*Sinun palvelijoittesi ikuiseksi palvelijaksi.*

*Oi Krishna, täytä mieleni pyhällä nimelläsi,*
*paljasta lootusjalkasi kirkkaina ja selkeinä;*
*pidä minun mieleni alati rauhallisena,*
*ja salli minun nähdä kaikki*
*Sinun ilmentymänäsi.*

*Oi Krishna, myötätunnon aarreaitta,*
*tervehdin Sinua nöyrästi,*
*yhteen liitetyin käsin.*

*Jos minun pitää syntyä vielä kerran,*
*salli sen olla maailmalle hyödyllinen,*
*että voin tuoda muille katoamatonta iloa...*
*jos sallit tämän toteutua,*
*pyydän: salli minun syntyä ihmiseksi*
*kuinka usein hyvänsä.*

Amman suhtautuminen nuoreen mieheen, Hänen rakkauden ja myötätunnon osoituksensa, sen sijaan, että Hän olisi tuominnut miehen juonen, oli selkeä esimerkki kuinka toimiminen reagoimatta voi aikaansaada ja myös saa aikaan hyvää muissa. Se sai aikaan todella myönteisen muutoksen miehen asenteessa ja sen saattoi jokainen läsnäolija havaita.

Amman oma elämä on elävä todiste reagoimatta toimimisesta. Hänen elämänsä alkuvaihe oli täynnä koettelemuksia ja kärsimyksiä.

Muutamaa harvaa ih-mistä lukuunottamatta kaikki, myös Hänen oma perheensä ja sukulaisensa, kääntyivät Ammaa vastaan. Tuhat nuorta miestä liittyi yhteen ja muodosti järjestön nimeltä 'Sokeiden uskomusten lopettamiskomitea'. Joidenkin kyläläisten ja poliitikkojen tukemana he yrittivät synnyttää skandaaleja Amman ympärille. He yrittivät vangituttaa Hänet syyttämällä Häntä rikoksista, joita Hän ei ollut tehnyt. He myös käyt-tivät alhaisia ja halpamaisia keinoja paljastaakseen Hänet petturiksi. Mutta Amma pysyi häiriintymättömänä. Hän ei koskaan reagoinut heidän kiusantekoonsa ja uhkauksiinsa. Hän vain rukoili ja pyysi Jumalaa, rakasta Krishnaansa ja Jumalallista Äitiä antamaan anteeksi Hänen sortajilleen.

Vaikka Hänen täytyi kantaa vastuu kaikista perheen-sä taloustehtävistä, Amma ei valittanut. Hän vain rukoili alati: "Oi Jumala, anna minulle työtä, anna minulle Sinun työtäsi." Amma työskenteli väsymättä. Vaikka Hänellä oli niin paljon tehtäviä, Amma rukoili saavansa lisää, että voisi omistaa kaikki tekonsa Jumalalle. Kun Amma kantoi vettä keittiöön ja kuumia riisivellikatti-loita päänsä päällä, Hänestä tuli yhdessä vaiheessa kalju. Tukka lähti kattiloitten painon ja kuumuuden takia. Siitä huolimatta Hän ei valittanut eikä lopettanut työskentelyä.

Amman omat vanhemmat ja vanhempi veli suhtautui-vat Häneen vihamielisesti. Vanhempi veli pilkkasi Häntä lähes jatkuvasti ilman syytä. Damayanti-amma, Amman oma äiti, oli tiukka kurinpitäjä eikä laikaan lempeä Häntä kohtaan. Kaiken vihamielisyyden keskellä Amma eli elämäänsä kauniisti reagoimatta missään tilanteissa, pitäen mielensä aina Korkeimmassa Olennossa.

On hyödyllistä muistella erästä toista tapahtumaa, jolloin Amma suhtautui kauniisti reagoimatta erääseen synnyinkylän pahamaineiseen räyhääjän. Siitä lähtien kun Amma ilmaisi jumalallisuutensa maailmalle, mies osoitti aina vihamielisyyttä Ammaa kohtaan. Milloin vain sai tilaisuuden hän solvasi ja loukkasi Ammaa, mutta Äidillä ei koskaan ollut pahoja tunteita miestä kohtaan. Amman luonteeseen kuului ottaa vastaan kaik-ki jumalallisen sallimuksen hyväntahtoisuuden osoituk-sena.

Kerran kun Amma oli matkalla erään oppilaan taloon, Hän havaitsi, että mainittu räyhääjä seisoi venelaiturilla. Tarttuva rupi-tauti peitti miehen kehoa. Visvaa ja verta vuoti hänen haavoistaan. Hän oli likainen ja haisi. Amma meni hänen luokseen ja kyseli rakastavasti hänen sairaudestaan. Pidellen miehen molempia käsiä Amma hyväili myötätuntoisesti hänen rupiaan. Pyydettyään pyhää tuhkaa Gayatrilta Amma laittoi sitä hänen haavoihinsa. Myötätunto ja huolen-pito, jota Hän ilmaisi miehelle, oli niin suurta, että tätä olisi voinut luulla hänen läheiseksi oppilaakseen. Ennen lähtöään miehen luota Amma piti hänen kä-siään rakkaudellisesti ja suuteli niitä. Nyt mies ei voinut kuin itkeä, itkeä kuin lapsi. Vielä kerran Amma ilmaisi rakkautensa hänelle, pyyhkien hänen kyyneleensä jatkoi sitten matkaansa. Tämän tapahtuman jälkeen miehestä tuli Amman antaumuksellinen oppilas. Tämä on erittäin hyvä osoitus siitä kuinka ihmeellisen muutoksen reagoimatta toimiminen syn-nyttää, jopa kaikkien vaikeimmissa ihmisissä.

Amma sanoo: "Meidän tulisi pyrkiä näkemään kai-ken olemus sellaisenaan. Minkä tahansa olemus, oli sitten kysymys esineestä tai olennosta, ei voi olla mitään muuta kuin mitä se on. Jos tämä ymmärretään, on reagoimatta toimiminen mahdollista. Silloin voi vain rukoilla toislle hyvää, voi vain tuntea myötä-tuntoa ja rak-kautta. Sammakot kurnuttavat ja sirkat soittavat öisin. Se on niiden luontoa, eivät ne voi toimia toisin. Eivät ne muutu siitä, jos suutut niille. Kukaan ei valvo öisin toistellen: "En saa unta tuon metelin takia." Ihmiset yksinkertaisesti jättävät ne vaille huomiota ja menevät nukkumaan, koska tietä-vät, että sammakot kurnuttavat ja sirkat soittavat. He tietävät, että kyse on niiden luonnollisesta ole-muksesta ja että ne eivät voi toimia toisin.

Samalla tavoin jokaisella ihmisellä on oma olemuksensa. Vihaamalla et voi muuttaa toisten ominaislaatua. Vain rakkaus voi muuttaa heidät. Ymmär-rä tämä ja yritä tuntea suopeutta ja rakkautta kaikkia kohtaan. Yritä olla myötätuntoinen, jopa niitä

147

kohtaan, jotka häiritsevät sinua. Yritä rukoilla heidän puolestaan. Tällainen asenne auttaa myös omaa mieltäsi säilymään rauhallisena ja tyynenä. Tällaista on aito reagoimatta toimiminen."

Kello oli kaksitoista. Ihmisiä oli vielä paljon jäljellä. He halusivat saada Amman *darshanin*. Amma jatkoi lastensa vastaanottamista *brahmacharien* laulaessa *Ma-no buddya* -laulun:

> En ole mieli, en äly, ego enkä muistikaan,
> en ole korvat enkä kieli,
> en hajuaisti enkä näkökyky,
> en ole eetteri, tuli, vesi enkä ilmakaan.
> Olen puhdas Tietoisuus-Autuus.
> Olen Shiva! Olen Shiva!
>
> En ole viisi elämänvoimaa
> enkä viisi elinenergiaa,
> en ole kehon seitsemän alkuainetta
> enkä kehojen vaipatkaan,
> en ole kädet, en jalat enkä kielikään,
> en ole sukupuolielimet
> enkä ulostuselimetkään.
> Olen puhdas Tietoisuus-Autuus.
> Olen Shiva! Olen Shiva!
>
> En tunne inhoa enkä mieltymyksiä,
> en ahneutta enkä harhojakaan;
> en omaa tunnetta egosta enkä ylpeile,
> ei ole uskonnollisia ansioita
> eikä omaisuutta;
> minulle ei ole olemassa nautintoa
> eikä vapautusta.
> Olen puhdas Tietoisuus-Autuus.
> Olen Shiva! Olen Shiva!

*En ole oikeintekijä enkä väärintekijä;*
*ei ole nautintoa eikä tuskaa;*
*ei ole mantraa eikä pyhää paikkaa,*
*ei ole vedoja eikä uhraustakaan;*
*ei ole syömistä, ei syöjää eikä ruokaakaan.*
*Olen puhdas Tietoisuus-Autuus.*
*Olen Shiva! Olen Shiva!*

ॐ

# 7. luku

Maantantaina, 23. heinäkuuta 1984

Aamumeditaation jälkeen jotkut *brahmacharit* kes-kustelivat Amman reagointia ja toimintaa käsitel-leestä *satsangista*. Koska suurin osa heistä oli koulutet-tuja nuoria miehiä, jokainen esitti omia käsityksiään, tulkiten eri tavoin Amman sanoja, kukin oman ymmär-ryksensä ja älyllisen kapasiteettinsa mukaisesti. Eräs *brahmachareista* sanoi: "En usko, että ihminen, joka elää yhteiskunnassa tai jolla on vastuullinen työ, voi aina toimia reagoimatta. Hänen täytyy reagoida. Kuinka esimerkiksi yrityksen toimitusjohtaja tai val-tion hallintovirkamies voi jättää reagoimatta? Jos yrityksen toimitusjohtaja vain toimii reagoimatta eikä koskaan reagoi, yritys ei toimi kunnollisesti ja sen täytyy lopettaa. Jos hallitusviranomainen vain toimii reagoimatta eikä koskaan reagoi, hallitus on kaaoksessa. Jos ihminen on vastuullisessa asemassa, hänen on pidettävä muut kurissa. Toisten kurissa pitäminen vaatii tietyn määrän reagointia, muutoin ei ole mahdollista toimia kunnollisesti yhteiskunnassa. Ei-len Amma käytti *Ramaa*, *Krishnaa* ja Kristusta esimerkkeinä, mutta jopa heidän piti reagoida tietyissä tilanteissa. Eikö totta?"

Toinen *brahmachari* esitti näkemyksensä: "Minä luulen, että Amman eilen antamat ohjeet on tarkoitettu vakaville *sadhakoille*. Se mitä Hän sanoi oli tarkoitettu niille, jotka pyrkivät todella elämään hen-kistä elämää luopuen maallisista haluista. Ego on tarpeellinen maailmassa elämiseen. Kun sinulla on ego, et voi toimia reagoimatta, silloin voit vain rea-goida. Amma itse painotti tuota seikkaa."

Ja jälleen eräs *brahmachareista* tahtoi saada puhevuoron. Hän aloitti: "Minä ajattelen..."

Hänet keskeytti toinen ääni: "Älä ajattele!"

Hätkähtäen he katsoivat ylös. Amma seisoi parvekkeella. "Älkää ajatelko!" Hän huusi alas. "Lapset, olette juuri lopettaneet meditaation ja olette jo alkaneet ajatella - se on meditaation täydellinen vastakohta. Meditaatio on kaikkien ajatusten sublimoimista, sitä että ei ajattele. Mutta täällä te pidätte aivoriihtä jostakin joka vaatii harjoitusta, ei keskustelua."

Amma jatkoi: "Lapset, te kaikki ajattelette. Teillä kaikilla on eri näkökulma ja mielipiteet, mutta rea-goimaton toimiminen toteutuu vain, kun lopetatte ajattelun, kun näkökulmanne ja mielipiteenne häviä-vät. Nyt jokainen teistä 'ajattelee' syvällisesti. Sen vähäisen energian, minkä olette keränneet meditaa-tion avulla, olette tuhlanneet järjettömään ajatte-luunne. Aivan kuin käyttäisi kovalla työllä ansaitut rahansa pähkinöihin. Sääli! Menkää ja tehkää jotakin hyödyllistä."

*Brahmacharit* katosivat vikkelästi. Amma palasi huoneeseensa.

## Kyky toimia maailmassa reagoimatta

Kaksi tuntia myöhemmin Amma istui huoneeseensa vievien portaiden alimmalla askelmalla. Hänen takanaan istuivat *Gayatri* ja Kunjumol. Ne *brahma-charit*, jotka olivat osallistuneet keskusteluun ja joita oli sätitty aamulla, tunsivat itsensä hieman syyllisiksi ja levottomiksi. He seisoivat kaikki vähän matkan päässä siitä missä Amma istui, uskaltamatta tulla lähemmäksi. Nähdessään heidän epäröintinsä Amma pyysi heitä tulemaan. Kummarrettuaan Ammalle he istuutuivat hiekalle Hänen eteensä. Vähään aikaan Amma ei sanonut mitään, mutta Hänen kasvoillaan oli erityisen syvällinen ilme. *Brahmacharit* näyttivät hieman hämmentyneiltä, odottaen mitä Hän tulisi sanomaan tai tekemään. Vähän ajan kuluttua Amma kysyi: "Mistä puhuitte tänä aamuna?"

Amman ääni oli hyvin rauhallinen, Hänen olemuk-sensa oli täynnä rakkautta ja rauhaa. *Brahmacharit* rentoutuivat hieman, he kuitenkin pelkäsivät vastata Amman kysymykseen. Hän rohkaisi heitä sanoen: "Älkää pelätkö. Amma ei ole vihainen teille. Kuinka Hän voisi olla vihainen? Miksi ajattelette, että Amma olisi vihainen teille? Puhukaa. Mistä te keskustelitte?"

Amman hellät sanat auttoivat heitä keräämään roh-keutensa, ja yksi heistä selitti Hänelle mistä he olivat puhuneet. Hymy valaisi Hänen kasvonsa, kun Hän katsoi rakkaudella lapsiaan ja sanoi: "On totta, että ihminen ei voi koskaan jättää egoaan täysin syrjään eläessään yhteiskunnassa. Hänen täytyy reagoida. Hä-nen täytyy kenties käyttää kovaa kieltä tai hänen täytyy kenties toisinaan omaksua kova asenne. Mutta, entä sitten?! Kuinka se voisi muodostaa esteen reagoimatta toimimiselle? Mitä tarkoitatte sanoessanne, että rea-goimatta toimiminen ei ole lainkaan mahdollista, koska joku on yritysjohtaja tai hallinviranomainen? Reagoi-matta toimiminen on mahdollista, jos yrittää. Kyse on toisia kohtaan kehittämästäsi myönteisestä asenteesta, oli tämä sitten ystävä tai vihollinen.

Sivussa seisominen koskemattomana, vaikutuksista vapaana ja riippumattomana on reagoimattomuuta. Mut-ta yleensä joutuessasi erimielisyyksiin tai riitoihin jon-kun kanssa tai yrittäessäsi saada jotakuta kuriin, sinä reagoit, koska olet täydellisesti mukana ja samaistunut asiaan. Kun vihastut, samaistut vihaasi etkä kykene olemaan riippumaton. Et kykene näkemään sisälläsi nousevaa vihaa. Sen sijaan sinusta tulee viha. Ul-koisesti suuret sielut käyttäytyvät joskus niinkuin tavalliset ihmiset, mutta sisäisesti he pysyvät aina erossa tekemisistään. Reaktio syntyy, koska ihmiset ovat samaistu-neet tekoihinsa. Tekoon ja sen tuloksiin samaistuminen synnyttää egon, se tuhoaa kyvyn toimia reagoimatta. Se ettet samaistu työhön ja sen tuloksiin tuhoaa egon ja auttaa ihmistä toimimaan reagoimat-ta. Kiintyminen täyttää mielen uusilla ajatuksilla ja ha-luilla, mikä aikaansaa vain reaktioita. Samaistumatto-muus tyhjentää mielen ajatuksista ja haluista, ja sallii toiminnan tapahtua reagoimatta.

Lapset, yrittäkää tehdä työnne samaistumatta. Tällä tavoin opitte toimimaan reagoimatta. Voitte kovistaa jotakuta ja olla samaistumaton. Voitte asettaa jolle-kulle rajat ja silti olla samaistumaton. Siksi Amma sanoi, että reagoimatya toiminen on puhtaasti sisäi-nen, subjektiivinen asenne. Ken aikoinaan katseli *Ramaa* tai *Krishnaa* saattoi ajatella, että he reagoivat vastustajiaan kohtaan. Rama todellakin tappoi *Rava-nan* vaimonsa *Sitan* ryöstämisestä. Hän tappoi myös monia muita demoneja. Saattaisimme myös ajatella, että *Krishna* reagoi tappaessaan *Kamsan* tai kun hän asettui *Pandavien* puolelle auttaaksen *Kauravien* tuhoamisessa. Mutta tällaisen arvion esittäminen olisi väärin. Rama oli valmis hyväksymään Ravanan henki-lönä, mutta ei hänen egoaan. Krishna oli valmis hyväk-symään Kauravat, mutta ei heidän egoaan. Ravanan ego oli vaarallinen yhteiskunnalle. *Duryodhanan* ja hänen puolellaan olevien egot olivat vaaraksi yhteis-kunnalle, sen tähden Krishnan oli tuhottava heidät. Kuninkaana Raman velvollisuus oli tuhota egot, jotka olisivat tehneet vahinkoa koko maailmalle. Kyse ei ollut vain siitä, että Ravana oli kidnapannut Sitan, että Raman piti siksi tappaa hänet, vaan siitä, että hänestä oli tullut uhka koko maail-malle. Tappamalla hänet Rama säästi koko maailman demonisesta ottees-ta. Rama ainoastaan suojeli ja ylläpiti *dharmaa*.

Heidän näennäinen egonsa oli vain naamio, johon kumpikaan heistä ei koskaan samaistunut ja jonka he saattoivat riisua minä hetkenä hyvänsä. He olivat aina tietoisia siitä, että he olivat muuta kuin tuo naamio, että he eivät olleet naamio.

Tulisi huolellisesti varoa sekoittamasta heitä heidän naamioonsa. Ihmisellä tulee olla hyvin terävä näkökyky voidakseen nähdä heidän todellisen olemuksensa. Jopa *Arjuna*, Krishnan lähin opetuslapsi ja ystävä piti Krish-nan naamiota todellisena. Vain kerran, kun Mestari itse siunasi Arjunan jumalallisella näkökyvyllä, Arjuna näki kuka Krishna todella oli. Jopa *Lakshmana*, Ra-man rakkain veli, ei nähnyt Häntä oikein. Vain hyvin terävä näkökyky kyekenee erottamaan jumalallisu-den. Jumalallisten olentojen näkeminen edellyttää syvällistä näkökykyä. Heidän näkemisensä ei itse asiassa ole näkemistä vaan kokemista. Kokeakseen heidät on sulauduttava heihin, heidän todelliseen olemukseensa. Jos sinulla on kyllin syväl-linen näkö-kyky voidaksesi nähdä heidät tai jos saat kokemuksen sulautumisesta heidän todelliseen olemukseensa, tajuat, etteivät he koskaan reagoineet.

Muista, että sama Rama, joka tappoi Ravanan, sama Rama, joka tappoi tuhansia täydellisesti aseistautuneita demoneita muutamassa sekunnissa, kykeni olemaan järkkymätön ja häiriintymätön niinkuin vuori, kun *Kaikeyi* vei häneltä kuningaskunnan, joka oikeu-tetusti kuului Hänelle, ja lähetti Hänet maanpakoon. Rama ei ollut kärsimätön. Eikä Hän ollut myöskään pelkuri. Hän oli yhtä hurja kuin hävityksen tuli. Muistele Hänen hurjuuttaan, kun valtameri ei taipunut Hänen tahtoonsa. Hän oli aikeissa kuivattaa koko valtameren. Sellainen oli hänen voimansa. Joten jos Hän olisi halunnut, Hän olisi voinut helposti pitää tai saavuttaa takaisin kuningaskuntansa. Mutta Hän ei toiminut niin. Sen sijaan Hän toimi reagoimatta. Hän hyväksyi tapahtuneen. Näe tällaisen toiminnan kauneus.

Jotkut ihmiset toimivat näennäisesti ilman reak-tiota, ei rakkaudesta ja riippumattomuudesta johtuen, vaan pelkuruudesta ja arkuudesta johtuen. Tällaisesta näennäisestä reagoimatta toimimisesta puuttuu kau-neus. Niin käyttäytyy heikko raukka. Hän on passii-vinen, häntä motivoi pelko. Mutta kun Jumala, koko maailmankaikkeuden hallitsija ja kaikkein voimakkain olento toimii reagoimatta, siihen sisältyy valtavaa kauneutta, sillä se ylentää mieltä."

5-vuotias lapsi, erään oppilaan poika, sattui olemaan niiden joukossa, jotka olivat kokoontuneet Amman ympärille. Yksi *brahmachareista* sanoi, että poika oli laulanut *bhajaneita* kauniisti edellisenä päivänä. Amma katsoi häntä ja kysyi hymyillen: "Onko se totta, poikani?" Poika nyökkäsi. Pyytävään äänensävyyn Amma kehotti häntä laulamaan yhden *kirtanin*. Ilman pienintäkään ujoutta poika lauloi *Veedambiken:*

> *Oi vedojen Äiti,*
> *oi äänten Äiti, kumarran Sinua.*
> *Kumarran jalkojasi,*
> *joita Jumalat palvovat.*

*Suo rakkautta,*
*suo lootusten loistokkuutta,*
*oi musiikin rakastaja,*
*vie minut surun valtameren tuolle puolen.*

*Oi viisauden Jumalatar,*
*oi Parvati, koko maailman hyväntekijä,*
*ylpeyden ja jälleensyntymän tuhoaja,*
*ole voitokas.*

*Äiti on kaikkien olentojen elämä,*
*Äiti on kaikkien asioitten syy.*
*Kumarran Sinulle kädet yhteen liitettyinä,*
*rukoilen, anna minulle Vapautus.*
*Oi voimakas,*
*suuri loistokkuus, kumarran Sinua.*

Amma katsoi poikaa jonkin aikaa. Sitten Hän ve-täytyi sisäänpäin ja tämä tila kesti laulun loppuun asti. Kun poika lopetti laulamisen, Amma pyysi häntä tulemaan luokseen. Hän syleili tätä antaen suukon molemmille poskille ja sanoi: "Kuinka kauniisti sinä lauloitkaan, Amman rakas poika!" Amma istutti hänet vierelleen. Hän pyysi Kunjumolia tuomaan muutamia toffeemakeisia. Kun Kunjumol toi toffeepaketin, Amma otti muutamia ja antoi ne pojalle.

Koska *ashramin* asukas, joka oli esittänyt kysymyksen siitä kuinka yritysjohtaja tai hallintovirkailija voisi toimia reagoimatta suorittaessaan velvollisuuksiaan, ei ollut vielä saanut vastausta kysymykseensä, hän esitti kysymyksen uudelleen.

Amma vastasi: "Lapset, vaikka eläisitkin maailmassa yritysjohtajana tai hallintovirkailijana, voit silti oppia toimimaan reagoimatta, olettaen, että ke-hität samaistumattomuutta. Yritysjohtajan tai hallin-tovirkailijan tulee huolehtia tehtävistään vilpittömästi. Jos tilanne edellyttää, hänen tulee kyetä voimak-kaaseen asennoitumiseen. Jos työntekijät tulevat laiskoiksi tai jos he yrittävät pettää yritystä, tulee johtajalla tietenkin olla rohkeutta ja itseluottamusta nousta tilanteen yläpuolelle ja ryhtyä tarvittaviin toimenpiteisiin. Voit olla vihainen työntekijän laiskuudelle, mutta et työntekijälle itselleen. Työntekijän ihmisyyttä, työn-tekijän tietoisuutta tulee kunnioittaa, sillä hän ei ole erillinen sinusta. Siinä mielessä sinä ja hän olette tasa-arvoisia. Älä vihastu ihmiseen. Ihmiseen vihas-tuminen sumentaa näkökykysi kirkkautta.

Amma ei ymmärrä miksi sinun pitäisi reagoida ja sallia mielesi vaipua helvetillisten ajatusten mutaan. Reagointi rakentaa vihaa. Viha tekee mielestä helvetin. Samoin vihaisuus, kateus ja hallitsematon pyrkyryys kuuluisuuteen tekevät elämästä helvetin. Menetät mielenrauhasi. Menetät sinussa olevan rakkauden, sinussa olevan kauneuden ja mielestäsi tulee hul-lujenhuone. Olit sitten yritysjohtaja tai maan korkein hallitsija, reagointi luo ainostaan kaaosta ja hämmen-nystä sinussa. Reagoiva ajatus pimentää ymmärrys-kykysi. Menetät arvostelukykysi. Et kykene tekemään mitä sinun pitäisi. Saatat toimia väärin, mikä voi tuhota yrityksen maineen.

Älykkään päätöksen tekeminen edellyttää rauhallista mieltä. Se mitä kutsutaan läsnäoloksi tarkoittaa mielentilaa, joka ei ole kiihtynyt vaan tasapainoinen, jopa vaikeiden ongelmien keskellä. Ihminen, joka reagoi ajattelemattomasti, ei voi olla hyvä vallanpitäjä, hyvä yritysjohtaja tai hallintoviranomainen. Sellainen ei voi olla myöskään hyvä lääkäri, hyvä insinööri tai hyvä ammattilainen millään alalla. Hän tulee olemaan epäonnistuja kaikissa toimissaan. Hal-litsemattomat reaktiot karkoittavat kaiken hyvän onnen, suosiolliset tilanteet ja kaikki hyvät asiat, joita elämässä voi tapahtua.

Katsokaamme omaa elämäämme, tavallisten ihmis-ten tasolle. Voimme nähdä, että tietoisesti tai tietä-mättämme toimimme reagoimatta jokapäiväisessä elä-mässämme. Mutta kyse ei ole täydellisestä reagoi-mattomuudesta. Kyse on hallinnassa olevasta rea-goinnista, jolloin emme anna vihan tai suuttumuksen ottaa meitä valtaansa, koska kyse on jostakin tär-keästä asiasta. Sisäisesti saattaa olla kielteisiä tun-teita, mutta ulkoisesti hallitset ne tiettyyn rajaan saakka. Muussa tapauksessa syntyisi katastrofi. Val-tion viranomainen kykenee toimimaan näin maansa vuoksi ja johtaja yhtiönsä edun nimissä.

Olettakaamme, että olet suuren yhtiön johtaja ja että työntekijät ovat esittäneet yhtiön hallintoa koskevia vaatimuksia. Näiden mieltään osoittavien työntekijöitten johtaja uhkaa lakolla. Henkilökohtaisesti tunnet, että hänen vaatimuksensa eivät ole järkeviä ja että hänen toimintapansa ei ole reilu vaan hyökkäävä. Tällaisessa tilanteessa voimallisin tunne, joka kuohuu mielessäsi on viha. Mutta sinä et ilmaise sitä, koska vihan ilmaiseminen saattaisi kiihdyttää vastalauseita ja pahentaa työntekijöitten uhkauksia. Pyrit siihen, ettet vastaisi kielteisiin tunteisiin 'samalla mitalla', sillä jos tekisit niin, kaikki päättyisi katas-trofiin. Muistat vastaavanlaisen kokemuksen menneisyydestä. Muistat yhtäkkiä samanlaisen toimin-tamallistasi menneisyydessä.

Silloin et kyennyt hallitsemaan vihastumistasi pro-vosoijia kohtaan. Käyttäydyit karkea, käytit äärim-mäisiä keinoja. Vastapuoli reagoi vastaavalla tavalla sinua kohtaan. Itse asiassa he olivat vielä pahempia. Tuo tapahtuma vaikutti koko yhtiöön - kaikkiin työn-tekijöihin, ei vain äänekkäimpiin valittajiin. Menetitte kaikki mielenrauhanne, ja sinun perhe-elämäsi kärsi. Muistat mitä tapahtui aiemmin ja kuinka tapahtumien ketju huipentui kaaokseen.

Tuo muisto saa sinut järkiisi. Et halua, että niin tapahtuu jälleen. Et halua luoda tarpeettomia ongelmia ja menettää mielenrauhaasi. Hallitsemattoman raivostumisen takia yhtiö jouduttiin viime kerralla sulkemaan useiksi kuukausiksi. Monet perheet kär-sivät ja sinä elit peläten miten muut aikovat kostaa. Muistaessasi ne haitalliset seuraukset, jotka aiheutui-vat hallitsemattomista reaktioistasi, sinusta tulee arvostelukykyisempi. Hallitset vihaasi ja räjähdysherkkää luonnettasi. Rauhoitut ja alat hymyillä. Ta-paat mielenosoittajien johtajan ja kohtelet häntä kohteliaasti. Kutsut hänet toimistoosi ja tarjoat hänel-le kupin kahvia. Ilmaiset huolesi työntekijöitten hy-vinvoinnin suhteen. Selität harkitsevasti ja huolellisesti yhtiön tilanteen ja vakuutat hänelle, että teet kaiken mikä on vallassasi pääs-täksesi mielenosoitta-jien kanssa järkevään sopimukseen. Tällaista ongelmien käsittelyä, oli sitten kyse ammatillisesta elämästäsi tai perhe-elämästäsi, voidaan kutsua regoi-matta toimiseksi. Tässä tapauksessa kylläkin reagoit, mutta se ei vahingoita toista, koska et ilmaise sisälläsi olevaa vihaa. Annat hänelle tunteen siitä, että välität hänestä ja hänen ongelmistaan. Synnytät myönteisen tunteen toisen sydämessä.

Jos kuitenkin tutkit tarkasti, niin havaitset, että sisälläsi on edelleenkin reaktio, sillä viha on edelleen sisälläsi. Olet tukahduttanut sen, ettei sinun tarvitsisi ilmaista sitä. Et ole tehnyt mitään poistaaksesi sen. Monia tämäntapaisia tilanteita syntyy elämässäsi ja joka kerta toimit samalla tavoin. Näiden tapahtumien ketju tulee pidemmäksi ja pidemmäksi. Ulkonai-sesti voi näyttää siltä, että toimit reagoimatta, mutta sisäisesti asia ei ole niin. Kyse on vain reaktioittesi tukahduttamisesta, minkä jälkeen toimit ulkonaisesti aivan kuin et olisi reagoinut - vaikka siitä ei tosi-asiassa ole kyse.

Lapset, ei ole väliä kuka ja mitä olet. Reagoimatta toimiminen on mahdollista, jos todella tahdot saa-vuttaa mestaruuden siinä. Toimitusjohtaja tai hal-lintoviranomainen toimii niin tietyissä tilanteissa, joissa hänen odotetaan käyttäytyvän diplomaattisesti ilmaisematta kielteisiä tunteitaan. Sen tähden hän kykenee siihen myös missä muussa tilanteessa hy-vänsä, mikäli hänellä on päättäväisyyttä ja vilpitöntä kiinnostusta harjoitella reagoimatta toimimista. Hä-nessä on olemassa piilevänä kyky tomia niin. Hänen täytyy vain työskennellä sen hyväksi. Hänen tulee vain harjoitella sulattaakseen ja poistaakseen sisäl-leen syntyneet keräytymät, jotka ovat jääneet sinne tällaisista tilanteista. Opittuasi poistamaan tukah-dutetun suuttumuksen, vihan ja kostontunteen, muu-tut valtavaksi energian lähteeksi. Tämän enrgian avulla voit tehdä jopa niin sanottuja mahdottomia tehtäviä. Toimitusjohtajalla tai hallinviranomaisella on voima tai henkinen kapasiteetti toteuttaa tämä. Eri asia sitten on, harjoittaako hän tätä vai ei. Joka tapauksessa reagoimatta toimimiseen tarvitaan tietty määrä riippumattomuutta ja rakkautta."

Jälleen esitettiin uusi kysymys: "Mikä ero on toimitusjohtajan näennäisen reagoimatta toimimisen ja *sadhakan* (henkisen etsijän) välillä, joka opettelee toi-mimaan oikein?

"Lapset, henkinen etsijä, joka yrittää voimakkaasti saavuttaa täydellisyyden tilan, kokee myös suuttumusta ja vihaa. Syntyy tilanteita, joissa myös hän menettää mielensä hallinnan. Aivan niinkuin toimitusjohtaja (yllä olevassa esimerkissä), joka oppi menneisyydessä tekemistään virheistä hallitsemattomien reaktioitten suhteen, niin myös *sadhaka* käyttää hyödykseen menneitten kokemustensa muistoja ollakseen erottelukykyinen ja hallitakseen itsensä. Mutta toisin kuin toimitusjohtaja, työskentelee *sadhaka* jatkuvasti suuttumuksensa ja vihansa kanssa päästäk-seen eroon näistä ominaisuuksista. Harjoitellen jatkuvasti, pitäen mielensä keskittyneenä Itseoival-luksen päämäärään, hän muuntaa kielteisiä tunteitaan ja ajan kuluessa hänen vihansa ja muut kielteiset tunteensa on poistettu.

Siinä missä henkinen etsijä tuntee, että vihan pois-taminen on olennaisen tärkeää hänen elämälleen, sel-laiset ihmiset esimerkiksi kuin hallintoviranomainen tai yritysjohtaja, tuntevat, että vihan hallitseminen on vain osa hänen ammatillista elämäänsä. Hänen tavoitteenaan on selviytyä tuosta tilanteesta ja siihen se sitten jääkin. Hän saattaa kyetä provoivassa tilan-teessa hallitsemaan vihansa, mutta viha hänen sisällään vajoaa syvälle mieleen ja tallentuu odottamaan mahdollisuutta purkautua esiin.

*Sadhaka* ei kenties ilmaise vihaansa sillä hetkellä, kun häntä provosoidaan, niinkuin ei toimitusjohta-jakaan tehnyt. Tai tietyissä tilanteissa, kun hän ei pysty hallitsemaan tunnettaan, hän saattaa jopa il-maista sen, mutta myöhemmin hän meditoi, rukoilee ja toistaa *mantraansa* poistaakseen vihan ja sen syyn. *Sadhakan* kohdalla vihan ja muitten kielteisten tun-teitten poistaminen on hänen elämänsä päämäärä. Hänen koko elämänsä on omistettu tuolle päämäärälle. Sen tähden hän työskentelee voimakkaasti pois-taakseen egon ja sen eri ilmentymät. Lopulta hänen jatkuva pyrkimyksensä ja *gurun* armo vie hänet täydellisyyden tilaan, ilaan, missä ei ole egoa, ei ajatuksia eikä mieltä. Kun hän saavuttaa tuon tilan hän kyke-nee todella toimimaan reagoimatta."

Selityksen edetessä oli herännyt uusi kysymys: "Am-ma, saan seli-tyksestäsi sellaisen vaikutelman, että rea-goimatta toimiminen on tila, missä ei ole sen enempää toimintaa kuin reaktiotakaan. Onko asia näin?"

Amma vastasi: "Kyllä, perimmäisessä mielessä ei ole toimin-taa eikä reaktiota. On vain asenne, jota voisi kutsua tiedostavaksi tajunnaksi. Saattaa näyttää siltä, että toimit tai reagoit, mutta sen enempää toimintaa kuin reaktiotakaan ei ole. Sinä yksinkertaisesti katsot hiljaisuudessa, kun kehosi toimii tai reagoi.

Aito reagoimatta toimiminen tapahtuu ainoastaan, kun olet täydellisesti vapaa egon otteesta, kun sinusta tulee ei-mitään tai ei-kukaan. Siihen asti ego on pii-loutunut kaikkien toimiesi, reak-tioittesi ja näennäisen reagoimattomuutesi taakse.

Tämä on korkein tila, minkä voi saavuttaa. Sen tuolla puolen ei ole mitään. Tämä tila on 'tilaton tila'. Saavuttaakseen tämän tilan tulee tehdä voimal-lisia henkisiä harjoituksia."

Amma halusi kuulla vasta sävelletyn laulun. *Brahmacharit* lauloivat tämän *Katinnu katayain* -laulun:

*Oi Äiti, Sinä, joka loistat korvan Korvana,*
*mielen Mielenä ja silmän Silmänä,*
*Sinä olet elämän Elämä*
*ja Sinun olemuksesi on kaiken elävän Elämä.*

*Niinkuin valtameri on aalloille,*
*niin olet Sinä sielujen Sielu,*
*Sinä olet tiedon Nektari,*
*oi Äiti! Sinä olet Kuolemattoman Itsen Helmi*
*ja autuuden Ydinolemus,*
*Sinä olet suuri Maya ja Itse Absoluutti.*

*Silmät eivät voi sinua nähdä
eikä mieli ymmärtää,
sanat vaikenevat läheisyydessäsi, oi Äiti.
Ketkä sanovat nähneensä Sinut eivät ole,
sillä Sinä, oi Suuri Jumalatar,
olet älyn tuolla puolen.*

*Aurinko, kuu ja tähdet eivät loista itsestään
vaan niitä valaisee Sinun loistosi.
Erottelukyvyn avulla rohkea voi kulkea
polkua ikuisen rauhan,
korkeimman totuuden asuinsijaan.*

## Amman myötunto köyhän perheen lapsia kohtaan

Oli aurinkoinen päivä. Amma istui portailla vasta-päätä takavesiä, jotka olivat *ashramin* etelä puoleisina rajana. Muutama kalastajakylän lapsi yritti saada kalaa näistä vesistä. Kaksi seisoi rannalla pidellen saviruuk-kua. Kolmas, hieman vanhemmalta näyttävä, kahlasi hiljaa vedessä yrittäen saada kalaa kiinni paljain käsin. Silloin tälloin hän sukelsi sameaan veteen ja tuli hetken päästä pintaan kala tai pari käsissään. Amma katsoi hetkisen lapsia kiinteästi. Sitten Hän käänsi katseensa seurassaan olevan Kunjumolin puoleen ja sanoi: "Katsohan noita lapsia. He huolehtivat perheestään. Joka päivä he pyydys-tävät kaloja paljain käsin. He myyvät kalat torilla, ja näillä kovalla työllä hankituilla rahoilla nämä pikku lapset ostavat ruokatarvikkeita perheelleen. Jo näin nuorina näillä pikkuisilla on rasitteenaan perheen elättäminen."

Hän äänestään kuvastui syvä huoli. Amma kutsui niitä kahta, jotka pitivät ruukkua. He lähestyivät ja seisahtuivat Amman eteen. "Saitteko tänään paljon ka-laa?" Hän kysyi. "Emme," lapset vastasivat. Vanhempi näistä kahdesta sanoi: "Sade on nostanut veden hyvin korkealle niin, että vanhemmalla veljellä on vaikeuksia saada riittävästi kalaa."

Amma katsoi ruukkuun. Siinä oli vain muutamia pikkukaloja. Hän katsoi vedessä olevaa poikaa. Vanhin veli kulki edelleen vedessä koettaen etsiä käsillään kaloja. Hänellä ei ollut onnea. Amma kääntyi ympäri ja kuiskasi jotakin Kunjumolille, joka nousi ylös ja lähti.

Muutaman minuutin kuluttua Kunjumol palasi muo-vikassin kanssa, jossa oli omenoita, banaaniterttu, joitakin makeisia ja ruoka-tarvikkeita. Näiden tavaroit-ten lisäksi Amma antoi heille riisipaketin ja tuoreita vihanneksia, tarpeeksi, että perhe voisi valmistaa yhden tai kaksi ateriaa. Lapset olivat ylitsevuotavan iloisia. He hymyilivät sydämellisesti ja huusivat vanhemmalle veljelleen: "*Anna, Anna* (vanhempi veli), Ammachi on antanut meille tarpeeksi ruokaa. Lo-petetaan kalastaminen ja mennään kotiin." "Ihanko totta?" veli sanoi ja nousi vedestä. Pyydettyään Am-malta luvan nämä kolme palasivat onnellisina kotiin.

## Rakkaus ja myötätunto

Keskiviikkona 25. heinäkuuta 1984

Oli lähes keskipäivä. Amma istui *brahmachari* Nealun majassa kuo-rimassa tapiokajuurta. Tämä oli ensimmäinen *ashramissa* rakennettu maja ja siinä Amma oli asunut Gayatrin kanssa melkein kaksi vuotta. Noihin aikoihin osaa majasta käytettiin myös varastona ja keittiönä, jossa Ammalle ja ensimmäisille *brahmachareille* valmistettiin ruokaa.

Myöhään aamulla Amma oli tullut naapurissa asuvan oppilaan luota tapiokajuuri käsissään. Pitäen sitä kaik-kien nähtävillä Hän oli sanonut niinkuin viaton lapsi: "Tämän Amma poimi Itse heidän pellostaan. Nyt Hän keittää sen. Kun se on keitetty, Amma antaa siitä kaikille lapsilleen."

Amma vaati saada kuoria ja keittää sen itse. Kun Hän kuori ja valmisti tapiokajuurta, kysyi eräs *brah-machareista*: "Amma, ovatko rakkaus ja myötätunto yksi ja sama, vai ovatko ne eri asioita?"

"Kun rakkaudesta tulee Jumalallista Rakkautta, myös myötätunto täyttää sydämen. Rakkaus on sisäi-nen tunne ja myötätunto sen ilmaisu. Myötätunto on sydämessä jotakuta kärsivää ihmistä kohtaan tunnetun huolenpidon ilmaisemista. Sen tähden Rakkaus ja myö-tätunto ovat saman kolikon eri puolet, ne ovat olemassa samanaikaisesti.

On olemassa rakkautta ja Rakkautta. Rakastat perhettäsi - isääsi, äitiäsi, sisartasi, veljeäsi, miestäsi, vaimoasi, ja niin edelleen. Mutta et rakasta naapuriasi. Rakastat poikaasi ja tytärtäsi, mutta et rakasta kaikkia lapsia. Rakastat isääsi ja äitiäsi, mutta et rakasta kaikkia vanhempia ihmisiä sillä tavoin kuin heitä. Rakastat uskontoasi, mutta et rakasta kaikkia uskontoja. Samalla tavoin rakastat maatasi, mutta et rakasta kaikkia maita. Siksi tämä ei ole Rakkautta, se on vain rakkautta. Tämän rakkauden muuttaminen Rakkaudeksi on henkisyyden päämää-rä. Rakkauden täyteydessä kukoistaa kaunis, tuok-suva myötätunnon kukka.

Rakkaus pienellä 'r:llä' on rajallinen. Sillä on oma pieni maailmansa. Se ei kykene pitämään sisällään kuin muutaman ihmisen ja muutaman asian. Se on kapea ja aina muuttuva. Siinä ei ole huippuja. Sen näennäiset huiput eivät ole korkeimpia huippuja. Ne ovat pieniä kohoumia, vain vähän maanpinnan yläpuolella. Pian nuo pienet kohoumat tasoittuvat jälleen tavalliseksi tasaiseksi maaksi. Rakkaudessa on nousuja ja laskuja. Ajan myötä kaikki 'nousut' katoavat ja jäljelle jää vain 'laskut'. Tästä muuttuvasta rakkaudesta voi tulla pysyvää Rakkautta vain, kun 'minä' ja 'minun' -tunne katoaa.

Niin kauan kuin on olemassa 'minä'-tunnetta, on olemassa tunnetta 'sinusta'. Tällöin rakkaudessa on aina henkilökohtainen tuntu. Se ilmenee kahden ih-misen välillä. Voidakseen rakastaa täytyy olla kaksi. Rakkaudesta tulee epäpersoonallista vain silloin kun kaksi katoaa. Tuossa Ykseyden tilassa on jatkuva Rakkauden virta. Siitä lähtien Rakkaus alkaa virrata alkulähteestään. Kun se virtaa, se ei ajattele mihin se virtaa. Rakkauden virta on pidäkkeetön, niinkuin joen virtaaminen. Joki ei voi muuta kuin virrata. Joki ei ajattele mihin se päätyy, ei valtamerta. Mutta sulautuminen tapahtuu virtaamisen myötä. Tuossa sulautumisessa ei ole minkäänlaista laskelmointia. Sama pätee aurinkoon: kun se paistaa, se vain paistaa. Se ei ajattele kohteen tavoittamista, maata. Kohtaa-minen vain tapahtuu.

Samalla tavoin, kun esteet - ego, pelko, tunne 'toisesta' - katoavat, et voi muuta kuin Rakastaa. Et odota mitään vastalahjaksi. Et välitä saamisesta, sinä vain virtaat. Kuka hyvänsä astuukin Rakkauden jokeen saa kylvyn, oli hän sitten terve tai sairas, mies tai nainen, rikas tai köyhä. Kuka hyvänsä voi kylpeä siinä niin monta kertaa kuin haluaa. Kylpi sitten joku siinä tai ei Rakkauden joki ei kanna siitä huolta. Jos joku arvostelee tai syyttää Rakkauden jokea, se ei välitä - se vain virtaa. Kun tuo Rakkauden jatkuva virta vuotaa yli äyräittensä ja kun kaikki phue ja teot ilmaisevat sitä, kutsumme sitä myötätunnoksi.

Myötätunto on tietoisuutta, jota ilmaiset timillasi ja puheellasi. Myötätunto on ei-vahingoittamisen tai-detta. Myötätunto ei voi vahingoittaa. Myötätunto ei voi vahingoittaa ketään, sillä myötätunto on tietoisuuden ilmaisemista. Tietoisuus ei voi vahingoittaa ketään. Aivan niinkuin taivas ei voi vahingoittaa ketään ja ti-la ei voi vahingoittaa ketään, tietoisuuden ilmaus, myö-tätunto, ei voi vahingoittaa ketään. Kenellä on myö-tätuntoa, hän voi olla vain myötätuntoinen.

Myötätunto ei näe toisten virheitä. Se ei näe ihmisten heikkouksia. Se ei tee eroa hyvien ja pahojen ihmisten välillä. Myötätunto ei voi vetää rajaa kahden maan, kahden uskon tai uskonnon välille. Myötä-tunnossa ei ole egoa, siksi siinä ei ole pelkoa, halua tai intohimoa. Myötätunto yksinkertaisesti antaa an-teeksi ja unohtaa. Myötätunto on kuin portti. Kaikki kulkee sen lävitse. Mikään ei jää siihen. Myötätunto on kaikessa täyteydessään ilmaistua rakkautta."

Joku heitti välikysymyksen: "Sitä todellinen hen-kinen mestari tuntee, eikö totta?"

164

"Kyllä," Amma vastasi, "todellinen henkinen mesta-ri on sekä Rakkaus että myötätunto koko täytey-dessään. Toisinaan hänen rakkautensa ilmenee kurinpalautuksena. Yleensä koemme tietyn määrän tuskaa joutuessamme kurituksen kohteeksi, mutta *gurun* myötätunto poistaa sen. Kun oikaiset jotakuta tai kun sätit jotakuta, hänen egonsa loukkaantuu, hänen yksilöllisyytensä murskaantuu. Sitä ihmiset inhoavat eniten. He eivät halua, että heidät kutsutaan kuulusteluun tai että heitä oikaistaan, vaikka olisi-vatkin väärässä. Joten kurinpalautukseen liittyy kipua. Kuritti sitten isä poikaansa, äiti tytärtään tai opettaja oppilastaan, kipu on väistämätön. Jälkimmäinen tuntee ensimainitun loukkanneen häntä ja usein hän reagoi. Joissakin tapauksissa vaikka ihminen tunteekin itsensä loukatuksi, hän ei ilmaise reaktiotaan. Hän saattaa totella, mutta samaan aikaan hänellä on valtavan vihainen sisällään. Sisällä on suuri tuska. Hän saattaa haluta protestoida, mutta pelko estää häntä tekemästä mitään. Näin saattaa jatkua ja tuska, loukatut tunteet, suuttumus ja viha kerääntyvät mieleen. Jossakin vaiheessa nämä ka-saantuneet kielteiset tunteet räjähtävät. On valitettavaa, että tavanomainen yrityksemme saattaa toinen kuriin ja järjestykseen saa aikaan tällaista, vaikka tekisimmekin sen rakkaudesta. Vaikka kurinpalautus lähtisikin isän tai äidin rakkaudesta, tuska jää usein hoitamatta.

Toisaalta taas, *guru-sishya* (mestari-oppilassuhteessa) opetuslapsen mielessä ei ole loukattuja tunteita. Opetus-lapsen mielessä ei ole tuskaa, syviä haavoja, suuttu-musta eikä vihaa. Tämä johtuu siitä, että *sishya* (ope-tuslapsi) hyväksyy *gurun* kurituksen ja ojentamisen myönteisesti. Hän antautuu *gurulle* täysin. Hän tietää, että mitä hyvänsä *guru* tekeekin se on hänen parhaak-seen. Sillä tärkein tekijä on *gurun* myötätunto, jossa on valtavasti parantavaa voimaa. *Gurun* myötätunto parantaa kaiken tuskan, suuttumuksen, vihan ja muut kielteiset tunteet. Toisinaan *sishya* voi tuntea itsensä loukatuksi, hän voi tuntea vihaa *gurua* kohtaan, kun *guru* ojentaa tai kurittaa häntä. Mutta *gurun* ylitse-vuotava myötätunto parantaa nämä haavat aut-taen opetuslasta tulemaan jälleen myönteiseksi. *Gurun* myötätunto ohittaa opetuslapsen suuttumuksen ja vihan, *gurun* myötätunto antaa kaiken anteeksi. Tämä korkein myötätunto sulkee opetuslapsen kokonaan sisäänsä ja tyynnyttää kaikki kielteiset tunteet.

Tämä *gurun* myötätunnon tyynnyttävä vaikutus auttaa *sishyaa* tuntemaan olonsa rentoutuneeksi ja kotoisaksi. Tällä tavoin hän kykenee vastaanottamaan ja omaksumaan *gurun* kurituksen myönteisesti. Myötätunto auttaa opetuslasta tuntemaan, että hän on osa *gurua*, että hän on *gurun* oma, että *guru* rakastaa häntä valtavasti ja että *guru* tekee kaiken parhaalla mahdollisella tavalla. Tuntiessaan gurusta virtaavan myötäntunnon ja tarkkaillessaan hänen luopumustaan ja epäitsekkyyttään, opetuslapsi tietää, että *guru* ei voi olla lainkaan itsekäs. Tällä tavoin *sishya* ei kerää kielteisiä tunteita vaikka hän ko-kisikin aika ajoin kipua ja vihaa. Siten *guru* kykenee kurittamaan opetuslasta antamatta pienimmänkään reaktion jäädä opetuslapsen sisälle. Isä tai äiti eivät kykene poistamaan poikansa tai tyttärensä mie-lestä tällaisia reaktioita, sillä he eivät tunne myötätuntoa. Koska Rakkaus ei ole vielä heissä täydellisesti kukassaan, he ovat egoistisia puheissaan ja teoissaan, ja siksi he pakottavat lapsensa kuriin. He pakko-syöttävät näkemyksenä lapsilleen, ohittaen useim-miten heidän tunteensa. *Guru* sen sijaan ei voi pakot-taa opetuslapsiaan kuriin, sillä hän ei ole henkilö. Hän ei ole keho, hän ei ole ego. Hän on tietoisuus.

Kuritettuaan tai rangaistuaan poikaansa tai tytär-tään tämän virheistä, isä tai äiti saattaa puhutella ja kohdella lasta hyvin suurella rakkaudella. Mutta ajatus siitä, että he ovat toruneet tai pakottaneet hänet tottelemaan säilyy lapsen mielessä. Vanhemmat todella tekevät näin, he pakottavat lapsensa tekemään tietyllä tavalla, sen sijaan, että olisivat itse esimerk-kinä. He eivät kykene tekemään toisin, koska he ovat rajallisia yksilöitä. Heidän toimintaansa hallitsee ego. Kun he toimivat egolla, he eivät voi muuta kuin yrittää pakottaa omaa tahtoaan toiseen, vaikka he tekevät niin rakkauden nimissä. Rakkauden nimissä he pakottavat egonsa lapsiinsa. Lapsi tuntee sen, joten myöhemmin, vaikka häntä kohdeltaisiinkin rakkaudellisesti ja kiintymyksellä, loukatut tunteet säi-lyvät lapsessa muuttumattomina. Suuttumus ja viha säilyvät, niitä ei ole poistettu.

*Guru-sishya* -suhteessa on toisin. Kuritettuaan ope-tuslasta puhtaalla rakkaudella, *guru* auttaa häntä tuntemaan olonsa vapautuneeksi ja rentoutuneeksi ilmaisemalla hänelle suurta myötätuntoa. Tämä auttaa opetuslasta olemaan hyvä vastaanottaja, erinomainen omaksuja. Näin opetuslapsi voi jatkossakin olla vastaanottavainen ja myönteinen.

*Guru-sishya* -suhteessa ei ole pakottamista. Opetuslapsen sisäinen jano päästä oman egonsa rajoitusten tuolle puolen ja *gurun* epäitsekäs Rakkaus ja myötätun-toinen ohjaus estävät *sishyaa* keräämästä vihaa sisälleen.

Kun elää Rakkaudessa, kun koko olemus muuttuu Rakkaudeksi, tulee myötätuntoiseksi. Rakkaus täyttää sydämen ja säteilee sydämestä ulos myötätuntona. Siinä tilassa, missä Korkeimman Rakkauden tuli tuhoaa koko-naan mielen ja ajatukset, kun etsijän mielestä tulee niinkuin avaruus, silloin myötätunto tuo hänet alas. Myötätunto saa sielun tuntemaan niiden kutsun, jotka vaeltavat pimeydessä. Se mikä pitää *mahatman* kehon tässä moninaisuuden maailmassa on myötätunto. Rakkaus ja myötätunto ovat pohjimmiltaan samaa, ne ovat saman kolikon eri puolet."

Äiti vaikeni hetkeksi, jolloin yksi *brahmachareista* alkoi laulaa spontaanisti laulua Amman ylistykseksi, *Kannadachalum turannalumia*. Laulaessaan *brahmachari* vuodatti ilon ja antaumuksen kyyneleitä:

*Äitini on aina silmieni edessä,*
*olivat ne sitten auki tai suljetut.*

*Myötätuntoa säteilevin katsein*
*Hän syleilee kaikkia.*
*Sulattaen sydämeni rakkauden säteilyllä*
*Äitini on todellakin ilon valtameri.*

*Oli sitten ryöväri tai tyranni Äidin edessä,*
*molemmat ovat rakkaita lapsia.*
*Halveksittiin Häntä taikka ylistettiin,*
*rakkaus virtaa aina Äidistäni.*
*Se makeus, jonka kieleni maistaa*
*ei ole täydellinen,*
*täydellistä on yksin Jumalan rakkaus*
*ja tuo nautinnon tunne*
*herää vain minun Äitini avulla.*

Laulun loputtua *brahmachari* sanoi liikuttuneena: "Oi Amma, ohjatkoon Sinun myötätuntosi ja armosi meitä aina henkisyyden tiellä. Ilman Sinun armoasi me emme voi saavuttaa toista rantaa."

Amma oli hyvin tyytyväinen hänen viattomuuteensa, mutta vitsikkäästi Hän letkautti: "Sinun Äitisi ei ole myötätuntoinen. Hän on demoni. Ole varovainen. Hän on kova kaveri." Kaikki nauroivat Amman leikillistä uhkausta.

*Satsang* jatkui: "Menneisyyden pyhimysten ja tietä-jien suuruus on sanoinkuvaamatonta. Ilman heidän myötätuntoaan tämänpäivän maailma olisi helvet-ti. Heidän luopumisensa ja myöntätuntonsa ylläpitää tämän päivän maailmaa. Kaikkia itsekkäitten ja pahojen ihmisten tekemiä syntisiä tekoja tasapainottavat hen-kisten ihmis-ten myötätuntoiset ja rakastavat teot. He ovat maailman ainoita todellisia hyväntekijöitä. Heidän myötäntuntonsa ylittää meidän ymmärryksem-me, se virtaa jopa niille, jotka yrittävät tuhota heidät.

Amma kertoo teille tarinan. Kerran kuningas toi prinssin, ai-noan poikansa, suuren pyhimyksen erakko-majalle. Siellä nuorelle prinssille opetettaisiin *vedojen* ja muitten pyhien tekstien tieto. Tuollaista koulutusta annettiin noihin aikoihin. Oli sitten prinssi tai taval-linen ihminen, kävi nuori lävitse useitten vuosien koulutuksen ja itsekuriharjoitukset mestarin ohjauk-sessa. Tänä aikana oppilait-ten tuli olla mestarin kans-sa siten, ettei heillä ollut minkäänlaista kosketusta omiin perheisiinsä tai vanhempiinsa.

Kun kuningas ja poika saapuivat erakkomajalle, kaikkialla oli hiljaista. Siellä ei näyttänyt olevan ketään. Katseltuaan ympärilleen he löysivät lopulta pyhimyksen istumasta puun alta. Hän oli syvässä *sa-madhissa* - täydellisesti syventyneenä itseensä tietä-mättömänä ympäristöstään. Kun pyhimys lopulta lopetti meditaationsa, hän kumarsi heti kuninkaalle ja tarjosi hänelle istuimen.

Kuningas ei kuitenkaan tuntenut, että hänet olisi vastaanotettu sopivalla tavalla, koska hänen oli täyty-nyt kulkea ympäriinsä etsimässä pyhimystä ja sitten hänen oli täytynyt odottaa, että tämä lopettaisi medi-taationsa. Hänen käsityksensä itsestään kuninkaana oli saanut kolhun, sillä hän oli tottunut siihen, että häntä odotettiin. Hän ei voinut sietää sitä, että hänen täytyi odottaa. Se tuntui hänestä nöyryyttävältä, hänhän sentään oli kuningas ja muiden piti olla valmiita palve-lemaan häntä. Hänen egoaan oli loukattu ja hän alkoi kiehua vihasta. Hän katsoi vihaisena pyhimystä yrittäen pidätellä kasvavaa raivoaan.

'Teidän kuninkaallinen korkeutenne,' pyhimys sanoi hyvin ystävällisesti, 'saanko tietää vierailunne tarkoituk-sen?'

Tässä vaiheessa kuninkaan viha purkautui: 'Mitä?! Pidätkö minua pilkkanasi? Ottamatta minua kunnol-lisesti vastaan kysyt minun vierailuni tarkoitusta. Missä ovat kaikki tämän *ashramin* asukkaat?' Hän lisäsi sar-kastisesti: 'Enkö voi saada myös heidän *darshaniaan*?'

Pyhimys pyysi anteeksi, ettei ollut antanut kunin-kaalle sopivaa vastaanottoa. Hän selitti, että koska tämä oli koulu, jossa opetettiin itsekuria, oppilaat oli opetettu pysymään tiukasti päivän ohjelmassa opiskellen, työskennellen, suorittaen uskonnollisia menoja ja *sadha-naa*. 'Minä itse olin meditoimassa,' pyhimys sanoi.

Tämä huomautus sai kuninkaan raivoamaan. Hän huusi: 'Yri-tätkö loukata minua?'

Nähdessään, että hänen sanansa vain lisäsivät ku-ninkaan raivoa, pyhimys ei puhunut enää. Hän vain istui hiljaa ja rauhallisesti.

Vaikka kuningas olikin raivoissaan hän onnistui tukahdut-tamaan vihansa kertoessaan käyntinsä tarkoituksen. Hän muisti tulleensa saadakseen poikansa pyhimyksen koulutettavaksi. Vaikka hän olikin vihai-nen, sillä hänen egonsa oli loukkaantunut, kuningas sai tempperamenttinsa hallintaan. Hän ei halunnut pilata prinssin mahdollisuuksia ensiluokan koulutukseen tämän mestarin alaisuu-dessa, jolla oli maan korkealuokkaisin maine viisautensa ja tietojensa täh-den. Siksi kuningas ryhtyi yhtäkkiä näyttelemään nöyrää, pyysi anteeksi tunnekuohuaan ja tiedusteli voisiko suuri mestari hyväksyä hänen poikansa opetuslapseksi.

Pyhimys, joka oli kärsivällisyyden ja anteeksiantamisen ruu-miistuma, hyväksyi prinssin *sishyaksi*. Kun järjestelyt oli saatettu päätökseen, kuningas lähti py-himyksen luota hymyssä suin, mutta ego haavoittunee-na.

Prinssi oli loistava oppilas ja hyvä opetuslapsi. Hänen tottelevai-suutensa, itsekurinsa ja antaumuksensa *gurua* kohtaan teki hänestä pyhimyksen suosikin. Kaksitoista vuotta kului ja pyhimys opetti hänelle kaiken mitä tiesi. Prinssistä ei tullut vain todellinen mestari pyhi-en kirjoitusten hallinnassa vaan myös aseiden käytös-sä. Vaikka hänestä oli nyt tullut komea nuorukainen, prinssi oli hyvin nöyrä ja pysyi suuren pyhimyk-sen tottelevaisena ja antautuneena oppilaana.

Kun prinssin koulutus oli sitten ohitse ja hänen oli jätettävä rakastettu ja kunnioitettu *gurunsa,* hän seisoi raskain sydämin ja silmät kyynelissä suuren mestarinsa edessä. Nöyryydellä ja kiitol-lisuudella hän puhutteli *guruaan*: 'Oi pyhä, rakas mestarini, minä olen sinun. Mitä hyvänsä minulla on kuuluu sinulle. En ole mitään sinun loistosi edessä. Kuinka voin koskaan maksaa si-nulle takaisin rakkautesi ja myötätuntosi? Tämä nöyrä palvelijasi odottaa kuule-vansa sinusta. Mitä minun tulisi antaa *sinulle guru-dakshinana* (gurulle annettava lahjana)?'

Suuri pyhimys silitti hellästi rakasta opetuslastaan. Ilon kyy-neleet valuivat hänen poskillaan, kun hän sanoi: 'Lapseni, poikani, sinun tottelevaisuutesi, nöyryytesi ja suuri rakkautesi, jota olet tuntenut minua kohtaan, on sinun *gurudakshinasi*. Olet jo tehnyt uhrauksesi, olet jo antanut lahjasi.'

170

Mutta prinssi vaati rakkaudellisesti, että pyhimyksen tulisi ottaa vastaan jotakin häneltä *dakshinana*: 'Olkoon se mitä hyvänsä, oi kunnioitettu, vaikkapa oma elämäni. Olen valmis laskemaan sen sinun pyhien jalkojesi juureen.' Syleillen rakasta oppilastaan pyhimys sanoi hänelle, ettei haluaisi mitään juuri nyt, mutta pyytäisi varmasti, kun sopiva hetki koittaisi. Pyhimyksen luvalla ja siunauksin prinssi palasi ku-ningaskuntaan elääkseen vanhempiensa, kuninkaan ja kuningattaren kanssa.

Pahansuopa kuningas oli odottanut päivää, jolloin hänen poikansa palaisi saatuaan opintonsa päätökseen. Prinssin paluusta ei ollut kulunut päivääkään, kun kuningas mieli täynnä kostoa, lähetti sotilaansa polttamaan pyhimyksen erakkomajan. Sotilaat ki-duttivat pyhimystä ja erakko-oppilaita pahoin, minkä jälkeen heidät jätettiin metsään ilman ruokaa, vaate-tusta ja suojaa. Kuultuaan sotilaittensa raportin kuin-ka hyvin he olivat toteuttaneet hänen käskynsä, raaka, itsekäs kuningas riemuitsi maksettuaan näin viimein-kin 'samalla mitalla takaisin' oli antanut pyhimykselle hyvän oppitunnin'.

Muutamia päiviä tämän jälkeen kuningas ilmoitti jäävänsä pian eläkkeelle ja että hänen poikansa kruunat-taisiin kuninkaaksi. Prinssi kuitenkin tahtoi saada rak-kaan mestarinsa luvan ja siunauksen ennen kuin astuisi uuteen vaiheeseen elämässään. Nousten hevosen selkään hän ratsasti erakkomajalle täydellisen tietämättömä-nä isänsä julmasta teosta. Laskeuduttuaan ratsunsa selästä prinssi ihmetteli oliko hän eksynyt ja saapunut väärään paikkaan. Paikka missä erakkomaja oli ollut näytti autiolta.

Vaellettuaan hetkisen ympäriinsä hän löysi rakkaan mestarinsa istumasta banianpuun alta vaipuneena sy-vään meditaatioon. Katseltuaan ympärilleen hän saattoi helposti havaita, että erakkomaja oli vastikään poltettu maan tasalle. Prinssi odotti, että mestari lopettaisi me-ditaationsa. Kun pyhimys avasi lopulta silmänsä, prinssi kumar-tui hänen eteensä ja tiedusteli mitä erakkomajalle oli tapahtunut. 'Ei mitään, poikani,' vastasi suuri sielu, 'metsäpalo vain. Älä välitä siitä. Kerro minulle mikä toi sinut tänne.'

171

Prinssi vaistosi, että jokin oli vinossa. Uudelleen ja uudelleen hän pyysi mestaria paljastamaan mitä oli todella tapahtunut. Lopulta erakkomajan oppilaat ker-toivat hänelle totuuden. Kuultuaan kauhistuttavan kertomuksen prinssi joutui shokkiin ja oli hetken aikaa halvaantunut. Tultuaan jälleen tajuihinsa prinssi kiristeli hampaitaan raivosta. Hänen oikea kätensä siirtyi automaattisesti huotrassa olevan miekan kah-valle ja seuraavassa hetkessä raivostunut prinssi hyp-päsi ratsunsa selkään. 'Pelkuri, sinä olet kuollut,' hän huusi ja kannusti ratsuaan.

Salamannopeasti pyhimys hyppäsi hevosen eteen. Hän yritti pysäyttää prinssin, mutta prinssi oli raivoissaan. Kaikki pyhimyksen yritykset rauhoittaa hän-tä epäonnistuivat. Kaikki hänen ohjeensa ja varoituksensa kaikuivat kuuroille korville. Prinssi oli poissa tolaltaan. Hän oli päättänyt kostaa isälleen vääryyden, jonka tämä oli tehnyt mestarille. Lopulta pyhimys sanoi: 'Hyvä on, voit mennä. Mutta ennenkuin menet, tahdon saada lupaamasi *gurudakshinan*. Tah-don sen juuri nyt!'

Kuultuaan *gurunsa* toiveen prinssi nousi ratsailta ja kehotti *gurua* pyytämään mitä hyvänsä hän vain halusi. Suuri pyhimys vastasi hymyillen: 'Tahdon, että vapautat isäsi tästä rangaistuksesta, jonka olet aikeissa antaa hänelle. Tämä on *gurudakshina*, jonka sinulta haluan.' Tämä sai prinssin vaikenemaan eikä hän voinut muuta kuin tuijottaa *gurunsa* säteileviä ja myötätun-toisia kasvoja. Seuraavassa hetkessä hän purskahti it-kuun ja heittäytyi pitkin pituuttaan suuren mestarinsa pyhien jalkojen juureen."

Näin Amma päätti tarinan. Tapa, jolla Hän oli ker-tonut sen, oli ollut niin elävä ja voimallinen, että se oli täyttänyt ilmapiirin rakkaudella ja myötätunnolla. Syvästi liikuttuneina *brahmacharit* ja kaksi *brahma-charinia* vuodattivat hiljaisesti kyyneleitä, sillä he todella tunsivat ja kokivat tarinan pyhimyksen myö-tätunnon. Seurasi pitkä meditatiivinen hiljaisuus. Se oli niin voimallinen ja ylitsevuotava, että kukaan ei kyennyt puhumaan tai liikkumaan vähään aikaan. Myötätunnon kokemus sai kaiken pysähtymään.

Muutamia minuutteja kului. Sitten Gayatrin ääni rikkoi hiljaisuuden: "Tapiokajuuri on keitetty ja valmista tarjottavaksi." Amma jakoi muutamia palasia jokaiselle lapselleen. Jakaessaan niitä Amma sanoi: "Ne ovat hyvin kuumia. Olkaa varovaisia, ettette polta suutanne." Lahjoitettuaan näin lapsilleen näin jälleen yhden rakkaan muiston Amma lähti majasta.

## Unohtumaton hetki meren rannalla

Perjantaina 27. heinäkuuta 1984

Puoli kuuden aikaan alkuillasta Amma halusi läh-teä meren rantaan *ashramin* asukkaitten ja vierai-levien oppilaitten kanssa. Kun Amman johtama ryhmä saapui rantaan, laskevan auringon kultaiset säteet pilkistivät pilvien lomasta monen sateisen ja harmaan päivän jälkeen. Amma seisoi katsellen avaraa merta ja korkeita aaltoja. Aivan kuin haluten koskettaa Jumalallisen Äidin jalkoja meren aallot nousivat aina sinne asti, missä Amma seisoi. Pestyään Hänen pyhät jalkansa aallot vetäytyivät takaisin mereen. Seisoes-saan siinä Amman olemus heijasteli Hänen suuruut-taan. Keinuen kevyesti puolelta toiselle Amma piti katseensa horisontissa. Hänen katseensa oli liikku-maton. Oppilaat ja *brahmacharit* istuutuivat meditoi-maan silmät auki ja katsellen Amman keinuvaa olemusta.

Erilaisia kalastusveneitä oli rivissä rannalla, sillä kovat sateet olivat estäneet kalastajia heittämästä verkkojaan veteen. 'Äiti-Meri' ei ollut siunannut heitä hyvällä saaliilla pitkään aikaan, paitsi sinä yhtenä päivänä, jolloin Amma oli auttanut heitä. Miehet ke-räsivät kalastusverkkoja, jotka oli asetettu hiekalle kuivumaan.

Oleillen samassa paikassa Amma nautti autuaallisesti äärettömyydestä. Hänen tumma, kihara tukkansa tanssi merituulessa. Amman tuulessa liehuva huivi näytti aivan kuin pieneltä taivaalla ajelehtivalta pil-veltä. Hänen kehonsa liike lakkasi ja Hän oli nyt täysin liikkumaton, silmät kokonaan auki. Hän oli vetäytynyt täydellisesti sisäänpäin.

Aurinko aloitti hitaan laskeutumisensa mereen. Hieman yli puolet tulipallosta oli edelleen näkyvissä, punertavat säteet värittivät kaunisti koko horisontin. Lopulta aurinko katosi näkyvistä sukeltaen valtame-reen. Kellon lähestyessä viittätoista yli kuusi levittäytyi iltahämärän läpikuultava harso kaikkialle. Äänekkäät kalastajien lapset, jotka heittivät kuperkeikkaa rannalla, lopettivat leikkinsä ja vetäytyivät koteihinsa, pieniin kookoslehdistä ja bambupaaluista rakennettuihin ma-joihin. Äärettömän valtameren jatkuva pauhu herätti hieman pelottavan, mutta kuitenkin innoittavan kun-nioituksen tunteen. Kun tämä aurinkoinen päivä päättyi, sadepilvet täyttivät hitaasti koko taivaan lisäten dra-maattisuuden tunnetta tähän iltahämärän hetkeen.

Amma seisoi edelleen liikkumatta. Oli kulunut jo neljäkymmentä minuuttia siitä, kun Hän oli tullut ve-denrajaan. Hänen valkoinen hartiahuivinsa liehui edel-leen tuulessa, mutta muuta liikettä ei ollut. Huoles-tuneina Gayatri ja *brahmachari* Rao lähestyivät Häntä varmistuakseen, että kaikki oli hyvin. Herkki-nä Äidin *samadhi*tilojen suhteen he olivat hieman epävarmoja ja hämmentyneitä siitä mitä pitäisi tehdä, sillä sade oli uhkaamassa. Joku piti jo asteenvarjoa Amman yläpuolella. Kauniin ja jännittävän näkymän liikuttamana *brahmachari* Pai ryhtyi laulamaan *Sri Sankaracharyan* säkeitä:

*En halaja Vapautusta,*
*en omaisuutta enkä tietoa,*
*en myöskään kaipaa onnellisuutta.*
*Oi Sinä kuukasvoinen,*
*tämän verran pyydän Sinulta, oi Äiti,*
*että elämäni kuluu Sinun nimiäsi toistellen...*
*Oi universumin Äiti,*
*siinä ei ole mitään ihmettelemistä,*
*että Sinä olet täynnä myötätuntoa minua kohtaan,*
*sillä äiti ei hylkää poikaansa*

*vaikka hänessä olisi lukemattomia vikoja.*

Valtameren aaltojen pauhun ylittäen laulu kaikui iltahämärän poikki. Muutamat kalastajat tulivat ulos majoistaan nähdäkseen mitä oli tekeillä. He olivat kui-tenkin tottuneet tällaisiin näytelmiin Äidin ympärillä, niinpä useimmat heistä katosivat pian majoihinsa muutamien jäädessä lähettyville katselemaan.

Laulua ei laulettu turhaan, sillä oli oma tarkoituksensa. Hetken päästä Amman kehossa oli havaittavissa pieni liikahdus. Ensimmäi-seksi Hänen oikean kätensä sormet liikahtivat, sitten Hän äännähti omalaatuisesti, mutta tutulla tavalla kuten Hän tekee toisinaan *samadhista* palatessaan. Sen kuullessaan kaikki huo-kaisivat helpotuksesta. Muutaman hetken kuluttua Amma palasi täysin normaaliin tajunnantilaansa.

Kello oli melkein seitsemän, kun Amma palasi seu-ralaisineen *ashramiin*. Muutamat *brahmacharit*, jotka olivat jääneet *ashramiin* olivat jo aloittaneet illan *bhajanit*.

ॐ

175

# 8. luku

Maanantaina 30. heinäkuuta 1984

Oli hiljainen iltapäivä. *Ashram* näytti melkein au-tiolta, sillä kaikki olivat huoneissaan lukemassa, kir-joittamassa tai hoitelemassa omia asioitaan. *Brahma-chari* Balu istui temppelin kuistilla keskustellen kes-ki-ikäisen miehen kanssa, joka oli tullut Keralan itäosasta. Tämä mies, herra S, kertoi Balulle kuinka Amma oli parantanut hänet syövästä.

Herra S oli sairastanut suolistosyöpää viimeiset neljä vuotta. Siitä päivästä lähtien, kun sairaus oli todettu, häntä oli hoidettu sekä länsimaisen lääketieteen että *ayurvedisen* lääketieteen keinoin. Huolimatta kaikesta hoidosta ja lääkityksestä sairaus ei parantunut. Hänellä oli voimakas, sietämätön tuska vatsassa, mikä oli aiheuttanut hänelle monia unettomia öitä. Vaikka herra S:n perhe oli köyhä, hän sai siitä huolimatta hyvää lääketieteellistä hoitoa anteliaitten ystäviensä ja lääkäreitten avulla. Lääkärit tekivät parhaansa, mutta herra S:n tila ei parantunut yhtään. Ajan kuluessa hänen tilansa vain paheni. Lopulta lääkärit luopuivat toivosta ja kehottivat häntä luopumaan kaikesta lääkityksestä. Laskien viimeisiä päiviään herra S. ei kuitenkaan luopunut uskostaan Jumalaan. Hän rukoili ja *resitoi* melkein joka päivä.

Lopulta hän tuli eräänä päivänä ainoan veljensä ja vaimonsa avustamana tapaamaan Ammaa ensimmäistä kertaa. Kun Amma kyseli *Devi-bhavan* aikana hänen tilastaan, herra S kertoi parantumattomasta sairaudestaan ja rukoili, että Amma tekisi niinkuin parhaaksi näkisi. Amma antoi hänelle pyhää vettä juotavaksi *kindistä* (metallisesta uhriastiasta) sen jälkeen, kun oli siunannut sen ottamalla siitä sie-mauksen. Sen lisäksi Amma antoi hänelle pyhää vettä kotiin vietäväksi neuvoen häntä ottamaan sitä hieman joka päivä.

"Siitä päivästä lähtien aloin tuntea oloni paljon ren-nommaksi ja mukavammaksi. Kipu väheni ja katosi kokonaan lyhyessä ajassa. Kykenin jälleen syömään kunnolla ja nukkumaan hyvin. Nyt olen täysin kunnos-sa. Käynnistäni on jo melkein vuosi ja minä juon edelleen Amman pyhää vettä joka päivä. Minulla on aina sitä *puja*huoneessani. Amma on siunannut minut toisella syntymällä. Tämä elämä kuuluu Hänelle."

Herra S rukoili, että Amman tahtoi toteutuisi. Hän ei pyytänyt parantumista. Hänellä ei ollut vaatimuksia. Jopa silloin kun Amma kysyi häneltä sairaudesta mies ei ehdottanut mitään. Hän vain rukoili: "Tapahtu-koon Amman tahto." Sellainen on todellinen rukous. Todellinen rukous on rukoilua ilman egoa. Ego tulee pitää poissa, sillä vain silloin on todellinen rukous mahdollinen. Herra S rukoili todellisella tavalla ja hänen rukoukseensa vastattiin. Todellisiin rukouksiin on vastattava.

Amma sanoo: "Aito rukous ei koskaan pidä sisällään ehdotuksia, neuvoja tai vaatimuksia. Vilpitön oppilas yksinkertaisesti sanoo: 'Oi Jumala, minä en tiedä mikä on eduksi ja mikä haitaksi minulle. Minä en ole kukaan - enkä mitään. Sinä tiedät kaiken. Minä tiedän, että mitä hyvänsä Sinä teetkin, on parhaaksi. Sen tähden, tee niinkuin haluat.' Todellisessa rukouksessa sinä ku-marrat, antaudut ja ilmaiset avuttomuutesi Jumalalle."

Kun herra S istui temppelin kuistilla odottaen Amman *darshania*, Pyhä Äiti sattui kävelemään ohit-se. Mies kiiruhti Amman luo ja kumarsi. Amma nosti hänet rakkaudellisesti ylös ja tiedusteli hänen ter-veydentilaansa ja perheensä vointia. Mies oli ääret-tömän iloinen. Innostuneesti hän vastasi: "Amma, kuinka voisi olla mitään ongelmia, kun Sinä ohjaat minua sekä sisäpuolelta että ulkopuolelta?"

# Antautuminen

Vietettyään muutaman hetken herra S:n kanssa Amma astui keittiöön. *Brahmacharinit* ja naisoppilaat, jotka työskentelivät siellä eivät osanneet odottaa tätä yhtäkkistä vierailua. Amman vierailu tapah-tui tietenkin aina näin ja naiset olivat melko varmo-ja, että kuten yleensäkin, heidät saataisiin kiinni jostakin laiminlyönnistä. He odottivat pelokkaina Am-man katsellessa ympärilleen. Mutta heidän suureksi hämmästyksekseen Amma istuutuikin vain lattialle. Hän otti kurkun nurkasta, missä vihanneksia säily-tettiin ja alkoi syödä sitä. Haukattuaan siitä muuta-man kerran Amma antoi sen yhdelle naisoppilaalle, joka vastaanotti sen riemuissaan. Muut kenties tun-sivat kateuden piston sydämessään.

Amma tekee usein tämäntapaisia asioita, kun kaikki *ashramin* asukkaat ovat Hänen ympärillään. Sitten Hän katsoo kaikkien il-meitä ja heidän asennoitumistaan nähdäkseen nouseeko kenenkään mielessä kiel-teisiä tunteita. Jos joku tuntee kateutta, Hän havaitsee sen välittömästi.

Näytti siltä, että tällä kertaa naisoppilaat vain rie-muitsivat, sillä ympärillä oli nähtävissä ainoastaan hymyileviä kasvoja. He olivat kaikki hyvin onnellisia ja innostuneita. Yleensä he valittivat, että aina heidän täytyi vain tehdä töitä. He olivat luopuneet kai-kesta saadakseen olla aina Amman läheisyydessä, mutta sen sijaan he viet-tivätkin puolet ajastaan keit-tiössä keittäen, hikoillen ja uurastaen.

Kaikki keittiön työntekijät istuutuivat nyt Amman ympärille. Hän ryhtyi laulamaan *Radhe Govindaa* ja muut lauloivat kertosä-keen. Ollessaan siinä kaikkien naisten ja tyttöjen ympäröimänä Amma toi mieleen *Krish-nan,* jota *gopit* aikaanaan ympäröivät *Vrindavassa.* Sitten seurasi toinen laulu, *Ellam ariyunna:*

*Ei ole mitään syytä kertoa mitään*
*kaikkitietävälle Krishnalle.*
*Kävellessään vierellämme*
*Hän näkee ja ymmärtää kaiken.*
*Perimmäinen Olento näkee sisimmän*
*Itsen kaikki ajatukset.*

*Ei ole koskaan mahdollista*
*kenenkään tehdä mitään unohtaen Hänet.*

*Perimmäinen Jumala asustaa kaikissa.*
*Meidän kaikkien tulisi palvoa ilolla*
*Totuuden ja Tietoisuuden ruumiillistumaa.*

Laulun jälkeen Amma istui keskellä nauraen ja las-kien leikkiä. Sitten mielentila muuttui vakavammaksi.

Amma sanoi: "Äiti tietää, että te toisinaan te valitatte työmää-räänne keittiössä. Lapset, henkisyys on sitä, että me sydämestämme luovumme omasta onnes-tamme muiden takia. Siihen ei saisi liittyä minkäänlai-sia kielteisiä tunteita tai valitusta. Yleensä kun ihmi-set luopuvat jostakin, he kokevat kovasti sisäisiä ristiriitoja. He ajattelevat asiaa uudelleen ja tuntevat, että tekivätkin ehkä virheen. Tällainen ei ole todel-lista luopumista. Kun on luopunut jostakin, niin jos tunnet sisäistä riippuvuutta, se tarkoittaa, että et olekaan luopunut siitä.

Sinun tulisi itse asiassa luopua riippuvuudestasi tuohon kohteeseen. Voit pitää kohteen ja nauttia siitä - jos et ole kohteen orjuutta-ma. Me luovumme jostakin ulkonaisesti vapautuaksemme sisäisesti tuos-ta riippuvaisuudestamme. Riippumattomuus antaa rauhaa ja onnea. Todellinen luopuminen ja riippumat-tomuus koetaan vasta, kun luovumme kaikista aja-tuksista ja tunteista sen suhteen mistä olemme luo-puneet.

Äiti on nähnyt monia ihmisiä, jotka ovat edelleen hyvin surullisia ja turhaantuneita jostakin kauan aikaa sitten luopumastaan. Vuosia myöhemmin, ääni täynnä pettymystä, tällainen ihminen sanoo: 'Mikä typerys olinkaan, kun annoin sen pois.' Vaikka hän ei ole edes nähnyt esinettä vuosiin, kantaa tällainen ihminen edelleen tuota asiaa mielessään. Hän ei ole vapaa siitä, vaikka ei olekaan nähnyt sitä vuosiin. Sisäisesti hän on edelleen riippuvainen ja sidoksissa. Tällainen ihminen ei kykene kokemaan vapauden iloa. Hän ei koskaan tunne itseään rentoutuneeksi. Kun hänellä oli tuo esine, hän ei tuntenut sisäistä tuskaa. Hän nautti siitä. Ajatus siitä, että se oli hänen omansa, teki hänet onnelliseksi. Mutta nyt hän kokee kauheaa tuskaa: 'Minun ei olisi pitänyt tehdä niin. Minun ei olisi pitänyt koskaan antaa sitä pois.' Hän toistaa uudelleen ja uudelleen tätä ajatusta mielessään, sata kertaa päivässä.

Luovu jostakin ja ole onnellinen. Unohda, että se oli sinun. Ajatus, että olet luopunut jostakin on myös väärin. Älä tunne niin. Tunne itsesi vain rentoutu-neeksi, ole tyytyväinen. Oivalla, että olet vapaa - vapaa tuosta taakasta. Esine oli rasite ja nyt se on poissa. Vain jos tunnet esineestä riippuvuuden taa-kaksi, voit tuntea riippumattomuuden ja luopumisen suomaa rentoutuneisuutta ja autuutta.

Lapset, on totta että te olette luopuneet kaikesta omaisuudestanne ja kodeistanne tullaksenne tänne ja viettääksenne loppuelämänne Amman kanssa. Mut-ta oletteko todella luopuneet niistä? Sanotte edelleen: 'Me olemme luopuneet kaikesta ollaksemme Amman fyysisessä läheisyydessä, mutta työskentelemme edelleen keittiössä niinkuin teimme kotonakin.' Tämä tarkoittaa, että ette ole luopuneet kodeistanne, sillä kuulostaa siltä niinkuin olisitte pettyneitä tehtyänne niin. Kannatte edelleen ajatusta mukanane: 'Me olemme luopuneet kodista ja kaikesta.' Tämä jatkuva ajatus osoittaa, että kannatte edelleen taloa ja kaikkia ta-loustavaroita sisällänne.

Lapset, yrittäkää tuntea itsenne rentoutuneiksi ja helpottuneiksi. Yrittäkää tuntea, että olette luo-puneet raskaasta taakasta ja tuntekaa nyt itsenne onnellisiksi siitä, että teette tätä työtä täällä, koska teette sitä itsellenne. Te palvelette kaikkia niitä, jotka tulevat tänne. He ovat Jumalan palvojia. Te keitätte heille ruokaa, ruokaa joka antaa heille sekä fyysistä että henkistä voimaa muistaa Jumalaa. Se mitä te teette on suuriarvoista palvelutyötä. Palvelles-sanne Jumalan opetuslapsia palvelette Jumalaa. Pi-täkää tätä työtä *sadhanana* (henkisenä harjoituksena)."

*Brahmacharini* kysyi: "Sanotaan, että henkisen ihmisen ei tulisi edes odottaa tekemästään kiitoksen sanaa tai kiitollisuutta. Amma, mitä tällä tarkoite-taan?"

"Tuo on totta," Amma vastasi, "todellinen etsijä ei saisi odot-taa edes arvostuksen sanaa. Olettakaamme, että teet palvelutyötä jollekulle. Saat työn kau-niisti päätökseen. Sitten joku, jolle olet tehnyt työn, tulee ystävineen ja sukulaisineen katsomaan mitä olet saanut aikaan. He pitävät siitä paljon, he ar-vostavat sitä ja ylistävät tekemäsi työn laatua. He ilmaisevat kiitollisuutensa kukkaiskielellä. Kun näin tapahtuu, kun he suoltavat ylistyksiään ja kiitoksen sanojaan, sinä olet nöyrä. Saatat jopa sanoa: 'Oi taivaan tähden, älä sano noin. En minä ansaitse noita ylistyk-siä. Minä olen vain välikappale. Hän, Korkein Olento, tekee kaiken minun kauttani. Ilman Hänen armoaan minä en ole mitään. Pyydän, kumarra Hänelle. Anna tämä ylistys Hänelle. Hän on todellinen tekijä, en minä.' Mutta nämä sanat ovat pinnallisia, ne eivät tule syvältä sisältäsi. Et ole todella nöyrä. Sinä vain teeskentelet nöyrää. Esität nöyrää. Kyse on yksin-kertaisesta psykologiasta. Haluat muiden ajattelevan, että olet nöyrä oppilas ja vapaa kaikenlaisista itsekeskeisistä tunteista. Mutta todellisuudessa kaik-ki ylistykset ja kukkaiskieli, jota he ovat käyttä-neet, nousevat päähäsi ja alat tuntea itsesi ylpeäksi. 'En ole mikään tavallinen ihminen', ajattelet. 'Mi-nun täytyy olla jollakin tavoin erikoinen, kuinka muu-ten kykenisin tekemään tämän työn niin hyvin? Katsohan kaikkia näitä ihmisiä, jotka ylistävät minua ja lahjojani. Minun täytyy olla todella suuri.' Tällä tavoin ajatus ajatuksen jälkeen paisuttaa egoasi.

Jopa yksinkertainen kiitoksen sana voi toimia tällä tavoin. Se nousee päähäsi ja saa sinut tuntemaan, että olet jotakin erikoista. *Sadhakoina* pyrimme kovasti tuntemaan, että emme ole mitään ja että Hän on kaikki. Mutta tällaiset tilanteet työskentelevät meissä hyvin salakavalasti. Huomaamattamme saa-tamme joutua kiitoksen tai ylistyksen sanojen sito-miksi. On hienoa, jos haluat auttaa jotakuta, mutta älä tunne, että toisten tulisi kiittää tai ylistää sinua mistään mitä olet tehnyt.

Meille on tullut tavaksi odottaa jotakin vastapalve-luksesi antamastamme avusta, kiitoksen sanaa tai sellaisia lauseita kuin: 'Olet tehnyt upeaa työtä. Me todella arvostamme sitä.' Se riittää saamaan sinut tuntemaan itsesi ylpeäksi ja saa sinut tuntemaan, että olet tehnyt jotakin ihmeellistä. Jopa ajatus, 'Minä tein sen', on ruokaa egolle. Kun egoa ruokitaan, se tuntee itsensä suureksi.

Kun lahjoitamme tai uhraamme jotakin temppelille, kirkolle tai henkiselle järjestölle, toivomme vil-pittömästi, että muut tietäisivät siitä. Odotamme jonkilaista huomioimista ja kiitosta. Haluamme, että valtavan suuri uhrauksemme huomioidaan. Haluam-me, että joku sanoo julkisesti, että tämä jalomielinen, avarasydäminen ihmisyyden ystävä on tehnyt jotakin suurta, jotakin ihmeellistä yhteiskunnalle. Ilman ylistystä emme tunne itseämme tyytyväiseksi.

On olemassa tarina *mahatmasta*, joka työskenteli temppelin pappina. Hän oli täydellisesti antautunut sielu. Hänessä ei ollut merkkiäkään egosta. Eräänä päivänä monimiljonääri lahjoitti valtavan summan temppelille. Myöhemmin rikas mies puhui jatkuvasti papille valtavasta rahasummasta, jonka hän oli lahjoittanut. Hän sanoi, että jopa hänenlaiselleen mo-nimiljonäärille, summa oli suuri. Uudelleen ja uudelleen hän toisti samaa asiaa. *Mahatma* oli jonkun aikaa vaiti. Mutta kun hän havaitsi, että rikas mies ei aikonut lopettaa, *mahatma* kysyi: 'Hyvä herra, mitä sinä haluat? Odotatko jotakin? Jotakin vastalahjaksi? Ylistystä tai kiitosta?' Rikas mies vastasi: 'Mitä vikaa siinä on? Voin kai minä odottaa edes sen verran.' *Mahatma* katsoi häntä hymyillen ja sanoi: 'Jos niin on, ota nämä rahat takaisin. Emme halua niitä tänne. Sinun tulisi olla kiitollinen Jumalalle, että Hän otti vastaan tämän rahan. Sinun tulisi tuntea täyttymystä ja ajatella, että saatoit palauttaa ainakin osan siitä omaisuudesta, jonka Suuri Jumala oli luottamuksella antanut sinulle. Sinun tulisi olla kiitollinen Jumalalle, että Hän antoi sinulle mahdollisuuden palvella Häntä. Jos et voi tehdä niin, ole hyvä ja ota nämä rahat ta-kaisin.'

Lapset, näin meidän tulisi asennoitua. Keitä me velalliset olemme, vaatimaan tai odottamaan Häneltä mitään? Antaminen on palauttamista. Emme me voi antaa Hänelle mitään. Voimme vain palauttaa sen minkä olemme Jumalalle velkaa. Me kutsumme sitä antamiseksi, mutta se on väärin. Tullaksemme hen-kisiksi, tullaksemme egottomiksi, mikä on elämämme päämäärä, meidän tulisi tuntea kiitollisuutta Hä-nelle kaikesta. Älä anna koskaan 'minän' astua kuvaan. Omaksukaamme asenne 'vain Sinä', 'kaikki on Sinua'.

Älä pyydä koskaan mitään, älä vaadi mitään. Anna Hänen päättää mitä Hän antaa ja mitä ei.

Lapset, pitäkää teille annettua mahdollisuutta työskennellä ja palvella opetuslapsia ja *sadhakoita*, harvinaisena lahjana, jonka Jumala on antanut teille, jotta voisitte poistaa nopeasti *prarabdhan* tai kerätyt ominaisuudet. Ruoan valmistaminen ja tarjoileminen Jumalan seuraajille ei ole mikään pikku asia. Se on harvinainen siunaus. Te olette todella siunattuja täällä *ashramissa*. Kotonanne valmistitte ruokaa vain miehellenne tai lapsillenne, pienelle viisi- tai kuusi-henkiselle perheellenne. Siinä ei ole mitään suuri-arvoista, että keittää rakkaudella ruokaa omalle per-heelleen. Mutta ruuan keittäminen rakkaudella ja an-taumuksella toisille on suuri teko. Se puhdistaa teidät varmuudella, kohottaa teidät ja nostaa teidät lopulta päämäärään. Teidän tulisi tuntea kiitollisuutta Jumalaa kohtaan, että teille on annettu mahdollisuus työsken-nellä keittiössä. Missä hyvänsä työskenteletkin - keit-tiössä, navetassa tai vessassa - tulkoon siitä temppelin-ne. Tulkoon työpaikastasi paikka, missä palvelet Juma-laa ja harjoitat *sadhanaa*. Älä kiroa työtäsi. Ole onnel-linen ja siunattu ja tee työsi täydestä sydämestä."

Yhtäkkiä Amman mielentila vaihtui. Suuri Opettaja, joka päättäväisesti selitti Korkeinta Totuutta vastaansanomattomalla arvovallalla, oli kadonnut, ja sen paikalla oli leikkisä ja viaton kak-sivuotias lapsi. Amma asettui makaamaan keittiön lattialle laittaen päänsä yhden naisen syliin ja jalkansa toisen syliin. Odottamatta Amma sanoi: "Missä on minun kurkkuni? Tahdon kurkkuni." Mutta se oli kadonnut! Todellakin, kuka olisi kyennyt vastustamaan Amman *prasadia*? Joku etsi kiireesti uuden ja tarjosi sen Ammalle. Hän katsoi sitä ja työnsi sen pois niinkuin itsepäinen lapsi ja sanoi: "Ei, en minä halua tätä. Tahdon omani, sen jota minä söin."

Joutuen Amman lapsenomaisen mielentilan lumoukseen van-giksi jotkut vanhemmat oppilaat käyttäytyi-vät kuin äidit, jotka todella välittävät lapsestaan. He yrittivät taivutella Ammaa hyväk-symään uuden kurkun, mutta epäonnistuivat siinä. Toiset olivat in-noissaan nauttien kohtauksesta suurella antaumuksella. Amma valitti niinkuin lapsi ja pyysi uudelleen samaa kurkkua, jota Hän oli puraissut muutaman kerran. Lopulta kun Amma ei saanut sitä, Hän veti tukasta sitä oppilasta, joka oli syönyt sen. Tuossa asennossa, pitäen naista tukasta, Amma vaipui *samadhiin.* Jonkin ajan kuluttua Amma nousi ja lähti keittiöstä. Hän meni temppeliin ja sulki oven. Amma oli temppelissä melkein tunnin.

Viitaten Itseensä Amma sanoi kerran: "Jotakin - esine, halu tai ajatus - tarvitaan pitämään mieli fyy-sisellä tasolla. Muuten on vaikeaa estää sitä kohoamasta korkeuksiin. Silloin mieli ilmaisee halun, joka palvelee tätä tarkoitusta." Kurkkuleikki saattoi olla yksi tällaisista näytelmistä.

ॐ

# 9. luku

Perjantaina, 3. elokuuta 1984

Kaikki *ashramin* asukkaat osallistuivat suursiivoukseen, joka alkoi kymmenen aikaan aamulla. Kun Amma on työskentelemässä ryhmän mukana, ei ole kysymystäkään siitä, etteivätkö kaikki osallistuisi. Tuollaisten tilanteiden aikana kaikkien energiat ovat korkealla, sillä Amman läheisyydessä on helppo tuntea epäitsekään työskentelyn ilo. Amman kanssa työs-kenteleminen on ihmeellinen kokemus. Henkistä valoa ja energiaa säteillen Hän osallistuu kaikkiin *ashra-min* töihin. Amma ei koskaan jätä innostamatta asuk-kaita tekivät he sitten mitä työtä hyvänsä.

Tuona aamuna kaikki asukkaat työskentelivät ahkerasti, toistaen autuaallisesti jumalallisia nimiä, tuntien suurta innostusta ja tarmoa työskennellessään. Amma lauloi ja teki työtä valtavalla ilolla. Yhdessä he lauloivat *Adbhuta Charite* -laulun:

*Oi Sinä, jota taivaalliset olennot kumartavat,*
*jonka tarina on ihmeellinen,*
*anna meille voimaa antautua Sinun jalkojesi juureen.*
*Me uhraamme Sinulle kaikki tekomme,*
*jotka olemme tehneet tietämättömyyden pimeydessä.*
*Oi hädänalaisen suojelija,*
*anna meille anteeksi kaikki sopimattomat puheemme*
*oi maailmankaikkeuden hallitsija.*

*Oi Äiti, loista minun sydämessäni*
*niinkuin nouseva aurinko aamun koitteessa.*
*Anna minulle kyky nähdä tasapuolisesti,*
*ilman erottelevaa älyä.*

*Oi suuri Jumalatar,*
*syy kaikkiin toimintoihin*
*sekä synnillisiin että hyveellisiin,*
*oi kakista kahleista Vapauttaja,*
*anna minulle sandaalisi,*
*jotka suojelevat perushyveitä*
*tiellä Vapautukseen,*
*kaikkien voimien ydinolemukseen.*

Näytti siltä kuin Amma olisi kaikkialla. Hänet näki yhdessä paikassa lakaisemassa, toisessa kanta-massa hiekkaa ja tiiliä, ja kolmannessa pilkkomassa puita ja vielä neljännessä paikassa kuljettamassa ro-jua...

Älä ajattele, että maailma muuttuisi sen jälkeen, kun saavutat valaistumisen. Ulkoisesti kaikki säilyy ennallaan. Mikään ei todella muutu. Puut, vuoret, laaksot, joet ja virrat, linnut laulamassa puitten ok-silla - kaikki säilyy muuttumattomana. Maailma liik-kuu omaa tahtiaan. Mutta sanoinkuvaamaton muutos tapahtuu ihmisen sisällä. Koko olemuksesi muuttuu. Näet asiat eri tavoin, täysin uusin silmin. Sinun ja tekemääsi työhön tulee olemaan selittämätön omi-naislaatu. Jatkuva ilo kumpuaa sisältäsi. Aivan niinkuin viaton lapsi ihmettelet kaikkea näkemääsi.

Jos tarkkailee Ammaa läheltä, voi selkeästi nähdä tämän omi-naislaadun Hänessä. Kaikessa mitä Hän tekee on aivan erityistä kauneutta. Tämän kauneuden voi havaita kaikissa Hänen toimissaan ja liikkeissään. Amma tekee samaa työtä kuin muutkin, mutta tapa, jolla hän sen tekee, on viehättävä ja sydäntä hurmaa-va. Amma tekee sen viattoman lapsen ilolla ja ihme-tyksellä, ja tuo lapsenkaltainen viattomuus sulkee meidät sisäänsä. Tuon Rakkauden täyteyden, mihin Hän on vakiintunut, voi havaita kaikessa mitä Amma tekee.

Työ oli melkein tehty. Amma istuutui hiekalle ja pyysi Gayatria tuomaan kahvia ja välipalaa kaikille. Gayatri suunnisti keittiöön. Yleensä tällaisen ryhmätyöskentelyn jälkeen Amma haluaa tarjota jotakin kuumaa juotavaksi ja jakaa jotakin kevyttä, kuten ba-naanilastuja *prasadina*.

186

Amma nosti molemmat kätensä ja huusi: "Hei... *Shivane...*"
Sitten Amma huomautti: "Tuo 'vanha mies' on mieletön... Hän ei
välistä mistään." Kaikki nauroivat iloisesti.

## Henkisyys on todellista omaisuutta

Pitäen tätä hyvänä tilaisuutena saada selvennystä erääseen kysymyk-
seen yksi asukkaista sanoi: "Amma, on olemassa erilaisia käsityksiä
siitä mitä henkisyys on. On sanottu, että 'mielen hiljaisuus on hen-
kisyyttä' tai että 'henkisyys on hiljaisuuden tila'. 'Haluista ja halun
synnyttämistä toimista luopuminen on henkisyyttä'. 'Mielen laaja-
alaisuus on henkisyyttä'. Nämä ja niin monta muuta näkökantaa on
lausuttu henkisyyden olemuksesta. Mitä Sinä sanot tästä?"

Amma vastasi: "Henkisyys on kaikkea sitä mitä olet sanonut.
Se on mielen hiljaisuutta, hiljaisuuden tila. Se on myös luopumista
tai egoton tila. Hiljaisuus tulee kokea. Kaikki mitä olet maininnut
tulee kokea. Voit kirjoittaa kirjoja henkisyydestä. Voit säveltää
kaunista runoutta ja laulaa siitä melodisissa lauluissa. Voit puhua
henkisyydestä tunteja kauniilla kukkais-kielellä. Mutta henkisyys
säilyy tuntemattomana sinul-le ennenkuin todella koet sen kaune-
uden ja autuuden sisälläsi.

Lapset, henkisyys on todellinen omaisuutemme. Henkisyys on
sisäistä omaisuuttamme, joka auttaa meitä luopumaan kaikesta ul-
konaisesta omaisuudesta, siten ymmärrämme ulkonaisen rikkauden
merkityk-settömyyden. Henkisyys on rikkautta, joka auttaa meitä
tulemaan 'rikkaammaksi kuin rikkain'. Kyse on oivalluksesta, että
Jumala yksin, Itse yksin, on todellinen omaisuus. Henkisyys auttaa
meitä omaksu-maan terveen lähestymistavan elämään."

Amma vaikeni hetkeksi ja jatkoi sitten kertomalla tarinan:
"Eräs kyläläinen näki kerran unen. Unessa *Shiva* ilmestyi hä-
nen eteensä ja sanoi: 'Mene huomenna auringonnousun aikaan
kylän laitamille. Siellä tulet tapaamaan *sanjaasin* (maailmasta

luopuneen). Pyydä häneltä arvokasta kiveä, joka tulee tekemään sinusta rikkaan ikuisiksi ajoiksi.' Tuona yönä mies ei kyen-nyt enää nukkumaan, sillä hän ajatteli vain kaiken aikaa arvokasta kiveä, jonka tulisi saamaan. Lopulta aamu tuli ja mies kiirehti kylän laitamille, niinkuin *Shiva* oli neuvonut. Siellä hän todellakin tapasi sinne juuri saapuneen *sanjaasin*, ja mies riemastui. *Sanjaasi* oli juuri aikeissa asettua puun alle, kun kyläläinen tuli juosten hänen luokseen sanoen: 'Missä on kivi, se arvokas kivi? Anna minulle se arvokas kivi.' *San-jaasi* katsoi häntä ja kysyi: 'Mitä sanoit? Arvokas kivi!' Sanomatta enää muuta hän avasi vieressään olevan käärön ja otti esille suurikokoisen, arvokkaan jalokiven. *Sanjaasi* antoi sen epäröimättä kyläläiselle.

Kyläläinen katsoi ja katsoi, ja jälleen katsoi kiveä. Hän oli ihmeissään, sillä se oli timantti, todennäköises-ti suurin maailmassa. Iloisin sydämin, täynnä toiveita ja haluja, mies palasi kotiinsa. Mutta tuona yönä hän ei taaskaan voinut nukkua. Hän pyöriskeli sängyssään. Seuraavana aamuna hän ryntäsi jälleen kylän laitamille ja herätti *sanjaasin*. Kyläläinen sanoi: 'Ole ystävällinen ja anna minulle se omaisuus, joka sai sinut antamaan minulle tämän timantin niin helposti'.

Lapset, kun tunnette ydinolemuksenne, koko maailmankaik-keudesta tulee teidän omaisuuttanne. Tuossa korkeimmassa ti-lassa teillä ei ole mitään saavutet-tavaa eikä mitään menetettävää. Luovuttuanne kaikis-ta riippuvuuksista vakiinnutte korkeimman riippu-mattomuuden tilaan. Aivan niinkuin tarinan *sanjaasi* voitte hymyillen luopua kaikesta niin sanotusta arvok-kaasta ja tuntea silti täyttymystä ja rauhaa. Henkisyys on sisäistä omaisuutta, joka saa sinut tuntemaan itsesi täysin tyytyväiseksi. Sinulla ei kenties ole mitään, mitä voisit sanoa omaksesi, mutta voit silti olla tyytyväinen. Saavuttaessasi tuon tilan sinulla ei ole enää mitään saavutettavaa eikä menetettävää. Löydettyäsi tuon sisäisen henkisen rikkauden voit alkaa elää täyteydessä. Ulkonaisesti et kenties ole lainkaan varakas, mutta sisäisesti olet rikas ja täysi. Oivallat olevasi koko maailmankaikkeuden mestari. Sinusta tulee veden, ilman, maan ja eetterin, auringon, kuun, tähtien ja avaruuden mestari. Kaikki maa-ilmankaikkeudessa tulee olemaan hallinnassasi. Sen tähden, lapset, yrittäkää tulla mestariksi, ei orjaksi.

Todella rikas ihminen on hän, joka voi aina hymyil-lä, jopa kohdatessaan surua. Suru ei saa häntä itke-mään eikä hän tarvitse onnea voidakseen iloita. Hän ei tarvitse esineitten tukea tai myönteisiä ulkonaisia tapahtumia ollakseen onnellinen. Hän on sisäisel-tä olemukseltaan onnellinen. Ulkonaisesti rikas saat-taa olla onneton ihminen, joka ei tiedä mitä todel-linen onni on. Tässä mielessä hän on häviäjä, jopa tietämättä sitä itse. Hän menettää aina korvaamat-toman rikkauden - nimittäin, rauhan ja tyytyväisyyden."

Äidin puhuessa Gayatri saapui tuoden kahvia ja banaanilastuja. Kun Amma jakoi *prasadia* lapsilleen, Hän pyysi *brahmachareja* laulamaan *Bandamilla* -laulun:

*Kukaan ei ole meidän,*
*ei ole mitään mitä voisimme sanoa omaksemme,*
*viimeisinä päivinämme vain todellinen*
*Itse jää omaksemme.*

*Emme ota mitään mukaamme*
*viimeiselle matkalle,*
*miksi siis tällainen hulluus*
*kerätä maallista omaisuutta?*
*Se mikä on todella olemassa sisällämme,*
*nähdäksemme Sen,*
*meidän on uppouduttava sisällemme.*

*Siellä ei ole surun häivääkään,*
*siellä todellinen Itse loistaa*
*omassa loistossaan.*

*Siirrymme epätotuudesta Totuuteen,*
*kun rakastamme*
*ja palvelemme kaikkia eläviä olentoja.*

ॐ

# 10. luku

## Gurun armo on välttämätön

Tiistaina, 7. elokuuta 1984

Ashramin lounaiskulmauksessa, aivan vesitankin takana kasvoi muutamia sokeriruokoja. Amma leikkasi iltapäivällä yhden varsista ja ryhtyi syömään sitä. Aivan kuin lapsi, joka iloitsee imiessään sokeriruo'on mehua Amma nautti siitä suuresti. Muutama *brahmachari* ja pari naisoppilasta naapurista istui Hänen lähettyvillään.

Kuka hyvänsä, joka näkee Amman ilmiselvästi nauttivan jostakin ruuasta tai juomasta luulee tietenkin, että Hän pitää erityisesti juuri siitä. Haluten miellyttää Ammaa he valmistavat myöhemmin samaa ruokaa tai pitävät sitä varastossa siltä varalta, että voisivat tarjota sitä Hänelle. Mutta usein käy niin, että Amma ei kuitenkaan enää toistamiseen pyydä sitä, mistä Hän näytti pitävän niin paljon aiemmin.

Kerran Amma pyysi itsepäisesti 'sekoitusta', kyse on erilaisten friteerattujen leivonnaisten ja maustei-den sekoituksesta. *Brahmachari* Nealulla oli hieman tätä 'sekoitusta' ja niinpä hän antoi sen Ammalle. Hän otti tina-astian Nealulta ja levitti 'sekoituksen' sementtilattialle. Sitten Hän ryhtyi syömään palasia lattialta ryömien ympäriinsä niinkuin pieni lapsi. Kun Nealu ja *brahmachari* Balu katsoivat onnellisina tätä kohtausta, he ajattelivat, että Amma haluaisi 'sekoitusta' myöhemminkin. Niinpä he ajattelivat, että olisi viisasta pitää 'sekoitusta' aina varastossa, jotta he voisivat tarjota sitä Ammalle milloin Hän vain pyytäisi sitä. Joten he ostivat sitä ja laittoivat sen talteen Häntä varten. Mutta he joutuivat pettymään, sillä Amma ei koskaan enää pyytänyt tätä 'sekoitusta'. Amma kutsuu tätä leikkiään 'täydellisesti riippu-mattomaksi riippuvuudeksi, jonka avulla Hän pitää mielensä alhaalla'.

Muutamia oppilaita, hyvin vilpittömiä *sadhakoita*, voli tullut Tamil Nadusta vierailulle *ashramiin*. He seisoivat kunnioittavan välimatkan päässä katsellen Amman syövän sokeriruokoa. Hän pyysi heitä lähelleen. Epäröimättä he kiirehtivät Amman luo, kumar-tuivat Hänen jalkojensa juureen ja istuutuivat. Yksi heistä, joka oli aivan hullaantunut Ammaan, halusi istua niin lähellä Häntä kuin mahdollista. Vaikka mies oli jo melkein kuudenkymmenen hän käyttäytyi niinkuin kolmevuotias lapsi Amman läheisyydessä.

Amma antoi palasen sokeriruokoa jokaiselle, myös *brahmachareille*. On aina hienoa saada *prasadia* Am-malta. Sitä ei koskaan saa liikaa. Oli sitten kyse so-keriruo'osta tai riisipallosta, se on aina sanoinkuvaa-maton siunaus.

"Amma, olen lukenut, että teki sitten kuinka paljon *sadhanaa* hyvänsä, Täydellisyyden tilaa ei voi saavuttaa ilman *Satgurun* (täydellisen mestarin) ar-moa. Onko tämä totta?" yksi tamilioppilaista tiedusteli.

Hän vastasi: "Täysin oikein. Jotta salakavalimmat *vasanat* (ehdollistumat) voitaisiin poistaa tarvitaan *gurun* ohjausta ja armoa. Ja kun *vasanat* on poistettu, viimeinen vaihe, jossa *sadhaka* putoaa tai liukuu Täydellisyyden tilaan, ei voi tapahtua ilman Hänen armoaan.

Ihmiset ovat rajallisia, eivät he itse voi tehdä paljoakaan. Kenties he kykenevät etenemään tiettyyn pisteeseen ilman kenenkään ohjausta tai apua, mutta pian tiestä tulee liian monimutkainen ja apua tarvitaan. Tie vapautukseen on sokkeloinen tieverkos-to, labyrintti. Sokelossa vaeltaessa henkinen etsijä ei kenties kykene arvioimaan selvittämään minne mennä tai mihin suuntaan kääntyä.

Henkisen tien seuraamista ilman *gurua* voidaan verrata purjehtimiseen valtamerellä pikkuisella pur-jeveneellä, jossa ei ole tarvittavia laitteita, ei edes kompassia, joka näyttäisi suuntaa.

Muistakaa, että Itseoivalluksen tilaan vievä tie on hyvin kaita. Kaksi ihmistä ei kykene kävelemään käsikkäin tätä tietä, taputellen toverillisesti toistensa olkapäitä. Tätä tietä ihminen kulkee yksin. Kävellessämme henkistä tietä on edellämme valo meitä ohjaamassa. Tuo valo, joka näyttää tietä, on *gurun* armo. *Guru* kävelee edellämme valaisten tietä, kun hän hitaasti ja varovasti johtaa meitä. Hän tun-tee kaikki sokkelot ulkoa. Hän armonsa valo auttaa meitä näkemään ja poistamaan esteet ja saavuttamaan lopullisen päämäärän.

Lapset, *guru* laskeutuu puhtaasta myötätunnosta alas luoksemme kävelläkseen kanssamme. Kävellessämme hitaasti hänen jäljessään seuraamme hänen armonsa valoa. Hänen armonsa suojelee meitä ja estää meitä putoamasta. Gurun armo auttaa meitä, ettemme eksy pimeässä kapeilta kujilta ja putoa vaarallisiin salakuoppiin.

Toisinaan polku käy hyvin kapeaksi. Jos siitä tulee liian kapea ja sinä putoat polulta, on tarpeen, että sinulla on *guru*, joka nostaa sinut takaisin. Muussa tapauksessa ollessasi vain omien keinojesi varassa, saattaisit palata takaisin omia askeleitasi ja saattaisit kokea oikean tien jatkamisen liian vaikeaksi, melkein mahdottomaksi. Tuollaisina hetkinä *guru* rohkaisee sinua, hän valaa sinuun uskoa ja luotta-musta yrittää aina uudelleen ja uudelleen. Ilman *gurun* rohkaisevia ja innostavia sanoja, ilman hänen rakastavia ja myötä-tuntoisia katseitaan sekä ilman uskoa ja rohkeutta, jota hän valaa sinuun, et kenties edes yrittäisi. Et voi ylittää viimeistä estettä yksin omin ponnistuksin. Sinun yrityksesi ei ole mitään. *Guru* ojentaa kätensä toiselta puolelta ja vetää sinut.

Ilman *gurua* saattaisit kääntyä takaisin ja eksyä tieltä. Silloin on erittäin mahdollista, että kietoudut uudelleen maailmaan. Rohkeuden ja illuusioiden mentyä saatat jopa julistaa maailmalle, että henkisyys ei ole todellisuutta, että se on myytti, illuusio. Nämä ja muut vaaralliset ajatukset saattavat juurtua mieleesi.

Tosiasiassa *gurun* työntäminen ja vetäminen ei ole työntämistä ja vetämistä, vaan se tarkoittaa, että sinua työnnetään ja vedetään ilman että sinua työn-netään ja vedetään. Et tunne sitä, koska hänen myötä-tuntonsa ja rakkautensa ympäröi sinua täydellisesti, joten sinusta ei tunnu, että sinua työnnetään ja vede-tään. Et tunne painetta, stressiä tai rasitusta. Mutta jos hänen armonsa ja ohjauksensa eivät olisi läsnä, omien *vasanoittesi* (ehdollistumiesi) rasitus ja paine eksyttäisi sinut henkisyyden polulta.

Jotkut kohdat (henkisellä polulla) ovat avaria, täynnä valoa. Siellä ilmapiiri on täynnä jumalallista tuoksua. Oma mielesi yrittää pettää sinua luomalla värikkään maailman. Joka puolella on vetoavia, houkuttelevia ja vietteleviä näkymiä - jumalallista musiik-kia yhtäällä, lumoavaa tanssia toisaalla. Se saattaa vaikuttaa lopulliselta päämäärältä. Saatat tuntea, että tämä on lopullinen päämäärä ja sen tähden saatat pysähtyä. Et tunne halua edetä pidemmälle, et tunne halua jatkaa. Se on aivan kuin 'pienoisvalaistumisen tila', eräänlainen jäljitelmä. Saatat jopa tuntea, että olet saavuttanut Oivalluksen.

Kun ajattelet, että olet saavuttanut Oivalluksen, pahin alkaa tapahtua. Hitaasti ja salakavalasti ego lähestyy. Et huomaa sen pääsyä sisällesi. Et tunnista sitä ja vaikka tunnistaisitkin, et välitä, koska olet niin ihastunut ajatukseen, että olet todella Oivaltanut. Siten yrität olla näkemättä sen hämäystä. Tai saatat ajatella, 'Tällaista on Oivalluksen jälkeen.' Ja niin alat nauttia vanhoista tottumuksistasi ja vanhoista nautinnoistasi ja niin putoat takaisin maailmaan.

Lapset, teillä ei ole minkäänlaista käsitystä siitä minkälaista elämä tulee olemaan Oivalluksen jälkeen, koska ette ole Oivaltaneet. Mitä teihin tulee, tuo tila on teille täysin tuntematon. Te vain oletatte oivalta-neenne, mutta tuolle oletukselle ei ole olemassa min-kään-laista todellisuuspohjaa. *Sadhaka*, joka tekee tuollaisen oletuksen, joka tuntee, että hän on jo oi-valtanut, on väärässä. Siinä tilassa ei ole tunteita. Ei edes ajatusta 'minä olen saavuttanut'. Jos kuitenkin tunnet näin, tuo ajatus on este, joka sulkee tiesi. Te ette ole vielä saavuttaneet Täydellisyyden tilaa, sillä Totuus on vielä kaukana, tuolla puolen. Mutta että vakuuttuisit tästä ja näkisit Totuuden, tarvitaan *Sat-guru*. Gurun armo on ehdottoman välttämätön.

*Guru* tietää kaiken. Hän tietää, että kaikki se mitä te näette ja kuulette on vain harhaa. Hän saa sinut ymmärtämään tämän ja niin et jää ansaan aja-tellen näkemäsi olevan todellisuutta. Hän rohkaisee ja innostaa sinua menemään pitemmälle ja pitem-mälle harhojen viidakoitten tuolle puolen, kunnes saavutat Valaistumisen rannan. Henkisyyden matkalla tulee aika, jolloin kasvusta-si tulee sponttaania. Et kenties tiedä, että kasvat sisäisesti, mutta *guru* tietää. Saavuttaaksesi tämän spontaanin kasvun tarvitaan paljon omaa ponnistusta. on kuin lähettäisi raketin avaruuteen. Paljon inhi-millistä ponnistelua ja polttoainetta tarvitaan lä-hettämään raketti maan vetovoiman tuolle puolen. Kun raketti sitten on maan vetovoiman tuolla puolen, tulee liikkeestä itsestään toteutuva ja lopulta reketti voi asettua toisen planeetan kiertoradalle.

Samalla tavoin *sadhakan* tulee itse yrittää voimallisesti saa-vuttaakseen sponttaanin kasvun asteen. Kun hän saavuttaa tuon vaiheen, sisäinen muutos tapahtuu yrittämättä, jopa ilman, että hän olisi siitä tietoinen. Mutta *guru* tietää, sillä hän on vienyt *sad-hakan* tuolle alueelle. *Guru* antoi armon sataa häneen, jotta hän ryhtyisi lopulliseen hyppyyn.

Lopullinen työntö spontaanin kasvun vaiheeseen ei voi tapah-tua ilman *gurun* apua. Hän on ainoa, joka tietää, että spontaani kasvu on meneillään ja että lopullinen saavutus tulee. Hän tietää, että hänen armonsa virtaa jo *sadhakaan* ja että se kantaa hedel-mää ilman suurempia viivytyksiä. *Sadhakasta* tämä vaihe saattaa tuntua odotusajalta, koska hän ei ole tietoinen siitä sisäisestä muutoksesta, joka on tapah-tumassa. Hän ei tiedä, että *guru* on suonut armonsa hänelle. Mitä *sadhakaan* tulee tässä vaiheessa, niin kaikki tietoinen ponnistelu päättyy. Hän ei voi tehdä mitään muuta kuin odottaa. Sitten yhtäkkiä tapahtuu sisäinen herääminen. Jopa ilman, että hän itse tietää, *gurun* suoma armo nostaa hänet sinne. Se ilmes-tyy aivan kuin tyhjästä. Armo tulee tyhjästä. Se voi tapahtua milloin vain, missä hyvänsä.

Tarvitsemme *Satgurun* armoa enemmän kuin mitään muuta. Ilman hänen rakastavaa huolenpitoaan, myötätuntoisia katseitaan ja rakkaudellisia kosketuk-siaan et voi saavuttaa päämäärää. Jokaisella

myötä-tuntoisella katseella ja kosketuksella hän lähettää armoaan. Sen tähden, lapset, rukoilkaa hänen armo-aan."
Tamilioppilaiden oli aika lähteä. Yksi kerrallaan he menivät Amman luo ja kumarsivat. Oppilas, joka oli hullaanunut Ammaan, lausui tamilin kielisen Ju-malallisen Äidin ylistyksen. Kyse oli Maanikka-vaachakari-nimisen runoilijan runosta:

*Annoit minulle armon ansaitsemattoman
ja sallit tämän orjan kehon ja sielun
sulaa iloisesti rakkaudessa.
Tällaiseen en kykene antamaan vastalahjaa,
Oi Vapahtaja, joka täytät
menneisyyden, tulevaisuuden ja kaiken!
Oi ikuinen Perimmäinen Olento...*

Saatuaan jakeen päätökseen hän kumartui Äidin jalkojen juureen. Amma ilmaisi rakkautensa ja huolenpitonsa yksilöllisellä tavalla jokaiselle tamilioppilaalle. Kun sitten eräs oppilaista oli aikeissa kosettaa Amman jalkoja, oti Äiti hänen molemmista käsistään kiinni ja sanoi hänelle ääni täynnä arvo-valtaa: "Kerro opettajallesi, että jos hänen mielestään kaikkien vanhojen henkisyyden käsitysten tulisi kuol-la, hänen ei tulisi edes lukea pyhiä tekstejä, sillä ne ovat menneisyyden *rishien* vanhoja käsityksiä. Eikö totta? Muistuta häntä, että kehottamalla ihmisiä ole-maan seuraamatta *gurua* hänestä itsestään tulee *guru*. Pyydä häntä myös olemaan nöyrä. Sano hänelle, että hän yrittää kuunnella musiikkia laittamalla nuotit korvilleen. Hän on kuin ihminen, joka yrittää kylpeä tai uida jokea esittävässä kuvassa."
Kuultuaan Amman sanat tamilioppilas oli sanaton. Hänen katseessaan oli ilmiselvä hämmästys. Am-ma piti yhä kiinni hänen käsistään. Yhtäkkiä oppilas purskahti kyyneliin laittaen Amman kädet kasvoilleen. Oppilas pysytteli tuossa asennossa jonkun aikaa ja itki. Lopulta Amma tyynnytteli häntä sanoen: "Älä ole huolissasi. Amma laski vain leikkiä. Älä ota sitä niin vakavissasi."

Oppilas nosti päänsä ja sanoi: "Ei, ei. Et sinä laske leikkiä. Miksi sanot niin? Tavattuani sinut ja kuultuani nämä sanat suoraan sinulta, en voi uskoa, että laskisit leikkiä. Ei, et voi laskea leikkiä. Se mitä sa-noit on totta. Hän on hyvin itsekeskeinen. Mutta vahva vakaumukseni on, että hän nöyrtyy kuullessaan Sinun sanasi." Amma hymyili. Hän hymyynsä kätketyi jokin tarkoitus.

Ennenkuin tamilioppilas lähti *ashramista*, yksi *brahmachareista* halusi kuulla enemmän tästä tapauk-sesta, niinpä hän lähestyi oppilasta ja ilmaisi toi-veensa. Ja tämä hänelle kerrottiin:

Tamilioppilaalla oli opettaja, joka opetti hänelle pyhiä kirjoi-tuksia. Miehellä oli paljon kirjatietoa ja hän ajatteli suuria itsestään ja kyvystään opettaa henkisyyttä kirjoitusten avulla. Hänen sanan-partensa oli: "Pyhien kirjoitusten lukeminen riittää. Meditaa-tiosta ja antaumuksellisesta laulamisesta ja muista henkisistä harjoituksista ei ole paljoakaan hyötyä. Se kaikki on vanhentunutta. On korkea aika hylätä vanha ja omaksua uusi näkemys henkisyydestä". Hän vastusti myös *gurun* seuraamista. Kun tämä mies kuuli, että hänen oppilaansa aikoi lähteä tapaamaan suurta pyhimystä Keralaan, hänen epäilevä ja jär-keilevä mielensä alkoi toimia. Hän kutsui oppilaansa ja sanoi: "Olen kuullut, että aiot lähteä niin sanotun 'suuren pyhimyksen' *darshaniin* Keralaan. Olen myös kuullut, että hän on kaikkitietävä, että hän tietää menneen, nykyisen ja tulevan. En tietenkään usko tuohon. Mutta jos tuo silti on totta, todis-takoon hän kaikkitietävyytensä. Antakoon hän merkin, viestin tai jotakin todistaakseen, että hän on kaikkitietävä. Jos hän tekee niin, myös minä lähden tapaamaan häntä."

Kun tämä oppineen oppilas oli sitten jo lähdössä Amman luota, hän tunsi ensin pettymystä. Vaikka hänen oma kokemuksensa Am-masta oli ollut hyvin ylevöittävä, Amma ei ollut sanonut sanaakaan tai antanut minkäänlaista vihjettä hänen opettajastaan, joka odotti kärsimättömänä jonkinlaista todistetta. Kun Amma lopulta antoi todisteen aivan yllättävästi, hän oli niin mykistynyt ja kiitollinen samanaikaisesti, ettei kyennyt enää hallitsemaan tunteitaan. Silmät kyynelissä hän lähti *ashramista*.

197

Amman huomautukset osuivat maaliinsa. Saatuaan pyytämänsä todisteen, tuli oppinut Amman luo. Miehestä tuli Amman oppilas, vaikka hänellä itsellään oli monia ihailijoita ja seuraajia.

## Gurun varoitus

Kun tamilioppilas lähti, Amma kutsui yhden *brahmachareista* luokseen ja nuhteli häntä tottelematto-muudesta. Eräs vanhemmista *brahmachareista* oli pyytänyt tätä tekemään tietyn tehtävän, mutta tämä oli yksinkertaisesti kieltäytynyt. Kun vanhempi *brahmachari* oli kysynyt miksi, oli nuorempi vastannut: "Minulla ei ole aikaa. Asialle ei ole muuta selitystä." Vanhempi *brahmachari* raportoi asian Ammalle ja nyt virheen tehnyttä ojennettiin. Joutuessaan Amman muhtelemaksi saa samalla myös muutaman hyvän neuvon. Amm osoitti hänelle hänen virheensä ja sanoi: "Sinä olet hyvin itsekeskeinen."

Tämä *brahmachari* oli toisinaan hyvin itsepäinen ja väittelynhaluinen. Hän letkautti takaisin: "Miksi sitten otit minut *brahmachariksi*, jos tiesit, että minä olen hyvin itsekeskeinen?"

Amman myötätuntoinen vastaus virtasi: "Miksi Jee-sus Kristus otti Juudaksen opetuslapsekseen? Eikö Hän tiennyt, että Juudas tulisi pettämään Hänet, että Hän tulisi johdattamaan Hänet kuolemaan? Kyllä, Jeesus tiesi sen oikein hyvin. Siitä huolimatta Jeesus hyväksyi Juudaksen yhdeksi opetuslapsistaan. Hän rakasti tätä aivan niinkuin Hän rakasti muitakin.

Eivätkö menneisyyden suuret pyhimykset ja viisaat antaneet tietoisesti mahdollisuuksia niille, jotka pettivät heidät myöhemmin. *Mahatmat* ovat sellaisia, he eivät voi olla toisenlaisia. He eivät ajattele tai välitä siitä pettääkö joku heidät tai rakastaako tämä heitä tai onko joku egoistinen. He eivät odota keneltäkään mitään. He ovat vain saatavilla. Ken hyvänsä haluaa, ken on valmis avaamaan sydämensä ja valmis antautumaan, voi hyötyä heidän läheisyydes-tään. Mahdollisuus on avoin kaikille. *Mahatmat* eivät erottele. He eivät voi toimia niin. Jos joku on vaikkapa petollinen tai hyvin itsekeskeinen, jos hän antautuu vain muutamiksi päiviksi tai minuuteiksi - ajalla ei ole väliä - heidän antautumisestaan tuohon rajaan asti tulee saamaan olemaan oma hyötynsä.

Jos ihminen vetäytyy sen jälkeen, mitä *mahatma* voi tehdä? *Mahatma* ei voi tehdä mitään. Hän vain on. Jos haluat hänet, hän on käytettävissä - kaikkina aikoina, kaikkialla. Jos et halua häntä, hän on edelleen kaikkien muitten käytettävissä. Mutta jos torjut hänet, hän ei voi pakottaa itseään sinulle. Tuota yhtä asiaa hän ei voi tehdä.

Mutta jos kuitenkin antautudut, hän virtaa sinun sydämeesi. Kun vain pieni osa sydämestäsi on täytty-nyt *gurusta*, niin suuremmassa, täyttymättömässä osassa ego vaikuttaa edelleen ja sanoo: 'Minä olen jotakin'. Tuo pieni täyttynyt osa säilyy kuitenkin. Se tekee työtään. Tuolla osalla sinussa on oma voi-mansa. Se yrittää pelastaa sinut. Sinä tunnet sen. Mutta muista, kyse on vain pienestä täydestä osasta, suuri osa on täyttymättä. Suurempi osa on täynnä 'Minä olen jotakin' ajatusta.

Lapset, on vaarallista, jos kiellät kokonaan pienen täyden osan, etkä edes katso sille puolelle. Jos voit luoda katseen sille puolelle, missä *guru* on, sinulla on vielä toivoa. Sinut voidaan vielä pelastaa. Mutta ego, joka täyttää suuremman osan, torjuu hänet täydellisesti. *Guru* varoittaa sinua, ei kerran, vaan satoja kertoja. Hän opastaa sinua ja antaa vihjeitä. Mutta jos suljet oven kokonaan, jos lyöt oven kiinni hänen kasvojensa edessä, mitä hän voi tehdä? 'Minä olen jotakin' ajatuksen paine ja veto tulee vahvemmaksi sinussa ja sinä siirryt luonnollisesti tuolle puolelle. Se on tietenkin helpompaa. *Gurun* puolelle siirtymi-nen vaatii hieman enemmän ponnistelua, hieman enemmän rohkeutta.

Valtio ja yliopisto antavat samanlaiset mahdollisuudet kaikille opiskelijoille, mutta opiskelijat käyttävät näitä mahdollisuuksia eri tavoin. Vastaavasti on henkisyyttä henkisyyttä janoavien kohdalla. Monet ovat kiinnostuneita henkisyydestä, mutta vain muu-tamat 'saavuttavat vaaditun tason', niin sanoakseni. Pelkkä kiinnostus ei riitä. Se ei ole *gurun* virhe. *Satguru* ei voi olla väärässä. Hän voi olla vain oikeassa. Sinä olet väärässä. Me olemme kuin epävireessä olevia soittimia. *Guru* haluaa virittää epävireessä olevat. Mutta jos vastustat, jos ajattelet vahvasti, että olet kunnossa, jos ajattelet, ettei sinulla ole minkäänlaisia ongelmia, että epävireisyytesi on hyvä, koska sinä et kuule mitään epävireisyyttä, mitä *guru* voi silloin tehdä? Saadakseen soittimen äänet kuullostamaan miellyttävämmiltä, tarvitaan hieman raapimista, han-kaamista, raaputtamista ja poistamista. Sinun tulisi kestää tämän aikaansaama kipu ja ymmärtää, että sen tarkoituksena on tehdä elämästäsi harmoninen, kuin musiikkiesitys.

Amma on hullu, mutta Hänen hulluutensa on To-tuutta ja *dharmaa* varten. Jos joku toimii Totuuden vastaisesti, jos hän ei ole valmis parantamaan ta-pojaan, jos hän on päättänyt tehdä asiat omalla ta-vallaan, silloin hän etääntyy Ammasta. Hän etääntyy Totuudesta ja *dharmasta*. Muista, ettei Amma poistu hänen luotaan, Hän ei voi. Oppilas itse synnyttää kuilun itsensä ja Amman väliin. Kun niin tapahtuu, välimatka suurenee ja suurenee.

Amma ei voi hyväksyä tai torjua ketään. Hyväksyminen ja torjuminen on mahdollista vain, kun on olemassa ego. Ego voi hyväksyä tai torjua. Kun ihmisestä tulee egoton, hän siirtyy näiden molempien tuolle puolen. Sen tähden, sinä hyväksyt ja hylkäät. Amma ei toimi sillä tavalla. On kuitenkin olemassa yksi asia, joka sinun tulisi pitää mielessä. Sinun pää-määränäsi on saavuttaa Täydellisyyden tila. Kyse on siitä, haluatko sitä todella vai et. Toisinaan 'kyllä' ja toisinaan 'ei' ei tule kysymykseen. Jos suhtaudut näin, tämä ei ole sinun paikkasi. Henkisyydessä ei ole horjumista. On joko 'kyllä' taikka 'ei'. Siinä se. Jos tunnet toisinaan henkisyyttä ja toisinaan ei-henkisyyttä, se ei ole henkisyyttä. Amma tarkoittaa, että sinun mielesi tulisi olla kiinnittynyt Siihen, ts. päämäärään. Häiriöitä ei tulisi olla. On vaarallista, jos antaudut yksinkertaisesti olosuhteitten vietäväksi. Koska elämäsi päätarkoitus on oivaltaa Jumala, tie-toisuus päämäärästä ja pyrkimys saavuttaa se, *lakshya boddha*, tulee aina pitää mielessä.

Olettakaamme, että olet toimitusjohtaja. Istuessa-si toimistosi tuolilla koko ajatusprosessisi tulee olla keskittynyt siihen kuinka johtaa yritystä - kuinka tehdä enemmän voittoa, kuinka ratkaista työntekijöit-ten ongelmat ja kuinka luoda hyvät markkinat tuot-teillesi. Se on *dharmasi* ollessasi toimistolla. Tuolloin sinun ei tule ajatella perhettäsi ja sen ongelmia. Se on *dharmasi* kotona. Jos ajattelet kotiasi ollessasi toimistollasi, et hoida kunnolla työtäsi toimitusjohtaja-na. Ja vastaavasti, jos kotona ajattelet ja toimit niinkuin toimitusjohtaja, sen sijaan, että olisit aviomies ja isä, et täytä velvollisuuksiasi. Samalla tavoin, kun olet täällä *ashramissa brahmacharina* tai pyrit tu-lemaan *brahmachariksi* sinun tulisi toimia ja ajatella tietyllä tavalla. Jos et voi omaksua oikeaa asennetta, et sopeudu tänne. Alat tuntea kuilun, joka luo lopulta paljon ongelmia henkisessä elämässäsi.

Amma luo jatkuvasti tilanteita, jotka auttavat hen-kistä kasvuasi. Hän voi antaa anteeksi ja unohtaa sata kertaa ja enemmänkin. Mutta jos jatkuvasti tais-telet ja vedät kätesi Amman luota, et voi syyttää Häntä."

## Unohda mennyt

Perjantaina, 10. elokuuta 1984

Kymmenen aikaan aamulla Amma istuskeli majassaan, joka oli ashramin eteläpuolella. Länsimaiset ja intialaiset oppilaat ympäröivät Häntä. Eräs länsi-mainen oppilas esitti kysymyksen: "Monet ihmiset epäilevät kykyään meditoida Jumalaa ja oivaltaa Hä-net, koska he tuntevat tehneensä liian monta syntiä, jotka estävät heitä saavuttamasta Jumaloivallusta. Heistä tuntuu, etteivät he saa osakseen Jumalan ar-moa."

Amma vastasi välittömästi: "Tuollaisille epäilyille ja huolille ei ole minkäänlaista perustetta. Kun päättä-väisyys ja kiintymättömyys herää, menneestä tulee tehoton. Menneisyys menettää otteensa häneen, joka on jättänyt kaiken Jumalan jalkojen juureen. Tällainen ihminen unohtaa menneisyytensä ja alkaa elää kauniissa nykyisyydessä, missä hän näkee vain Juma-lan ja Hänen lumoavan olemuksensa. Menneisyyden pelottavat unet kuolevat antautuneessa sielussa täy-dellisesti ja hän tuntee varmuudella Jumalan armon ohjaavan häntä kaikkialla.

Amma kertoo teille tarinan osoittaakseen kuinka Jumalan armo on ehdottomasti avoin jokaiselle, jopa heille jotka ovat tehneet vakavia virheitä.

Eräänä yönä pahamaineinen varas kuljeskeli löy-tääkseen sopivan talon, johon voisi murtautua. Kun hän käveli tietä alas vaivihkaa kenenkään huomaa-matta, hän näki kuinka ihmiset olivat kerään-tyneet kuuntelemaan tien sivussa miestä, joka oli tarinan-kertoja. Tämä kertoi Krishnan lapsuudenajan leikeis-tä niinkuin ne on ku-vattu *Srimad Bhagavatamissa*. Kuvaus lapsi-*Krishnasta* veti varkaan huomion puo-leensa. Kertoja kuvasi lapsen kauneutta: "Niin *Yasoda*, Krishnan kasvattiäiti, kylvetettyään rakkaan *Vrinda-van* lapsen, koristeli Hänet, joka on aina viehättävä, kimaltelevilla jalokivillä. Kaulakorut täynnä jalokiviä, smaragdeja ja rubiineja koristivat Hä-nen kaulaansa ja kultainen kruunu, johon oli upotettu arvokkaita jalokiviä kaunisti Herran säteilevää päätä. Kilisevät nilkkakorut soivat niinkuin kellot Hänen jaloissaan yhdessä sen soinnukkaan helinän kanssa, joka kuului Hänen lanteillaan olevasta kultaisesta ketjusta. Kun Yasoda laittoi lumoavalle Krishnalle koruja, lapsi juoksi leikkisästi karkuun ja piilottautui puun taakse. Yasoda juoksi pojan perään kutsuen Häntä ylitsevuotavalla rakkaudella ja kiintymyksellä: '*Kanna, Kanna...*'."

Kun Amma sanoi viimeisen lauseen, Hän samaistui niin kertomuk-seen, että alkoi elehtiä käsillään. Oli aivan niinkuin Krishna olisi seisonut aivan Hänen edessään. Jopa Hänen kasvojensa ilmeet kuvas-tivat sitä rakkautta ja kiintymystä mitä Yasoda tunsi lapsi-Krishnaa kohtaan. Tässä vaiheessa Amma humaltui puhtaasta rakkaudesta istuen hiljaa. Kyyneleet vir-tasivat Hänen poskiaan pitkin samalla, kun Hän nau-rahti aina silloin tällöin. Tätä tilaa kesti jonkin aikaa, sitten Amma jatkoi tarinaa:

"Varkaan kuunnellessa kertomusta hän sai yht-äkkiä ajatuksen: 'Tämän lapsen täytyy olla jonkun rikkaan miehen poika. Minun täytyy saada jotenkin selville missä tämä lapsi asuu. Jos voisin saada joten-kin tämän pikkuisen kiinni, se olisi minun ongelmieni loppu. Tämän lapsen arvokkaat kivet ja kultaiset korut riittäisivät minulle ja perheelleni loppuelä-mäksemme.' Niin hän odotti kunnes kertomus päättyi ja tarinankertoja kokosi tavaransa lähteäkseen. Varas seurasi häntä varovasti jonkin matkan päästä kunnes hän saapui yksinäiseen paikkaan. Sitten hän iski yhtäkkiä tarinankertojan kimppuun. Varas piti häntä niskasta kiinni sanoen uhkaavasti: 'Kerro missä lapsi asuu. Missä on Vrindavan-niminen paikka? Äläkä yritä mitään metkuja. Kerro minulle totuus. Anna minulle yksityiskohtaiset tiedot kuinka löydän Hänen talolleen tai saat valmistautua kuolemaan.'

Tarinankertoja oli niin kauhuissaan, ettei kyennyt puhumaan lainkaan. Varkaan kiristyksen ja uhkailun jälkeen hän sai lopulta sanotuksi: 'Se on vain ta-rina. Se lapsi ei ole todellinen. Se on sepi-tetty tarina. Ei se ole tositarina.' Mutta varas ei aikonut luopua niin helpolla. 'Kerro totuus,' hän sanoi, 'tiedän, että valehtelet. Kuinka voit kuvailla lapsen niin tarkasti, jos hän ei ole ollutkaan olemassa? Avaa suusi ja puhu tai kuolet.'

Tarinankertoja yritti vakuuttaa vakuuttamasta päästyään varas-ta, että tämä kuvaus oli peräisin ai-noastaan tarinasta, selittäen, että elävän kuvauksen tarkoituksena oli ainoastaan elävöittää kuunteli-joitten mielikuvitusta ja että kyse ei siis ollut todellisuudes-ta. Mutta varkaalla ei ollut epäilyksiä lapsi-Krishnan olemassaolosta ja hän oli päättänyt löytää tämän lap-sen. Lopulta tarinankertoja ajatteli paik-kaa, missä ei olisi ihmisiä tai taloja vaan ainoastaan sankka metsä. Toivoen pääsevänsä eroon varkaasta hän sanoi, että Krishna asui tässä syrjäisessä paikassa. Hän toivoi, että varas joutuisi metsässä villieläinten saa-liiksi. Varas merkitsi tarkoin muistiin kuinka päästä sinne ja vapautti sitten tarinankertojan varoittaen, että jos hän ei löytäisi lasta, hän palaisi tappamaan tarinankertojan.

Edeten tarinankertojan tarkoittamaa paikkaa kohden varas kä-veli ripeän päättäväisesti kolme päivää pysähtymättä välillä syömään tai nukkumaan. Koko matkan ajan varas ajatteli Krishnaa ja suurta onnea, jonka hän tulisi saamaan osakseen. Vaikka hänellä olikin ajatus tehdä rikos, hänen mielensä oli silti täydellisesti suunnattu Mestarin kauniiseen olemuk-seen. Vei muutamia päiviä saapua määränpäähän ja siinä vaiheessa, kun hän saapui metsään, hän oli ai-van uupunut. Hänen molemmat jalkansa vuotivat ver-ta, sillä piikit ja terävät kivet olivat repineet niitä.

Mutta varas oli täynnä toivoa, sillä tarinankertoja oli kertonut hänelle, että Krishna tulisi, jos Häntä kutsuisi. Hänelle oli myös kerrottu, että Krishna ja Hänen leikkitoverinsa tulisivat yleensä metsään leh-miensä kanssa ja että he telmisivät sillä aikaa, kun karja laidunsi. Kun varas ei nähnyt ketään, hän kutsu ja kutsui. Hänen äänensä soi metsän halki: 'Krishna, Krishna! Missä olet?' Vaeltaen lasta etsimässä hän tutki pensaikot ja etsi häntä suurten puiden takaa. Hän jopa kiipesi puiden latvaan nähdäkseen parem-min tähystyspaikan missä päin metsää Krishna oli. Kun hän jatkoi kulkuaan ympäri metsää kutsuen Krishnaa, hänen etsintänsä voima ja epätoivo saavutti huippunsa. Lopulta hän vaipui ruoan ja unen puut-teesta tajuttomuuteen. Jopa tässä tilassaan hän mumisi Krishnan nimeä.

Palattuaan normaaliin tietoisuudentilaan varas havaitsi olevansa jonkun sylissä. Joku piteli häntä ja siveli hänen päätään, ja hän kuuli äänen sanovan: 'Olet uupunut. Tässä, olen tuonut sinulle ruokaa.' Hän katsahti ylös ja näki edessään lapsen, jota oli etsinyt. Siinä oli Krishna! Varas makasi Hänen sy-lissään. Hän hieroi silmiään ja rä-pytteli moneen ker-taan. Hän ei voinut uskoa silmiään ja kuitenkin se oli Krishna. Tuossa oli riikinkukon sulka... kiharat hiukset, kultainen kruunu, keltainen vaate, jota ko-ristivat arvokkaat jalokivet. Aina niin hurmaava hymy ja tummansininen ihonväri varastivat hänen huomion-sa. Hänen silmänsä nauliutuivat lapseen. Hän ei kyen-nyt irrottamaan silmiään tämän upeasta olemuksesta. Kun lapsi syötti häntä, hän avasi automaattisesti suutaan ja nieli. Ympärillä olevan unohtaen hän raukesi autuuden tilaan.

Krishna auttoi häntä nousemaan istualleen. Seuraavaksi Hän otti kaikki korunsa, kietoi ne yhteen ja antoi ne yhtenä nippuna varkaalle sanoen: 'Nämä ovat sinun. Tätä vartenhan sinä tulit? Nyt voi palata onnellisena.' Nauttien Herran ikuisesta kauneudesta varas oli nyt täydellisesti muuttunut. Ääni murtunee-na hän sanoi vastustellen: 'Ei... ei... En minä halua niitä. Minä haluan Sinut. Minä haluan Sinut.' Krishna jatkoi kuitenkin hänen suostutteluaan: 'Sinun ei pidä palata tyhjin käsin. Et saa pettyä näin pitkän etsinnän jälkeen. Ota ne!' Tähän varas vastasi: 'Rakas Kris-hnani, minä en tahdo mitään. Tahdon syleillä Sinua. Tahdon maata Sinun sylissäsi. Tahdon katsella Sinun kasvojasi. Tahdon olla Sinun kanssasi ikui-sesti. Pyy-dän, Mestarini, minä pyydän...'."

Tässä vaiheessa Amma nousi istuimeltaan seisomaan. Koko Hänen olemuksensa oli muuttunut selit-tämättömän jumalalliseksi *bhavaksi* (mielentilaksi). Hänen kasvoillaan oli epätavallinen loiste. Hänen oikean kätensä sormet olivat *chinmudrassa* (jumalallinen mudra, jonka Äiti omaksuu *Krishna-bhavas-sa*). Lumoava hymy lisäsi Hä-nen jo ennestäänkin loisteliaan olemuksensa lumoa. Joku huudahti, että Amma näytti tarkalleen samanlaiselta kuin *Krishna-bhavan* aikana ja kuitenkin Hänen tämänkertaisessa tilassaan oli jotakin sanoinkuvaamatonta ja selittä-mätöntä. Hän keinui kevyesti puolelta toiselle samal-la, kun Hänen kehossaan oli havaittavissa jatkuvaa, voimakasta värähtelyä. Oppilaat tunsivat olonsa autuaallisiksi ja he kylpivät korkeimmassa antaumuk-sen tilassa.

Nähdessään Amman jumalallisen ekstaasin *brah-macharit* alkoivat laulaa *Govardhana Giriä*:

*Oi Sinä, joka kohotit Govardhana-vuoren ilmaan,*
*joka leikit paimentyttojenn sydämessä,*
*joka suojelet Gokulaa*
*ja antaudut leikkiin,*
*joka soitat suloisesti huiluasi...*

*Sinä olet tanssinut Kaliya-käärmeen pään päällä*
*karkottaaksesi hänen ylpeytensä aiheuttaman pelon.*
*Oi Sinä joka tuhoat halut*
*ja täytät toivomuksemme,*
*älä viivytä tuloasi hetkeäkään,*

*oi Sinä, jonka silmät ovat suuret niinkuin lootuksen terälehdet...*

*Sinä olet se, joka luovuttaa*
*tekojemme hedelmät.*
*Yrittäessäni hallita viittä aistiani*
*mieleni vapisee kuin riikinkukon sulka.*
*Oi Krishna, milloin sulaudun Sinun jalkoihisi?*

Hitaasti Amma palasi fyysiselle tasolle. Hän seisoi edelleen autuuden humalluttamassa *bhavassa*. Horjuvin askelin Hän kulki kohti istuinta. Ikuisen autuuden humalluttamana Hän näytti olevan täydellisesti kehonsa tuolla puolen. Eräs naisoppilaista auttoi Ammaa istuutumaan tuolille. Jonkin ajan kuluttua Hän palasi tajuiseen tilaan kokonaan. *Brahmacharien* muistutettua Amma jatkoi tarinaa:

"Missä olimmekaan... Niin. Krishna pudotti jalokivet hänen eteensä ja katosi. Hulluna rakkaudesta, varas juoksenteli sinne ja tänne, kutsuen: 'Oi Krishna, missä Sinä olet? Älä jätä minua. Ota minut mukaasi. Herrani, tule takaisin, tule takaisin...'."

Oli ilmeistä, että Amma sai taistella voimakkaasti kyetäkseen pitämään itsensä fyysisellä tasolla. Pitä-en aina silloin tällöin tauon Amma jatkoi tarinaa:

"Krishna ei kuitenkaan paljastanut fyysistä olemus-taan enää varkaalle. Kykenemättä kestämään eron sietämätöntä tuskaa varas jatkoi vaeltelua metsässä Krishnaa kutsuen. Päivät kuluivat ja alakuloisena hän palasi kotiinsa pitäen huolella Herralleen kuu-luvaa jalokivimyttyä mukanaan.

Mytty tiukasti sylissään hän saapui tarinankertojan talolle ja koputti ovelle. Tarinankertoja kurkisti ikkunasta, tunnisti varkaan ja pelästyi. Hän oli kauhuissaan, sillä hän oli varma, että varas oli tullut tappamaan hänet, koska ei ollut löytänyt Krishnaa, Vrindavan sinistä poikaa. Kun koputus ovella jatkui, talossa olevan miehen vapina kasvoi. Mutta jos hän olisi kuunnellut tarkasti, hän olisi kuullut varkaan sanovan heikolla äänellä: 'Olen nähnut Mestarin,

Kris-hnani. Minä olen nähnyt Herrani...' Tietäen varkaan pahan maineen hän pelkäsi, että jos hän ei avaisi ovea, varas murtaisi sen ja tappaisi hänet joka tapauksessa. Niin hän avasi oven ja seisoi siinä paikoilleen jähmettyneenä silmät suljettuina, odottaen terävän partankoneen terän leikkaavan kurkkunsa auki.

Mitään ei tapahtunut. Hän avasi silmänsä ja näki pahamaineisen varkaan makaavan pitkin pituuttaan jalkojensa juuressa. Hätkähtäen tarinankertoja huudahti: 'Mitä tämä on?!' Varas nousi ylös ja laski mytyn tarinankertojan jalkojen juureen. Kyynelten lävitse varas sanoi: 'Minä olen nähnyt Herran, oman Kris-hnani. Hän antoi kaikki korunsa minulle, mutta minä en halua niitä. Ne kuuluvat sinulle, joka innostit minut kaipaamaan Herrani näkemistä. Sinä olet mi-nun *Guruni*. Vastaanota tämä ja siunaa minut.'

Kuultuaan tarinan, joka kuulosti aivan hullulta, tarinankertoja oli ällistynyt. Hän epäili, että varas, suuri syntinen, oli varmaankin tappanut viattoman lapsen ja ottanut hänen korunsa. Mutta kun hän esitti jotakin tämän suuntaista, varas vannoi nähneensä Herran, että Herra oli laittanut hänen päänsä syliin-sä ja syöttänyt häntä omin käsin. Hän kuvaili edelleen kuinka Krishna oli soittanut lumoavia sävel-miä jumalallisella huilullaan. Kun tarinankertoja kuunteli varasta, hän havaitsi tämän eksaattisen mie-lentilan, autuaalliset kyyneleet ja innostuksen hänen äänessään ja tajusi, että tässä miehessä oli jotakin erikoista. Hänen uteliaisuutensa heräsi, hän avasi käärön ja oli aivan ihmeissään. Räpyttäen ja hieroen silmiään useita kertoja hän ei kyennyt uskomaan näkemäänsä. Pian hän jo tajusi, että nämä olivat Krishnan korut ja että varas oli todellakin nähnyt Krishnan jumalallisessa näyssä. Silmät täynnä kyyneleitä ja sydän täynnä intensiivistä kaipausta tarinankertoja kutsui: 'Oi Krishna, Krishna... olenko minä suurempi syntinen kuin tämä varas?' Hän juoksi talosta ja katosi.

Unohtaen ruoan ja unen moniksi päiviksi tarinan-kertoja saapui samaan paikkaan, jonne hän oli lähet-tänyt varkaan. Hän pyörtyi ja palasi tajuihinsa useita kertoja. Joka kerta, kun hän palasi tajui-hinsa hän kutsui: 'Krishna, enkö minä ole arvollinen näkemään

Sinun jumalallista olemustasi? Minä olen laulanut Sinun ylistystäsi viimeiset kolmekymmentä vuotta. Oliko varkaalla suurempia ansioita, niinkuin ihmisten tappaminen ja heidän omaisuutensa varastaminen, koska hän sai nähdä Sinun jumalallisen olemuk-sesi?' Tällaisia olivat tarinankertojan rukoukset ja anomiset. Mutta Herra ei paljastanut Itseään tarinan-kertojalle. Syvästi pettyneenä tarinankertoja päätti tehdä itsemurhan. Ilman Jumalan kohtaamista hän ei nähnyt elämässä merkitystä. Ajatellen nyt kuinka onnekas varas oli ollut saadessaan nähdä Herran lumoavan olemuksen, kaikki pahat tunteet, joita hä-nellä oli ollut varasta kohtaan, katosivat. Mutta hänen oma vilpitön toiveensa saada nähdä Herra oli silti täyttymättä. Sydän täynnä suurta tuskaa tarinanker-toja otti päällysvaatteen yltään ja sitoi sen toisen pään puunoksaan. Hän kiipesi puuhun ja sitoi toisen pään kaulaansa. Hän oli aikeissa hypätä ja hirttäytyä, kun kuuli yhtäkkiä äänen taivaasta.

Se sanoi: 'Sinä olet myös hyvin rakas Minulle. Rauhoitu! Olen tyytyväinen Sinuun, mutta Minä en paljasta sinulle olemustani nyt heti. Kuuntele Minua. Sinä halusit tietää mitä ansioita varkaalla oli, kun hänen annettiin nähdä fyysinen olemukseni. Kyse oli hänen ehtoja-asettamattomasta uskostaan siihen, että Minä olen todellisuutta enkä vain mieli-kuvitusta. Heti kun hän oli kuullut sinun kuvaavan Minun olemukseni, hän uskoi että olin olemassa. Hän ei epäillyt, että olin todellisuutta ja niinpä hän päätti nähdä Minut. Hän päätöksensä oli niin voimakas, että se omasi kaikki todellisen *tapasin* (itsekuriharjoi-tuksen) ominaisuudet. Kun hän sitten näki Minut, hän tuli hulluksi rakkaudesta. Mutta sinulle minä olin vain sepitetty tarina enkä todellisuutta. Pelosta olit jopa valmis kieltämään minun olemassaoloni. Siellä missä on pelkoa, siellä minä en ole. Missä on uskoa, siellä ei ole pelkoa. Sinulla ei ollut uskoa. Mutta varas omasi ehtoja-asettamattoman uskon Mi-nun olemassaolooni ja Minun todellisuuteeni. Sinulle Minun tarinoitteni kertominen ja ylitykseni laulami-nen olivat lähes mekaanisia. Et koskaan tuntenut kaipausta ja epätoivoa nähdä Minut. Joka päivä tasan kello kaksitoista halusit lounaasi. Tasan kello kah-deksan halusit illallisesi ja tarkalleen kello kymmenen menit nukkumaan - tarkalleen aikataulun mukaan. Varas ei ollut tällainen! Hän unohti kaiken muun ja muisti jatkuvasti vain Minut kunnes hän näki Minut. Ole nyt tyytyväinen kuultuasi ääneni. Annan siunauk-seni, että tulen ilmestymään eteesi tämän elämän aikana, muuta siihen asti, mene levittämään rakkau-della ja antaumuksella Minun sanomaani. Se tulee auttamaan monia muita varkaita, syntisiä ja ei-usko-vaisia muuttamaan tapojaan ja tulemaan maailman hyödyttäjiksi.'

Sen tähden lapset, älkää ajatelko mustaa mennei-syyttänne. Yrittäkää olla päättäväisiä ja takertumatto-mia. Ei ole väliä olitteko varas tai suuri syntinen. Jumala ei välitä teidän menneisyydestänne, mikäli omaatte päättäväisyyttä ja takertumattomuutta nykyhetkessä."

# Amman ihmeellisesti parantava kosketus

Keskiviikkona, 15. elokuuta 1984

Illalla viiden aikaan eräs perhe, isä, äiti ja poika, tuli, tapaamaan Ammaa. Poika, G, 18-vuotias nuo-rukainen, juoksi iloisesti *brahmachari* Balun luo, joka seisoi lähellä takavesiä. Hetken päästä hänen isänsä ja äitinsä liittyivät heidän seuraansa ja perhe keskusteli iloissaan Balun kanssa. Nähdessään heidän tyytyväisyytensä ja ilonsa Balu ajatteli: 'Mikä valtava muutos onkaan tapahtunut heidän elämässään vii-meksi kuluneen puolentoista vuoden aikana. Kun he tulivat ensi kerran tänne, he olivat lopen uupuneita ja elämän kuluttamia. He olivat kuin eläviä ruumiita. Nyt he ovat iloisia ja hymy karehtii heidän kasvoil-laan.'

Perheellä oli ollut aiemmin toinen poika. Vanhemmat olivat iloinneet nelihenkisestä perheestään. Veljekset olivat olleet hyvin kiintyneitä toisiinsa. G, vanhempi veli hoiti ja tuki aina nuorempaa veljään, J:tä, vaikka tämä kujeilikin usein. Heidän keskinäinen rakkautensa oli epätavallista eivätkä he koskaan rii-delleet. G oli viidentoista ja

J kolmentoista ja he olivat aina yhdessä. Vanhemmat olivat hyvin tyyty-väisiä ja ylpeitä lastensa keskinäisestä huolenpidosta. Jos J:llä oli ongelmia, G yritti vilpittömästi ratkoa ne rakkaudellisesti ja kiintymyksellä. Jos J oli sairas, G istui aina hänen vierellään huolehtien hänen tar-peistaan ja antaen lääkkeet oikeaan aikaan. Jos J ei syönyt, G kieltäytyi syömästä ja päinvastoin. Kyse oli voimakkaasta ja epätavallisesta siteestä veljesten välillä. Mutta julma kohtalo ei antanut sen jatkua pitkään.

Eräänä päivänä ennenkuin perhe tapasi Amman, nuorempi poika kaatui yhtäkkiä kuolleena maahan leikkiessään veljensä kanssa. Myöhemmin selvisi, että kuolinsyy oli veritulppa aivoissa. Kuolema tapahtui suoraan G:n silmien edessä. Poika vietiin välittömäs-ti sairaalaan, mutta turhaan. Koko perhe vajosi syvään suruun. Veljen kuolema oli sellainen shokki G:lle, että hän vaipui tajuttomuuteen ja oli useita päiviä koomassa. Kun hän makasi sairaalan teho-osastolla, vanhemmat olivat syvästi huolissaan. He pelkäsivät menettävänsä myös G:n. Vihdoin hän kui-tenkin avasi eräänä päivänä silmänsä ja vanhemmat iloitsivat. Mutta heidän onnensa oli lyhytaikaista, sillä G ei enää ollut oma tavallinen itsensä.

Vaikka G oli elossa hän oli kuin vihannes. Hän nukkui, mutta söi tuskin mitään. Hän ei puhunut eikä hymyillyt. Poika laihtui luurangoksi. Kaksi en-simmäistä vuotta veljen kuoleman jälkeen kului tällä tavoin. Noiden kahden vuoden aikana vanhemmat yrittivät kaikkea - neuvoteltiin parhaiden lääketieteen asiantuntijoiden kanssa ja kokeiltiin erilaisia terapiamuotoja ja erilaista lääkitystä, jotta poika saataisiin entiselleen. Mutta kaikki yritykset epäon-nistuivat. G ei räpäyttänyt silmäänsäkään. Epätoi-voiset vanhemmat olivat täydellisen toivottomia ja turhautuneita.

Vanhempien eläessä tällaisen surun ja epätoivon painamina, perheen äiti näki eräänä yönä unessa valkoisiin pukeutuneen naisen, joka hyväili ja siveli rakkaudella hänen poikansa otsaa. Naisen ympärillä oli jumalallinen loiste ja Hänen myötätuntoisella hymyllään oli kyky parantaa menneisyyden surut ja haavat. Hyväillessään pojan otsaa valkoisiin pukeu-tunut nainen puhutteli häntä ylitsevuotavan myötä-tuntoisena ja rakkaudella: "Poikani... minun poikani... Äidin rakas poika... lapseni... Katsohan tänne, tässä Äitisi kutsuu sinua." Näillä sanoilla oli voimakas vaikutus poikaan. Hän katsoi ylös naisen säteileviä kasvoja ja hymyili ensimmäistä kertaa kahteen vuo-teen. Hänen kasvonsa muuttuivat tyystin ja hän pa-lautui entiselleen. Vanhempien onnella ei ollut rajoja. Äiti itki ilosta. Hän oli edelleen tässä tilassa, kun hänen miehensä herätti hänet unesta. Oivallettuaan nähneensä vain unta, äiti itki sydäntäsärkevästi. Hän kertoi unen miehelleen. Kumpikaan ei ajatellut unta sen pidempään, mutta äiti alkoi nähdä samaa unta uudelleen ja uudelleen seuraavina öinä. Koska uni usiutui joka yö, sekä mies että nainen ryhtyivät poh-timaan sitä.

Koska Amma ei ollut vielä siihen aikaan niin tun-nettu kuin nyt, he eivät kyenneet selvittämään kuka valkoisiin pukeutunut nainen oli. Eräänä päivänä he olivat palaamassa sukulaisvierailulta odotellen rautatieasemalla noustakseen kotikaupunkiinsa menevään junaan. Perheen äiti istui jonkun tuntemat-toman naisen vieressä. Hetken päästä tämä nainen kääntyi hänen puoleensa ja sanoi: "Jokin sisälläni kehottaa minua kertomaan teille Äidistä." Tämä nai-nen oli Amman oppilas ja hän ryhtyi kertomaan Am-masta. Aivan niinkuin hän olisi ollut Hengen vallassa nainen kertoi kaikki kokemuksensa mitä hänellä oli ollut Amman kanssa. Kun nainen jatkoi puhumista alkoi G:n äidin kasvot loistaa ilosta. Hän oivalsi, että nainen puhui hänen unensa valkoisiin pukeu-tuneesta naisesta.

Hän kertoi nyt naiselle mitä hänen perheensä oli joutunut lä-pikäymään kahden viime vuoden aikana. Sitten hän kertoi unensa valkoasuisesta naisesta ja kuinka hän ja miehensä olivat yrittäneet selvittää kuka nainen oli ja mistä hänet voisi löytää tai oliko hän edes olemassa. Sekä mies että vaimo olivat erit-täin onnellisia saadessaan tietää Ammasta. He päät-tivät lähteä Amman *ashramiin* heti seuraavana päi-vänä.

Kun he nousivat junaan seuraavana päivänä, he ihmettelivät miten vieras nainen oli inspiroitunut kertomaan heille Ammasta ilman minkäänlaista erityistä syytä. Jos poika olisi ollut heidän matkassaan, nainen olisi nähnyt miltä hän näytti ja saattanut tuntea, että heidän tulisi viedä hänet Amman luo parannettavaksi. Mutta he eivät olleet ottaneet poikaa mukaan vaan jättäneet hänet tädin hoiviin. He ajatte-livat, että 'tuntemattomia olivat Jumalan tiet ihmisjärjelle'.

Niin he kolme, mies, vaimo ja poika, saapuivat *ashramiin* aamulla kymmenen aikaan. Amma oli jo majassa antamassa *darshania*. Juuri kun he saapuivat ja sei-sahtuivat temppelin eteen *brahmachari* Balu lähestyi heitä ja sanoi: "Amma kutsuu teitä. Tulkaa sisälle." He olivat ihmeissään. Kuka oli kertonut Hänelle, että he olivat siellä? Perhe johdatettiin Amman luo.

Amma sanoi heille hymyillen: "Äiti odotti teitä, Hän tiesi, että tulisitte tänään." Amma otti sitten poikaa kädestä kiinni ja säteilevä hymy kasvoillaan hyväili ja silitti pojan otsaa ja sanoi hänelle: "Poikani... minun poikani... Katsohan tänne, Äitisi tässä kutsuu sinua..." Kuultuaan nämä sanat poika kohotti hitaasti päänsä ja katsoi Amman säteileviä kasvoja ja hymyili ensimmäistä kertaa kahteen vuoteen. Hän ilmeensä muuttui täydellisesti, hän näytti tulevan entiselleen.

Pojan äiti, joka oli jännittyneen tarkkaavaisena seurannut tapahtumaa, itki nyt vuolaasti ja nauroi ilosta. Isä vuodatti hiljaa ilon kyyneleitä. He olivat juuri nähneet saman kohtauksen, jonka äiti oli nähnyt unessaan yö yön jälkeen. Sanat eivät riitä kuvaamaan heidän onneaan. Myöhemmin ennen kuin he lähtivät *ashramista* vaimo ja mies sanoivat: "Nyt me tiedämme. Meillä ei ole epäilyksiä siitä, että kaikki oli Amman johtamaa jumalallista näytelmää."

Päivä päivältä pojan terveys ja sisäinen tila para-ni. Kahden kuukauden aikana hän parani täydellises-ti ja saavutti normaalin terveydentilan.

Kun perhe jutteli edelleen Balun kanssa, Amma tuli alas portaita. Nähdessään Amman perhe ryntäsi Häntä kohden sanoen: "Amma, Amma!" Äiti huudahti: "Lapseni, milloin te tulitte?" Hän istuuti

alimmalle portaalle ja kaikki kolme kumarsivat Hänelle ja ke-rään-
tyivät Hänen ympärilleen. Äiti ilmensi myötätun-toaan syleillen ja
silittäen heitä. Hänen lempeän huo-lehtivaiset sanansa menivät suo-
raan heidän sydämeen-sä ja Hänen helposti lähestyttävä, rentouttava
ole-muksensa sai heidät tuntemaan olonsa mukavaksi. Ja he kaikki
nauroivat ja iloitsivat yhdessä. Lopulta G alkoi laulaa Ammalle ja
vanhemmat liittyivät lau-luun. Sydämet täyttyivät antaumuksesta,
kun he lau-loivat *Arikil undenkilumin*:

> *Oi Äiti, vaikka Sinä oletkin lähellä*
> *ihmettelen olenko minä yksin kykenemätön tuntemaan Sinut,*
> *vaikka minulla on silmät*
> *etsin silti yhä, kykenemättä näkemään Sinua.*
>
> *Etkö Sinä olekin kaunis kuu,*
> *joka loistaa kauniin sinisenä talvi-iltana?*
> *Minä olen kuin aalto, joka lyö rantaan*
> *kykenemättä ulottumaan taivaaseen.*
> *Ymmärtäessäni Totuuden,*
> *että kaikki maalliset mukavuudet ovat merkityksettömiä,*
> *tahdon oppia tuntemaan Sinut*
> *vuodattaessani kyyneleitä päivin ja öin.*
>
> *Oi, etkö tulisi ja lohduttaisi minua,*
> *joka näännyn surun taakan alle?*
> *Toivossani, että Sinä tulet*
> *minä odotan alati.*

Laulun loputtua he purskahtivat kaikki kyyneliin. Äidin pyyhkiessä
heidän kyyneleensä omin käsin, rakkaudellinen ja myötätuntoinen
hymy säteili Hänen kasvoillaan. Hänen jalkojensa juuressa istuivat
isä, äiti ja heidän poikansa. Amma silitti heitä vakain ja hellin käsin.
Tässä koskettavassa perhekohtauksessa tuntui olevan jokin ajaton
ulottuvuus. Ikuisuu-den Äiti istui siinä majesteetillisena ja samalla
täynnä lämpöä lapsiaan kohtaan. Päivä oli päättymässä, mutta tämä

pieni perhe riemuitsi autuaallisesti elämänsä henkisen auringon nousua, Pyhän Äidin Amman läheisyydessä.

ॐ

# Sanasto

ADHARMA: Epäoikeudenmukaisuus, synti, vastakohta jumalalliselle harmonialle.

ADI PARASHAKTI: Feminiininen alkuenergia, josta maailmankaikkeus on luotu.

AJAN: 'Syntymätön', yhteisnimitys *Brahman, Vishnun* ja *Shivan* kaltaisille jumalille.

AGAMAS: Pyhät tekstit.

AMMACHI: Äiti; *chi* tarkoittaa kunnioitettu.

ANNORANIYAAN MAHATOMAHIYAN: "Hienompaa hienompi, suurempaa suurempi., *Brahmanin,* Korkeimman Todellisuuden kuvaus.

ARATI: Palavan kamferin polttaminen, mistä ei jää jäljelle mitään, ja kellojen soittaminen *pujan,* jumalanpalveluksen loputtua; tämä symboli egon täydellistä tuhoutumista.

ARCHANA: Resioitiminen; jumalanpalveluksen muoto, jossa toistetaan sataakahdeksaa, kolmeasataa tai tuhatta Jumalan nimeä tai ominaisuutta.

ARJUNA: Pandavaprinssi, *Bhagavad-Gita* -eepoksen sankari, ihanteellisen totuudenetsijän esikuva.

ASHRAM: Pyhimyksen erakkomaja tai asunto; luostarityyppinen henkinen keskus.

ATMAN: Itse; sisäinen olemuksemme, joka on yhtä Brahmanin eli Absoluutin kanssa.

ATMA BODHA: Itse-tieto tai tietoisuus Itsestä.

AVADHUTA: Oivaltanut ihminen, joka ylittää kaikki sosiaaliset tavan-omaisuudet.

AVATAARA: Jumalallinen inkaranaatio, joka on jo syntyessään täydellinen.

BHAGAVAD-GITA: *Krishnan* opetukset *Arjunalle* Mahabharatan sodan alussa. Käytännöllinen opas arkielämää varten, jonka ytimenä on *vedinen* viisaus. *Bhagavad* tarkoittaa 'Jumalan' ja *Gita* 'laulu', erityisesti ohje.

BHAGAVATAM: kts. *Srimad Bhagavatam.*

BHAGAVATI: Kuuden jumalallisen hyveen jumalatar; vaurauden, urheuden, hyväntahtoisuuden, tiedon, kiintymättömyyden ja herruuden jumalatar.

BHAJAN: Antaumukselliset laulut ja antaumuksellinen laulaminen.

BHAKTI: Antaumuksellisuus, jumalallinen rakkaus.

BHAKTIJOOGA: Jumalallisen rakkauden jooga; menetelmä yhtyä Jumalaan epäitsekään rakkauden ja antaumuksen avulla.

BHAVA: Mielentila, tietoisuudentila.

BHAVA-DARSHAN: Tilanne, jolloin Amma vastaanottaa oppilaita Universaalin Äidin (ja aiemmin Krishnan) ylevöittyneessä mielen-tilassa.

BHRANTAN: Näennäisesti "hullun" luonteen omaava valaistunut pyhimys.

BRAHMA: Luojajumala; yksi Jumalan kolminaisuudesta, *Vishnun* ja *Shivan* lisäksi.

BRAHMAN: Absoluutti; maailmankaikkeudellinen tietoisuus, absoluuttinen Jumala.

BRAHMACHARI: *Gurun* ohjauksessa oleva, selibaatissa elävä oppilas.

BRAHMACHARYA: Selibaatti; kirjaimellisesti *Brahmanissa* pitäytyminen.

DAKSHINA: Kunnioittava rahan tai tavaran uhraaminen mestarille tai Jumalalle.

DAKSHINAMURTI:Ensimmäinen guru, joka opetti hiljaisuuden avulla.

DARSHAN: Pyhän ihmisen tai Jumalan kohtaaminen.

DEVA(TA): Puolijumala, taivaallinen olento.

DEVI: Jumalallinen Äiti, Jumalatar.

DEVI-BHAVA: Jumalallinen mielentila, jossa Amma ilmentää maailman- kaikkeuden Luojatarta, Jumalallista Äitiä.

DEVI MAHATMYAM: Pyhä hymni, joka ylistää Jumalallista Äitiä.

DHARMA: Oikeudenmukaisuus, jumalallisen harmonian mukainen toiminta, ihmiselämän tehtävä ja tarkoitus, myös: uskonto, uskon-nolinen elämä.

DHRITHARASTHRA: Sokea kuningas *Bhagavad-Gitasta*, Kauravien isä; symboloi sokeaa mieltämme, joka on aistitiedon harhauttama.

DURYODHANA: *Dhritharasthran* vanhin poika, *Mahabharan* sodan roisto.

GITA: Laulu, neuvo; kts. *Bhagavad-Gita*.

GOPA: Lehmipoika, *Krishnan* lapsuudenajan ystävät ja oppilaat.

GOPI: Lehmityttö; tunnetaan korkeimmasta autuudestaan *Krishnaa* kohtaan.

GURU: Henkinen mestari; 'gu' on pimeys, 'ru' se, joka vapauttaa, 'guru' on hän joka vapauttaa oppilaan tietämättömyyden pimeydestä.

GURU PADUKA STOTRAM: Viiden säkeen hymni *gurun* sandaaleille.

JAGAT: Alati muutoksenalainen maailma.

JAPA: Pyhien *mantrojen*, Jumalan nimien toistaminen ääneen tai hiljaa mielessä mielen puhdistamiseksi ja keskittämiseksi.

JNANA: Henkinen tai jumalallinen viisaus.

KAILASH-VUORI: Pyhä vuori Himalajalla, jolla *Shiva-jumala* asuu.

KALIYA: Monipäinen käärme (egoismin symboli), joka myrkytti Yamuna-joen, ja jonka Krishna sitten tuhosi.

KAMALA: Lootussilmäinen, yksi Jumalallisen Äidin lempinimistä.

KAMSA: *Krishnan* demoninen setä, jonka Hän tappoi.

KANJI: Riisipuuro.

KANNA: Krishnan lempinimi.

KARMA: Toiminta; myös toiminnan aikaansaama vastavaikutus meissä.

KAURAVAT: *Dhritharasthran* sata lasta, *Pandavien* viholliset *Bhagavad-Gitassa*, symbolisesti ihmisessä tai ihmiskunnassa olevat kielteiset ominaisuudet, jotka henkinen oppilas pyrkii henkisten harjoitusten ja epäitsekkään työskentelyn avulla poistamaan.

KAYKEI: *Raman* äitipuoli, joka sai aviomieheltään, Raman isältä, ku-ninkaalta kaksi haluamaansa suosionosoitusta. Hän halusi oman poikansa Bharatan kuninkaaksi Raman sijasta ja Raman karko-tettavaksi 14 vuodeksi metsään.

KINDI: Uurrettu metalliastia, jota käytetään jumalanpalveluksessa.

KRISHNA: *Vishnun* tärkein inkarnaatio; *Bhagavad-Gita* eepoksen juma-lallinen opettaja; *'Krish'* tarkoittaa Häntä, joka on 've-tovoimainen', joka vetää Jumalasta vieraantuneitten ihmisten huomion puoleensa ja suuntaa sen takaisin jumaluuteen.

LAKSHMANA: *Raman* veli.

LAKSHMI: *Vishnun* pyhä puoliso; vaurauden jumalatar.

LAKSHYA BODHA: Jatkuva tietoisuus ja pyrkimys jumalalliseen pää-määrään, Jumaloivallukseen.

LALITA SAHASRANAMA: Universaalin Äidin, Lalitambika-jumalat-taren tuhat nimeä.

LIILA: Jumalallinen leikki; kosmosta pidetään Jumalan leikkinä ja toisaalta henkisen mestarin toimet ovat jumalallista leikkiä; erityisesti Krishnan lapsuudenajan kepposia kutsutaan liilaksi, joiden tarkoituksena on suunnata oppilaan huomio Jumalaan.

MAHABHARATA: Pyhimys Vyasan kirjoittama suuri eepos.

MAHATMA: Suuri sielu, valaistunut tai *avataara*.

MANTRA: Pyhä sana tai kaava, jonka toistaminen herättää oppilaan henkiset energiat ja saa aikaan henkisen puhdistumisen.

MAYA: Illuusio, harha.

MOL(E): Tytär; ilmaisua 'mole' käytetään puhutellessa.

MON(E): Poika; ilmaisua 'mone' käytetään puhutellessa.

MUDRA: Käden asento, joka ilmentää mystistä, henkistä totuutta, esim. ihmisen ja Jumalan välistä ykseyttä.

MUKTA: Vapautuksen saavuttanut.

MUKTI: Vapautus tietämättömyydestä ja jälleensyntymän kierto-kulusta.

NAMAH SHIVAYAH: Panchakshara-mantra (viidestä kirjaimesta koos-tuva mantra) tarkoittaen: "Tervehdys hyväätuottavalle (*Shivalle*)".

OM: Pyhä tavu tai mantra, joka edustaa Korkeinta Todellisuutta.

OM NAMAHA SHIVAYAH: kts. *Namah Shivayah.*

PANDAVAT: Kuningas Pandun viisi lasta ja *Mahabharata*-eepoksen sankarit, Arjunan sukulaiset; edustaen henkisessä oppilaassa olevia jumalallisia ominaisuuksia.

PARVATI: *Shivan* pyhä puoliso.

PRARABDHA: Velvollisuudet tai rasitteet.

PRARABDHA KARMA: Edellisten elämien aikaansaamat hedelmät, jotka ilmenevät nykyisenä elämänä ja sen kohtalonkaarena.

PRASAD: Jumalan tai mestarin antama pyhä lahja.

PREMA: Syvä rakkaus.

PUJA: Jumalanpalvelus (lausutaan 'putsa').

PURANA: Intian pyhiä kirjoja, jotka sisältävät henkisiä tarinoita.

RAMA: *Ramayana*-eepoksen sankari; *Vishnun* inkarnaatio ja oikeu-den-mukaisuuden ihanne.

RAVANA: *Ramayana*-eepoksen roisto.

RAMAYANA: Eepos, joka kertoo *Vishnun* inkarnaation *Raman* elä-mästä.

RISHI: Suuri pyhimys tai näkijä.

SAD-ASAD-RUPADHARINI: Hän, joka pukee ylleen olemassaolon ja ei-olemassaolon muodon; yksi Jumalallisen Äidin nimistä.

SADHAKA: Hän joka harjoittaa *sadhanaa* (henkisiä harjoituksia) ja joka on omistautunut henkisen päämäärän saavuttamiselle.

SAHASRANAMA: Hymni, joka koostuu Jumalan tuhannesta nimestä.

SAMADHI: Itseen tai Jumalaan sulautuminen; ylitietoinen autuuden tila.

SAMSARA: Moninaisuuden maailma; elämän ja kuoleman kierto-kulku.

SAMSKARAT: Mielen ominaisuudet, jotka ovat kasaantuneet aiemmin tehtyjen tekojen perusteella.

SANKALPA: Luova päätös, joka ilmenee ajatuksena, tunteena ja tekona. Tavallisen ihmisen sankalpa ei aina aikaansaa haluttua tulosta, mutta pyhimyksen sankalpa sensijaan toteutuu aina.

SANJAASI: Askeetti, joka on luopunut maallisista kahleista.

SARASWATI: Tiedon ja opetuksen jumalatar, yksi Jumalallisen Äitin olemuspuolista.

SATGURU: Jumaloivalluksen saavuttanut henkinen mestari.

SATSANG: Viisaiden ja hyveellisten seura; myös pyhimyksen, oppineen tai henkisen oppilaan luento.

SHAKTI: *Brahmanin* dynaaminen, toiminnallinen olemuspuoli, joka ilmenee Universaalina Äitinä, näkyväisenä maailmankaikkeutena.

SHIVA: *Brahmanin* staattinen, liikkumaton olemuspuoli ilmeten miehisenä prinsiippinä, puhtaana henkenä.

SISHYA: Henkisen mestarin opetuslapsi.

SITA: *Raman* puoliso.

SLOKA: Sanskriitin kielinen jae.

SRADDHA: Luottamus. Amma käyttää tätä sanaa kuvaamaan tarkkaavaisuutta, johon liittyy rakkaudellinen huolellisuus käsillä olevaa työtä kohtaan..

SRI RAMA: Kts. *Rama*, Sri tarkoittaa 'kunnioitettu'.

SRIMAD BHAGAVATAM: Kirja, joka kertoo *Vishnun* inkarnaatioista, erityisesti *Krishnasta* ja Hänen lapsuudenajan leikeistään. Kirja painottaa antaumuksellisuuden merkitystä.

STENAH: Varas.

SUTRA: Aforismi.

TAPAS: Henkiset itsekuriharjoitukset; kirjaimellisesti 'kuumuus'; henkisten harjoitusten kuumuus, joka polttaa pois kehon ja mielen epäpuhtaudet.

TAPASVI: Henkisten itsekuriharjoitusten tai katumusharjoitusten harjoittaja.

TAPOVAN: Erakkomaja tai meditaatioon tai *tapasiin* soveltuva paikka.

TATTVA: Periaate, ominaisuus.

UPANISHADIT: *Veda*-kirjojen päätösosa, joka käsittelee ei-kaksinaisuuden filosofiaa.

VASANA: Piilevät ominaisuudet; ehdollistumat.

VEDA: kirjaimellisesti 'tieto', Intian filosofian pyhät tekstit; maailman vanhin uskonnollinen kirjallisuus.

VEDA VYASA: Kts. *Vyasa.*

VEDANTA: *Upanisadien* filosofia, joka ilmoittaa, että Lopullinen Totuus on 'Yksi ilman toista'.

VEDANTIN: *Vedanta*-filosofian seuraaja; ykseysfilosofian kannattaja.

VEDINEN DHARMA: Vedojen kuvaama oikea elämäntapa.

VIDYAVIDYA SVARUPINI: Hän jonka olemus on tietoa ja ei-tietoa; yksi Jumalallisen Äidin ominaisuuksista.

VISHNU: Kaikkialla-läsnäoleva. Maailmankaikkeutta ylläpitävä Jumala; yksi Jumalan kolminaisuudesta *Brahman* ja *Shivan* lisäksi.

VYASA: Pyhimys, joka kokosi *vedat* ja jakoi ne neljään eri osaan ja kirjoitti 18 *puranaa* sekä *Mahabharatan* (sisältäen *Bhagvad-Gitan)* sekä *Srimad Bhagavatam*-teokset.

YASODA: Krishnan kasvattiäiti.

www.ingramcontent.com/pod-product-compliance
Lightning Source LLC
LaVergne TN
LVHW051729080426
835511LV00018B/2955